江西文化产业发展报告

（2022）

JIANGXI WENHUA CHANYE FAZHAN BAOGAO 2022

主　编　郭建晖　蒋金法

副主编　王成饶　郎道先　钟小武

江西人民出版社
Jiangxi People's Publishing House
全国百佳出版社

图书在版编目（CIP）数据

江西文化产业发展报告.2022/郭建晖,蒋金法主编.--南昌：江西人民出版社,2022.5
ISBN 978-7-210-13840-2

Ⅰ.①江… Ⅱ.①郭… ②蒋… Ⅲ.①文化产业—产业发展—研究报告—江西—2022 Ⅳ.① G127.56

中国版本图书馆 CIP 数据核字（2022）第 061594 号

江西文化产业发展报告（2022）
JIANGXI WENHUA CHANYE FAZHAN BAOGAO（2022）

郭建晖 蒋金法 主编

责 任 编 辑：万莲花
装 帧 设 计：章　雷

 江西人民出版社　出版发行

地　　　　址	江西省南昌市三经路 47 号附 1 号（330006）
网　　　　址	www.jxpph.com
电 子 信 箱	64114527@qq.com
编辑部电话	0791-86898650
发行部电话	0791-86898815
承 印 厂	南昌市红星印刷有限公司
经　　　销	各地新华书店

开　　本	787 毫米 × 1092 毫米　1/16
印　　张	17
字　　数	248 千字
版　　次	2022 年 5 月第 1 版
印　　次	2022 年 5 月第 1 次印刷
书　　号	ISBN 978-7-210-13840-2
定　　价	56.00 元

赣版权登字—01—2022—126

目 录

I 总报告

2021年江西文化产业发展报告

江西省社会科学院课题组 *

摘要：2021年，是中国共产党成立一百周年，是"十四五"规划开局之年。江西深入贯彻落实习近平总书记视察江西重要讲话精神，立足新发展阶段，完整、准确、全面贯彻新发展理念，构建新发展格局，推动高质量发展，统筹抓好新冠肺炎疫情防控和经济社会发展，围绕省第十五次党代会关于文化强省建设的决策部署，守正创新，锐意进取，全省文化产业发展取得新成效，实现"十四五"良好开局。2022年是党的二十大召开之年，是全面贯彻落实省第十五次党代会精神的关键一年，也是加快推进文化强省建设的关键之年，江西将持续深化文化产业供给侧结构性改革，以优质文化供给创造有效需求，推动全省文化产业高质量发展，持之以恒铸文化之魂、强文化之基、兴文化之业，加快建设更具创造力、创新力、竞争力、影响力的文化强省。

关键词：文化产业　产业结构　文化消费　融合发展

---

* 课题组成员：蒋金法，江西省社会科学院党组书记、教授；钟小武，江西省社会科学院副院长、研究员；王广兵，中共江西省委宣传部文化产业处处长；张泽兵，江西省社会科学院文学与文化研究所副所长、副研究员；盛于富，江西省社会科学院江西发展战略研究所所长、副研究员；龙晓柏，江西省社会科学院经济研究所副所长、副研究员；陈德明，江西省社会科学院哲学研究所助理研究员；刘宇，江西省社会科学院文学与文化研究所助理研究员。

推动文化产业高质量发展是文化强省建设的重要内容，也是培育经济发展新动能、推动经济社会转型升级、促进创新创业的重要动力。2021年，江西以省第十五次党代会提出的奋斗目标为引领，以一流的坐标系、一流的硬举措，着力推动文化产业高质量发展，实现"十四五"良好开局。

一、江西文化产业发展成效

2021年，江西持续完善文化产业政策体系，培育壮大文化市场主体，促进文化产业集群发展，推动文化产业转型升级、提质增效，全省文化产业发展步入快车道。

（一）文化产业实力持续增强

一是产业规模持续快速扩大。2021年，江西统筹推进新冠肺炎疫情防控和经济社会发展，全省规模以上文化及相关产业（以下简称"规上文化产业"）营业收入持续快速增长，营业收入达2967.9亿元，总量位居全国第11名，中部第3名，较2020年增加477.43亿元，是2020年的1.19倍（见图1）。

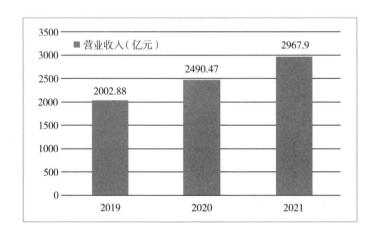

图1　近三年江西规上文化产业营业收入情况

数据来源：江西省统计局《江西文化产业及相关产业概览（2020）》《江西文化产业及相关产业概览（2021）》，"2021年江西规模以上文化产业快报数"。

二是增速持续稳居全国前列。2021 年，江西克服新冠肺炎疫情冲击影响，文化产业呈现较快增长势头，全省规上文化产业营业收入同比增长 16.1%，两年平均增长 14.9%，比全国两年平均增速高 6.0 个百分点，增速居全国第 4 位、中部六省第 2 位。

三是发展贡献水平持续提升。2021 年，江西文化及相关产业增加值达 1275.00 亿元，占 GDP 的比重由 2019 年的 4.0% 提高至 2021 年的 4.30%，增加了 0.30 个百分点，江西文化产业在国民经济和社会发展中的贡献水平持续提升（见表 1）。

表 1 2018—2020 年江西文化产业增加值情况

年份	文化产业增加值（亿元）	文化产业增加值占 GDP 比重（%）
2018	854.00	3.80
2019	986.81	4.00
2020	1097.40	4.26
2021	1275.00	4.30

数据来源：江西省统计局《江西文化产业及相关产业概览（2019）》《江西文化产业及相关概览（2020）》《江西文化产业及相关产业概览（2021）》，"2021 年江西规模以上文化产业快报数"。

（二）文化产业结构特点鲜明

一是文化制造业占主体地位。2021 年，江西规上文化产业法人单位实现的文化制造业营业收入突破 2000 亿元，达到 2259.31 亿元，同比增长 16.6%，两年平均增长 16.1%，占全省规上文化产业营业收入总量的 76.1%，成为江西文化产业发展的重要支柱。

表 2 江西规上文化产业结构变化情况

年份	文化制造业营业收入（亿元）	文化批发和零售业营业收入（亿元）	文化服务业营业收入（亿元）
2019	1475.24	164.13	363.52
2020	1873.14	181.06	436.26
2021	2259.31	200.86	507.75

　　数据来源：江西省统计局《江西文化产业及相关产业概览（2020）》《江西文化产业及相关产业概览（2021）》，"2021年江西规模以上文化产业快报数"。

　　二是文化新业态成为发展新引擎。近年来，江西大力优化文化新业态发展环境，不断增强文化新业态核心竞争力。2021年，全省文化新业态实现快速发展，规上文化产业法人单位实现营业收入880.5亿元，同比增长16.8%；两年平均增长34.8%，比全国平均水平高14.3个百分点，高于全省规上文化产业两年平均增速19.9个百分点；占规上文化产业营业收入的比重为29.7%，同比提高1.6个百分点。其中动漫与游戏数字内容服务、互联网广告服务、其他智能文化消费设备制造3个行业成为引领文化新业态发展的领头羊，其规上文化产业法人单位实现营业收入分别为3.79亿元、88.64亿元、283.12亿元，分别同比增长302.6%、77.2%、63.9%，两年平均增速分别为175.6%、77.8%、82.0%。

　　三是文化产业主要门类发展较快。2021年，文化产业九大门类[①]中有七个门类营业收入较2020年均实现较快发展，它们分别是内容创作生产、创意设计服务、文化传播渠道、文化娱乐休闲服务、文化辅助生产和中介服务、文化装备生产、文化消费终端生产，分别增长16.86%、52.72%、8.02%、28.71%、24.70%、8.30%、21.80%（见表3）;除文化投资运营外，2019—2021年，江西其他八大门类营业收入占全国的比重中，内容创作生产、创意设计服务、文化传播渠道、文化辅助生产和中介服务、文化装备生产、文化消费终端生产呈稳步提升态势，文化娱乐休闲服务呈波动性上升，新闻信息服务受疫情、新媒体等因素影响面临一定的发展难题（见表4）。

表3　江西规上文化产业主要门类营业收入情况（单位：亿元）

文化产业门类	2019年	2020年	2021年	同比增长（%）
新闻信息服务	58.73	78.31	57.14	−27.03

---

① 因文化投资运营门类没有规上法人单位，故没有营业收入相关统计数据。

续表

文化产业门类	2019 年	2020 年	2021 年	同比增长（%）
内容创作生产	436.50	465.85	544.41	16.86
创意设计服务	72.17	111.22	169.85	52.72
文化传播渠道	167.79	171.53	185.29	8.02
文化娱乐休闲服务	53.92	52.36	67.39	28.71
文化辅助生产和中介服务	454.66	495.73	618.20	24.70
文化装备生产	150.49	244.13	264.39	8.30
文化消费终端生产	608.62	871.34	1061.25	21.80

数据来源：江西省统计局《江西文化产业及相关产业概览（2020）》《江西文化产业及相关产业概览（2021）》，"2021 年江西规模以上文化产业快报数"。

表 4　近三年江西文化产业主要门类营业收入占全国总量比重（单位：%）

文化产业门类	2019 年	2020 年	2021 年
新闻信息服务	0.74	0.80	0.42
内容创作生产	2.18	2.12	2.16
创意设计服务	0.50	0.66	0.87
文化传播渠道	1.18	1.26	1.43
文化投资运营	0.00	0.00	0.00
文化娱乐休闲服务	3.27	4.66	5.16
文化辅助生产和中介服务	3.04	3.53	3.81
文化装备生产	2.31	3.97	3.81
文化消费终端生产	3.27	4.47	4.68

数据来源：江西省统计局《江西文化产业及相关产业概览（2020）》《江西文化产业及相关产业概览（2021）》，"2021 年江西规模以上文化产业快报数"；国家统计局《中国文化及相关产业统计年鉴（2020）》《中国文化及相关产业统计年鉴（2021）》与"2021 年全国规模以上文化产业快报数"。

（三）文化产业市场活力明显增强

一是文化企业数量快速扩容。2021 年，全省规上文化产业法人单位数为 2097 个，较 2020 年增加 140 个，市场主体规模快速壮大。全省现有中文传媒、安福海能等 8 家上市文化企业，联创宏声、美智光电、天键电声、婺源篁岭等重点上市培育企业 4 家，盛泰光学、贪玩信息等拟上市后备文化企业 49 家，中至数据、红星传媒等"独角兽""瞪羚"企业 13 家。

二是文化企业盈利能力增长较快。2021 年，规上文化产业法人单位实现的营业利润为 191.30 亿元，同比增长 4.85%，其中小型和微型企业实现的营业利润分别同比增长 23.06%、305.93%；规上文化产业法人单位实现的利润总额为 196.45 亿元，同比增长 4.34%，其中中小型和微型企业实现的利润总额分别增长 22.61%、158.15%（见表 5）。

三是小微文化企业经营状况快速恢复。得益于江西统筹推进疫情防控和经济社会发展取得的良好成效，以及一系列助企纾困政策的落地见效，全省小微文化企业经营状况明显好转。2021 年，全省规上文化产业法人单位中小型企业、微型企业实现营业收入分别同比增长 18.9%、60.0%，分别高出全省规上文化产业营业收入增速 2.8 个百分点、43.9 个百分点。

表 5　2021 年全省规上文化产业不同类型企业发展情况

类别	企业数		营业收入		利润总额	
	绝对数（个）	增加数（个）	绝对额（亿元）	同比增长（%）	绝对额（亿元）	同比增长（%）
总计	2097	303	2967.90	16.10	196.45	4.34
大型	35	2	930.20	10.50	66.92	2.21
中型	217	10	580.70	12.40	21.75	−41.14
小型	1572	188	1329.50	18.90	103.03	22.61
微型	273	103	127.50	60.00	4.75	158.15

数据来源：江西省统计局"2021 年江西规模以上文化产业快报数"。

（四）产业发展集聚效应日益凸显

一是产业园区发展质量不断提升。2021 年，新认定上饶高铁经济试验区文娱创意中心、鹰潭余江雕刻产业园 2 个省级文化产业园区。截至 2021 年底，全省共有各类国家级文化产业园区（基地）14 家，其中景德镇为 2021 年新获批的国家文化出口基地；省级文化产业园区 7 家，涵盖数字文化、陶瓷创意、工艺美术等产业门类。

二是文化产业集聚基础不断夯实。为发挥先进典型的示范带动和辐射带动作用，因地制宜打造特色文化产业集聚区。2021 年组织开展文化产业重点县（市、区）认定，共认定南昌青山湖区、上饶广信区、景德镇珠山区等 10 个文化产业重点县（市、区）。

三是区域竞相发展态势不断巩固。文化产业布局的不断优化为区域文化产业快速发展提供有力支撑，全省 11 个设区市文化产业发展呈现潜力激发、竞相争先的态势。2021 年，吉安市（552.9 亿元）、南昌市（505.7 亿元）规上文化产业营业收入突破 500 亿元，占全省比重分别为 18.6%、17.0%。全省 11 个设区市规上文化产业营业收入同比增速、两年平均增速均实现正增长。同比增速排在前 3 位的分别是新余（33.9%）、鹰潭（33.6%）、景德镇（33.5%）；两年平均增速排在前 3 位的分别是新余（28.2%）、鹰潭（26.2%）、吉安（21.9%）（见表 6）。

表 6 2021 年全省规上文化产业区域发展情况

地区	企业数		营业收入	
	绝对数（个）	增加数（个）	绝对额（亿元）	同比增长（%）
总计	2097	303	2967.90	16.10
南昌市	302	37	505.70	13.20
景德镇市	119	18	104.70	33.50
萍乡市	147	13	105.00	21.20
九江市	222	23	445.30	20.10

续表

地区	企业数		营业收入	
	绝对数（个）	增加数（个）	绝对额（亿元）	同比增长（%）
新余市	69	7	120.20	33.90
鹰潭市	84	17	111.50	33.60
赣州市	260	48	381.30	24.80
吉安市	252	33	552.90	9.70
宜春市	235	27	178.70	21.00
抚州市	137	30	98.90	21.60
上饶市	270	50	363.60	0.60

数据来源：江西省统计局"2021年江西规模以上文化产业快报数"。

（五）文化供给质量明显提升

一是打造了重点文化产业项目。将打造拳头项目作为提升文化供给质量的硬核举措，2021年从省级文化产业扶持资金中拿出4000万元，以贷款贴息、项目补助、奖励等方式，扶持86个平台基地、文化创意、智能穿戴、数字出版、会展演艺、文旅融合等重点项目，其中"4K超高清频道制播系统建设""江西广电网络智慧信息聚合平台""婺源大型山水实景演出""金属錾刻工艺传承保护和生产创新""陶溪川艺术与科技实验室（陶溪川二期）"等5个项目入选2021年国家文化产业发展项目库。

二是打响了江西文化展品品牌。2021年，江西积极推动文化企业"走出去"，组织150家文化企业、2000余件文化展品参加第十七届中国（深圳）国际文化产业博览交易会，获得5000多万元订单。展览期间，江西馆成为网红打卡地，展品"样式雷——紫禁城太和殿木结构模型"被深圳晚报评为文博会"十宝"展品之一，中宣部已将其纳入国家版本馆珍藏，江西2件参展作品荣获"中国工艺美术文化创意大赛"金奖。

三是打造了赣都特色IP文创。以景德镇陶溪川设计资源为依托，围绕江西丰富的"红、古、绿"三色文化，推出"天工开物"江西特色文创品牌。截至 2021 年底，"天工开物坊"已研发新品 2500 余款，在省内 5A 级景区等区域设立 13 家文创店，销售额突破千万元。

（六）"文化 +"发展得到深化拓展

一是文旅商融合快速推进。继续发挥《井冈山》《梦里老家》《明月千古情》《寻梦龙虎山》《寻梦滕王阁》《CHINA》等大型景区演艺项目的带动作用，助推文旅产业深度融合。南昌万寿宫历史文化街区、景德镇三宝瓷谷等 17 条街区被列为首批江西省特色文化街区培育单位，支持建设成为标准较高、商业模式较新、运营管理较强、品牌活动较响的省级特色文化街区，促进文旅商融合发展。推出景德镇陶溪川文创街区、赣州江南宋城历史文化街区等首批 14 个省级夜间文旅消费集聚区，其中 5 个入选国家级夜间文旅消费集聚区，入选个数位列中部第 1 位、全国第 2 位。

二是文化科技融合有力推进。重点打造一批省级文化和科技融合示范基地，上饶高铁经济试验区文娱创意中心、中至数据集团股份有限公司和吉安螃蟹王国科技有限公司被评为集聚类、单体类示范基地，获得省级科技专项资金和省级文化产业扶持资金支持。

（七）文化产业发展环境更加优化

一是政策体系日趋完善。2021 年，围绕文化内容生产、产业集群发展、文化与金融合作、市场主体培育、促进文化消费等关键环节，先后出台《江西省文化产业重点县（市、区）认定管理暂行办法》《江西省重点文化企业认定管理暂行办法》《关于促进特色文化街区建设的指导意见》《关于加快推进江西省文化与金融合作示范区发展的实施意见》《江西省文化和科技融合示范基地认定管理办法（试行）》等 8 个政策文件；针对省属文化企业制定出台"双效"考核、薪酬分配等配套文件，为文化产业高质量发展和省属文化企业做大做强提供"全方位"政策支持。

二是"文企贷"效能不断增强。针对文化企业反映的审批时间长、银行通过率低等问题，采取压缩审批环节、建立动态机制、加强监督管理等措施，不断提高"文企贷"审批效率。在赣服通、省普惠金融信息系统等平台开设"文企贷"网上办理窗口，文化企业通过手机即可实现"一键申报""一网通办"。截至 2021 年底，已有 225 家文化企业进入"文企贷"名录库，57 家文化企业获批贷款合计 2.17 亿元，户均放款金额约 380 万元。江西省地方金融监督管理局《江西省小微企业融资调研报告》显示，"文企贷"与"财园信贷通""科贷通""工信通"等财政信贷产品相比，在贷款平均利率、贷款审批流程、户均放款金额等方面有明显优势。

三是文化产业投融资体系更加健全。为打造文化产业投资平台，完善"投贷奖补"联动机制，建立健全多元化、多层次、多渠道的文化产业投融资体系。江西成立全省文化和旅游产业链金融服务团，邀请工商银行、国信证券、人保财险等金融机构参与，全力保障产业链重点企业和重点项目的融资需求。中国银行、江西银行、北京银行等金融机构分别在景德镇、抚州、南昌等地成立特色文化支行，为文化企业提供专属服务。

二、江西文化产业发展存在的不足

2021 年是"十四五"规划开局之年，江西文化产业在省委、省政府的高度重视和大力支持下加速发展，为经济社会发展贡献了重要力量，但也存在着内部结构欠优，市场主体实力不强，高素质从业人员短缺等问题。

（一）文化产业内部结构欠优

从文化产业领域来看，江西文化产业相关领域比重偏高，文化核心领域比重偏低（见表 7）。2021 年，江西与全国规上文化产业营业收入中，江西文化核心领域占比为 34.50%，全国为 61.53%。文化核心领域是文化产业发展的核心竞争力，占比偏低，反映出江西文化产业内部结构有待优化。从行业类别来看，文化核心领域的新闻信息服务、内容创作生产和创意设计服务 3 个行业与全国发展有较大的差距，尤其是创意设计服务行业，营业收入占总量的5.72%，远低于全国16.43%的水平，说明江西的创意设计服务行业还存在着很大的发展空间。创意设计服务包含建筑设计服务、工业设计服务和专业设计服务三类，进一步分析江西规上文化企业数，发现2021年建筑设计服务有32家、专业设计服务有12家，工业设计服务只有2家，表明工业设计服务是江西创意设计服务行业中亟待培育发展的板块。

表7　2021年江西、全国规上文化产业结构（按企业营业收入计算）

分类	指标名称	江西	全国
文化产业行业类别	新闻信息服务	1.93%	11.52%
	内容创作生产	18.34%	21.13%
	创意设计服务	5.72%	16.43%
	文化传播渠道	6.24%	10.89%
	文化投资运营	0.0%	0.46%
	文化娱乐休闲服务	2.27%	1.10%
	文化辅助生产和中介服务	20.83%	13.62%
	文化装备生产	8.91%	5.83%
	文化消费终端生产	35.76%	19.03%
文化产业领域	文化核心领域	34.50%	61.53%
	文化相关领域	65.50%	38.47%

数据来源：根据国家统计局相关数据和"2021年江西规模以上文化产业快报数"整理而得。

（二）文化市场主体实力不强

规上文化企业数是衡量区域文化产业发展的一面"镜子"。从规上文化企业数量上看，2020年，江西规上文化企业总计1957家，在中部六省中，处于倒数第2，仅高于山西省（见表8）。其中，规上文化企业中规模相对较小的企业占到了总数的87%。从规上文化企业户均营业收入看，江西仅相当于

全国平均水平的 82.56%。进一步分产业类型看，文化制造业户均营业收入
19471.33 万元，居中部六省第 1 位，但仍然没有达到全国平均水平；文化批
发零售业户均营业收入也没有达到全国平均水平；文化服务业户均营业收入
5281.65 万元，居中部六省第 4 位，与全国平均水平差距较大，体现江西文化
企业整体规模偏小，实力不强（见表 8）。

表 8　2020 年中部六省规上文化企业基本情况对比

省份	企业总数（个）	户均营业收入（万元）	文化制造业户均营业收入（万元）	文化批发零售业户均营业收入（万元）	文化服务业户均营业收入（万元）
江西	1957	12725.94	19471.33	10713.68	5281.65
湖南	3744	8729.77	15722.32	6541.91	4564.10
湖北	2967	12795.21	17677.33	5786.78	12617.51
安徽	2392	11245.40	13991.38	12659.64	7582.06
河南	2897	8030.11	13244.18	6286.63	5396.59
山西	339	7515.6	8439.90	9444.04	5205.85
全国	63913	16188.42	19578.77	14712.99	14698.51

数据来源：根据《中国文化及相关产业统计年鉴（2021）》的统计数据整理而得。

（三）高素质从业人员短缺

推动文化产业高质量发展离不开文化产业人才的支撑，特别是数字文化
产业的高质量发展离不开高素质人才。近年来，随着我国互联网和数字技术
的普及，数字文化产业逆势增长、快速发展，数字文化新业态层出不穷，催
生多种新型岗位。数字化管理师、电子竞技员、电子竞技运营师、互联网营
销师、全媒体运营师先后成为人社部认定的新职业，在数字文化细分领域释
放大量数字文化人才需求。当前，江西数字文化产业发展势头良好，但有数
字化思维、技术水平高、综合素质高且深知人们社会文化需要的高端复合型
人才短缺，且这些人才的培育往往要通过慢慢的积累和时间沉淀。目前江西
省内具有文化产业专业的高等院校和科研院所较少，对文化产业类人才的培

养力度不够，部分从业者还处于"边干边学"状态。此外，高端人才向沿海发达地区外流的现象严重，造成江西文化产业高素质人才短缺。

（四）文化资源数字化开发程度较低

目前，江西数字文化产业发展虽然取得了一定的成绩，但还存在着文化资源数字化开发程度较低、文化精品不多等问题。如江西具有深厚的文化传统与丰富的地方文化资源，有临川文化、庐陵文化、客家文化，还有承载着厚重传统文化的书院、戏曲、陶瓷、中医药、农耕等文化资源。但当前对这些文化资源的数字化开发和创新还不够，文化资源价值的转化程度较低，缺少具有鲜明文化特色的原创 IP。如南昌汉代海昏侯博物馆具有重大的产业开发价值，但至今还未有明确的官方 IP 形象。

三、江西文化产业发展形势分析

2022 年是党的二十大召开之年，是向第二个百年奋斗目标迈进的重要一年，也是落实省第十五次党代会部署要求、全面建设"六个江西"的关键一年。在这些重大历史时刻的交汇期，江西文化产业发展面临着新形势、新要求，需要准确把握、积极应对。

（一）高质量发展主线为文化产业升级明确新方向

习近平总书记强调："要推动文化产业高质量发展，健全现代文化产业体系和市场体系，推动各类文化市场主体发展壮大，培育新型文化业态和文化消费模式，以高质量文化供给增强人们的文化获得感、幸福感。"文化和旅游部出台的《"十四五"文化产业发展规划》，提出要以推动文化产业高质量发展为主题，明确了"十四五"时期文化产业的发展方向。文化产业高质量发展的新阶段要求江西不断做大做强先进文化制造业，巩固培育促进新闻信息服务、内容创作生产、文化娱乐休闲服务等业态发展，不断优化文化产业发展结构，推动文化产业实现整体跃升；要求江西更好发挥景德镇陶瓷文化传承创新试验区、内陆开放型经济试验区等高规格平台的功能，为江西地域文化资源的创造性转化、创新性发展提供载体支撑；要求江西持续完善优化"1+N"文化经济政策体系，以政策集成为创新产业高质量发展保驾护航。

（二）消费业态多元化为文化产业发展拓展新空间

文化消费是满足人民精神生活需求，实现精神生活共同富裕的重要着力点，也是构建国内大循环的重要支撑。近两年来，受新冠肺炎疫情影响，国内消费呈现出线下消费受到抑制，线上消费更加活跃的新局面，并且线上消费从商品不断向文化、娱乐、教育、医疗等服务领域拓展。可以预见，以线上消费、"屏上消费"为代表的"文化消费新形态"将在较长时间内重塑文化消费市场格局，引领市场发展方向。同时，国内文化消费的个性化、多样化、品质化特征更加凸显，涌现出故宫文创、茶颜悦色、文和友等一批文化与消费融合的国潮品牌，代表着文化消费的新趋势。随着江西经济社会发展的整体水平提升，消费结构出现转换，"软性"消费比例不断上升。据统计，2021年，江西城镇居民教育文化娱乐人均消费支出为 2944 元，同比增长 30.1%；乡村居民教育文化娱乐人均消费支出为 1777 元，同比增长 20.3%。文化消费的多元发展和扩容提质，为全省文化产业发展创造了新空间，也提出了新要求。这要求我们要始终把满足人民精神文化需求作为第一要务，高质、高效、快捷提供符合群众需求的文化产品和服务，加快推进国家文化和旅游消费试点城市建设，积极推进夜间文化和旅游消费集聚区建设，打造地区精品消费品牌、体育赛事，等等，不断增强人们对文化需求的获得感、幸福感。

（三）文化数字融合加速推进为产业创新提供新动能

新一轮技术革命深入推动数字技术赋能文化产业，加速推进文化产业数字化。5G、大数据、人工智能、区块链和云计算等信息技术的广泛应用不断催生文化产业新业态、新模式，"文化＋科技"成为产业发展新趋势。这要求江西文化产业抢抓数字赋能机遇，加速推进出版、报业、广电、演艺等领域的数字化转型，激发产业发展新动能；深入开展数字经济风口研究，加大对元宇宙及数字孪生、信息安全和数据服务等新兴数字赛道的布局，打造数字产业新优势；推动数字技术与江西文化制造业的融合，持续引进培育一批智能手机、手表、音箱、耳机等可穿戴智能文化设备制造厂商，打造先进智能设备集聚中心；加快推进数字技术在文旅、康养、设计等服务业中的应用，提升博物馆、文化馆、旅游景区、景点的数字化场景应用，让文化场景建设成为江西数字经济发展的新名片。

（四）投融资市场转向对产业发展提出新要求

近年来，随着文化基础设施的成熟以及数字经济的快速发展，文化投资已经从传统意义上的设施项目投资转向为数字文化领域投资。5G、VR、大数据、云计算等几乎每一项新技术，在文化领域都有投资需求和应用场景，为文化产业投资带来广阔空间。如，5G市场的日渐成熟有利于视频市场的发展，数字技术的广泛运用为文化与科技融合带来增长空间，"元宇宙"的兴起将促进VR/AR等虚拟现实产业的发展，云技术发展将促进孪生文化产业发展。这更需要我们注重本土文化资源的挖掘，以文化资源吸引文化投资，促进文化产业发展，推动江西从文化资源大省向文化强省迈进；切实发挥本土文化投资平台功能，充分用好新成立的江西电影集团、江西省文投公司，以文化项目投资推动人力资源、组织文化和科技研发等要素的集聚；加快构建更加便捷高效的文化产业投融资体系，健全和完善本土文化企业名录库、重大项目数据库，探索文化与金融合作的新模式。

（五）区域竞合加剧给产业要素集聚带来新挑战

在新发展阶段，区域间、城市间的竞合态势日趋加剧，资源、资本、人才等要素加快流动，为文化产业创新发展带来有利条件；同时，各地间的产业竞争、政策比拼也更加激烈，给文化产业发展带来新挑战。江西作为唯一同时毗邻"长珠闽"地区的省份，在文化资源、出版传媒、文化制造等领域具有一定的特色优势，但从整体来看，文化产业综合竞争力不强，与周边省份相比还有明显差距。例如，杭州电商产业、厦门动漫产业、湖南影视产业在全国范围都有重要影响，形成了成熟的产业集群，也对江西相关领域的人才、资本、市场、技术产生了一定的"虹吸效应"。与此同时，江西部分先发优势产业也受到新挑战。比如，南昌VR产业起步早、基础好，但近年来青岛、深圳、上海、杭州、北京等地先后出台一大批政策支持VR/AR产业发展，成为江西VR产业发展的强劲对手。据不完全统计，当前，全国出台支持VR/AR产业发展的政策累计已经超过了1000项，元宇宙赛道竞争即将白热化。日趋激烈的竞争形势，要求江西更好发挥区位条件、文化资源、产业基础等优势与长板，加快健全文化产业体系，加大文化装备、数字文化、文旅融合和文化新业态等领域项目的引进和政策扶持力度，全面提升文化产业创造力、竞争力和影响力，在主动参与区域竞合中提升文化产业综合实力。

四、2022年江西文化产业发展的对策建议

2022年是"十四五"江西文化强省建设关键之年，应围绕"优化产业结构、创新数字文化、增进文化消费、弘扬赣鄱文化"，全面深化文化产业供给侧结构性改革，以优质文化供给创造有效需求，高质量打造文化产业发展高地。

（一）优化文化产业结构

加快赣鄱特色文创产业创新发展。实施赣鄱文创产业创新发展行动计划，柔性引进国内外顶尖设计师，提升全省优质红色文化、陶瓷文化、戏曲文化、中医药文化、客家文化等赣鄱特色文化资源开发水平，提升文创衍生品、非遗产品等设计创新赋能，注重打造创意独特、底蕴厚重的文化IP，推出一批汉代海昏侯系列文创产品、红色文化文创产品、赣鄱非遗文创产品等富有主题特色的文创精品。加快建设"天工开物"线上线下文创专卖店，推动"红、古、绿"特色文创产品进景区、进"三馆"。

推动文化制造业转型升级。支持印刷服务及文化辅助用品制造、工艺美术品制造、文化设备制造、玩具制造等与云计算、工业物联网和智能服务平

台融合对接。推动节庆用品行业特别是烟花鞭炮产品结构优化。扶持发展高端文化设备制造，加强可穿戴智能文化设备制造、智能文化消费设备制造、先进舞台设备等高端文化智能装备的生产和应用。

合理调整产业发展结构。着力提升江西传统文化产业发展优势，夯实现有传媒出版产业发展基础，持续促进图书报刊、工艺美术、印刷包装等传统文化产业转型升级。科学促进文化核心领域的新闻信息服务、内容创作生产等行业营收规模可持续增长。巩固文化制造业的发展规模优势。进一步提升文化批发和零售业、文化服务业的结构比重。

（二）推进文化产业业态创新发展

加快实施文化产业数字化战略。充分运用数字文化产业形态推动赣鄱优秀传统文化创造性转化、创新性发展，继承革命文化，发展社会主义先进文化，打造更多具有影响力的数字文化品牌。顺应数字产业化和产业数字化发展趋势，深度应用5G、大数据、云计算、人工智能、超高清、物联网、虚拟现实、增强现实等技术，培育壮大数字出版、数字演艺、数字动漫、电竞游戏、元宇宙等重点数字文化产业。促进数字文化与社交电商、网络直播、短视频等在线新经济结合，支持基于知识传播、经验分享的创新平台发展，促进数字文化产业赋能实体经济。

强化科技与文化的融合创新。强化科技在演艺、娱乐、工艺美术、文化会展等传统文化行业中的应用，推动传统文化行业转型升级。促进文化资源数字化转化和开发利用，推进与数字技术的新形式、新要素结合，让优秀文化资源借助数字技术"活起来"。继续实施赣鄱传统工艺振兴计划，加强对传统工艺的传承保护和开发创新，全面提高传统工艺产品的整体品质和市场竞争力。促进采茶戏、赣剧、乡间民乐等传统艺术线上发展，鼓励文艺院团、文艺工作者、非物质文化遗产传承人利用互联网平台进行演播。鼓励传统文化行业与互联网平台企业合作，规范推广流量转化、体验付费、服务运营等模式。

　　推动"文化＋"融合发展。促进文化产业与国民经济重点相关领域深度融合，以文化赋能经济社会发展。坚持以文塑旅、以旅彰文，积极寻找产业链条各环节的对接点，以文化提升旅游的内涵品质，以旅游促进文化的传播消费，实现文化产业和旅游产业双向融合、相互促进。鼓励全省有条件的老工业基地利用老旧厂房、工业遗存等打造文化创意空间。推动文化与农村有关产业融合发展，提升农产品创意设计水平，合理开发农耕文化、农业文化遗产，支持发展富有文化创意含量的农耕体验、田园观光、阳台农艺等特色农业。推动文化产业与健康养老产业结合，支持开发承载江西中医药文化的创意产品。

（三）提升文化产业平台发展质量

　　强化文化产业园区建设。加强规划管理，构建布局合理、重点突出、特色鲜明的文化产业园区（基地）平台发展格局。着力增强国家级文化和科技融合示范基地、国家级文化产业示范园区、国家级文化产业示范基地、国家级文化出口基地等"国字号"文化产业发展平台的孵化力、服务力、集聚力和辐射力。实施"一园一策"，支持南昌国家级文化和科技融合示范基地、上饶数字文化产业园等制定特色化园区发展政策。提升景德镇陶溪川文创街区、699文化创意园、黎川油画创意产业园、慧谷产业园、赣坊1969文化创意产业园等省级文化产业园区的运营管理水平，做好年度文化产业发展重点县（市、区）、文化企业20强、特色文化街区、文化和科技融合示范基地的认定和培育工作。重点依托南昌、上饶、新余等地的基础优势，构建全省动漫游戏产业重点集聚区。

　　加快文化创新载体建设。依托景德镇国家陶瓷文化传承创新试验区、鄱阳湖国家自主创新示范区等，落实国家、省"双创"政策，推动文化产业发展与"大众创业、万众创新"紧密结合。推动文化产业要素合理集聚，促进创新链高效服务产业链，推进产业基础高级化、产业链现代化。抓住新型基础设施建设机遇，提升文化装备水平，加强文化产业数据中心、云平台等"云、网、端"通用基础设施建设。支持文化企业孵化器、众创空间、服务平台、互联网创业和交易平台等创新创业载体建设，鼓励建设创新与创业、孵化与投资、线上与线下相结合的文化双创服务平台。

完善文化产业公共平台服务功能。以提升文化产业公共平台服务能级为核心目标，推进全省文化产业园区公共服务平台建设。引导项目规划、管理咨询、营销策划、经纪代理、法律服务等各类市场化文化企业服务机构规范有序发展，重点扶持一批流程规范、服务优质、企业满意度高的社会服务机构。发挥文化产业行业协会、商会等社会组织行业自律、交流协作、维护权益等服务作用，构建汇聚文化企业、资源要素、渠道平台、专家智库等的协同合作机制。支持有条件的设区市整合资源，建设覆盖文化企业全生命周期服务需求的"一站式"综合服务平台。

（四）加快培育壮大文化市场主体

打造头部品牌文化企业。深入实施文化产业头部企业壮大行动，聚焦数字文化、陶瓷创意、文化智造、文化旅游等产业链细分链条，重点培育2—3户链主企业。支持江西出版传媒集团、江西广电传媒集团、江西报业传媒集团、江西文化演艺发展集团等国有文化企业一级子公司开展混合所有制改革。以自身产业链、产品链、技术链为依托，整合各类优质文化资源，将上述四大省属文化企业打造成为国内业界影响力强的领军型头部文化企业。支持民营文化企业发展壮大，引入文化产业领域战略投资者。吸引央企、世界500强企业等头部企业在赣文化业务领域拓展投资。

培育成长性好的文化企业。重点培育孵化一批具有成长性好的"瞪羚"企业和创造性好的"独角兽"企业，打造具有核心竞争力的"隐形冠军"企业，扶持一批具有持续创新力和成长性好的优质中小企业群体。实施"专精特新"文化企业入库培养计划，以发展能力、盈利能力、管理能力、持续成长能力、创新能力和社会责任能力为导向维度评选"江西省重点文化企业"，发挥示范效应。

构建文化企业集群协同发展生态。围绕产业链部署创新链、围绕创新链布局产业链，推动文化产业要素合理集聚，促进创新链高效服务产业链，推进产业基础高级化、产业链现代化。鼓励大型文化企业通过共享资源、生产协作、开放平台等方式，带动创新链、产业链上下游中小微文化企业协同发展。推动"小升规"文化企业与大型企业加强协作配套，推动"小升规"文化企业产品、技术和创新成果融入大型企业生产链、创新链和供应链。充分发挥南昌的 VR、上饶的数字内容文化、新余的夏布绣、景德镇的创意陶瓷、鹰潭的眼镜，余江的雕刻、抚州黎川的油画、进贤县文港镇的制笔等产业禀赋优势，培育一批赣鄱特色文化产业集群。

（五）加大金融支持力度

推进文化与金融合作示范区建设。深化文化产业与金融合作，落实好《关于加快推进江西省文化与金融合作示范区发展的实施意见》，在全省范围内选择条件成熟、金融服务基础较好的县（市、区）开展文化与金融合作示范区建设试点，配套建设省级文化金融服务中心，探索建立适应文化产业发展要求的多元化、多层次、多渠道的投融资与金融服务支撑体系，形成可持续、可复制、可推广的文化金融合作模式。

拓宽文化企业融资渠道。扩大文化企业直接融资规模，支持符合条件的文化企业上市融资、再融资和并购重组。结合全省实施的"映山红行动"，按照"小升规、规转股、股上市、再融资"的路径要求，培育和壮大文化市场主体。支持省文投基金创新发展，引导省属国有企业、各设区市文化旅游投资公司及社会资本共同参与做大基金规模，合作设立子基金，孵化和储备一批有竞争力的文化市场主体。进一步推动完善"文企贷""文旅贷"，持续优化"文企贷""文旅贷"申报流程，推动更多银行设立特色文化支行。推动省文投公司等聚焦新型文化企业、文化业态、文化消费模式、重大选题、重大题材创作等，引导基金投早、投小、投基地平台。

完善文化产业投融资服务机制。鼓励完善文化产业发展项目政银企对接机制,推动金融机构与重点企业、重点项目精准对接,建立健全多层次、多渠道、多元化的产业投融资服务体系。鼓励和引导文化金融中介机构规范发展,推动构建完善文化金融中介服务体系。持续推广文化和旅游金融服务中心模式,提高资源对接整合效率,提供专业增值服务。鼓励开展常态化、品牌化的投融资对接交流活动,建立多渠道、线上线下并举的文化产业投融资辅导推介机制。

（六）提振文化消费活力

释放文化消费潜力。推进国家文化和旅游消费示范城市建设,加大对南昌、新余、抚州、景德镇、宜春五个国家文化消费试点城市建设力度,支持南昌、九江、赣州等争创国际（国家）消费中心城市,引导和推动全省各地创新体制机制、完善政策措施,促进消费潜力持续释放。鼓励各地因地制宜举办文化消费季、消费月、消费周等多种形式促进消费活动,支持举办庐山国际电影节,南昌赣派美食节、"百县百日"文旅消费季活动等。发展新型文化消费模式,创新文化消费场景,培育网络消费、定制消费、体验消费、智能消费、互动消费等新型消费,支持持续举办江西文旅直播带货大赛。培育新型文化消费业态,鼓励博物馆游、科技旅游、民俗游等文化体验游。

扩大文化产品有效供给。牢固树立以人民为中心的创作生产导向,以社会主义核心价值观为引领,不断推出思想精深、艺术精湛、制作精良的优质文化产品。部署抓好党的二十大召开、全面建成小康社会、乡村振兴、脱贫攻坚等主题作品创作,广泛征集并推出反映新时代新征程的舞台剧、电影、电视剧、纪录片、出版物以及网络视听作品等。重点支持采茶戏《一个人的长征》、长篇小说《琵琶围》、电视剧《爱拼会赢》、广播剧《红雨青山》、电影《三湾改编》和歌曲《是你一直想着我》等优秀作品参选第十六届"五个一工程"。打响"天工开物"品牌,推出江西特色文创产品,塑造一批特色鲜明的文化街区,繁荣文化产品个性化专业市场,如文房四宝、文玩产品、珍珠、陶瓷市场等。推动创作生产更多传承优秀传统文化、满足现代消费需求的文化创意产品，把传统文化与时尚元素、赣鄱特色结合起来，努力提供更多适应当代文化消费需求、传递向善向上价值观念的文化产品。

改善文化消费环境。激活文化休闲广场、特色文化街区、城市文化生活馆等场所的商业氛围。推进夜间文化和旅游消费集聚区建设，丰富夜间文化和旅游产品，优化夜间餐饮、购物、演艺、娱乐等服务，构建多样化夜间消费场景。促进美食名吃、演艺、体验娱乐、文化休闲等多元化的消费业态发展，繁荣发展城市商业文化综合体。配套完善的文化消费政策促进体系，为破解疫情持续冲击下文化消费需求收缩的下行压力，鼓励有条件的地区发放"文化惠民卡""文旅体一卡通"，举办赣鄱文化惠民推广消费季等活动刺激文化消费。

（七）培育文化产业品牌

培育赣鄱特色文化品牌。实施赣鄱文化品牌引领战略，充分挖掘和整合庐陵文化、临川文化、豫章文化、客家文化、陶瓷文化、稻作文化、书院文化、儒释道文化、阳明文化等文化资源，构建特色鲜明、优势互补的区域文化产业品牌格局。集中打造景德镇陶瓷、黎川油画、余江木雕、南昌VR等赣鄱特色文化品牌产品。科学塑造景德镇市陶溪川文创街区、吉安市庐陵人文谷景区、南昌市699文化创意园等省级文化产业和旅游产业融合发展示范区品牌，提升景德镇市三宝国际瓷谷景区、赣州市江南宋城历史文化旅游区和赣坊1969文化创意产业园、南昌市安义古村群景区、九江市修水县黄庭坚故里景区等品牌影响力。

大力塑造"红色基因"文化品牌。加快打造全国红色基因传承示范区，抓好长征国家文化公园江西段建设，高质量推动瑞金中央红军长征决策和出发重点展示园、长征出发历史步道瑞金段等建成开放，建设一批展现新时代成就的全国红色旅游经典景区，推动井冈山、瑞金等地建设"红色旅游融合发展示范区"，丰富红色研学、红色文创、红色影视、红色网络文学等红色文化传播形式。同时以"江西红色文化品牌建设"作为红色资源整合中心主题，将全省所有国家级、省级及地市级红色品牌作为整合单元，形成全省统一性的红色文化品牌清单，对纳入清单的红色文化品牌进行科学的品牌塑造实施行动。

持续打造高端文化会展活动。高质量持续举办世界 VR 产业发展大会、中国（江西）红色旅游博览会、2022 江西文化产业发展高峰论坛、南昌国际军乐节、景德镇国际陶瓷文化博览会、宜春月亮文化旅游节、龙虎山文化旅游节等高端文化品牌活动。建立国际、国内重要文体赛事酝酿申办工作机制，积极引入国内外重大赛事等大型文化类活动，包括南昌全国电竞大赛、动漫展、电竞赛、VR 运动会等数字文娱赛事活动。鼓励各地因地制宜，举办文化庙会、戏曲节、观鸟节、赏花节、美食节等文化旅游节庆活动。

（八）促进文化产业对外开放

实施文化"走出去"战略。立足国内大循环，发挥比较优势，协同推进江西文化产业发展和国际合作。以国内大循环吸引全球文化资源要素，充分利用国内国际两个市场、两种资源，以讲好江西故事为着力点，坚持文化经贸往来和人文交流协同推进、高质量引进来和高水平走出去并重，构筑互利共赢的文化产业合作体系，培育新形势下江西文化产业参与国际合作和"走出去"新优势。

培育文化出口竞争优势。充分发挥景德镇国家文化出口基地作用，鼓励南昌等有条件的地区争创国家文化出口基地，推动出版（版权）、戏剧、陶瓷工艺品等相关的江西特色文化出口基地建设。认定一批具有一定出口规模、出口潜力较大、出口平台较好的省级文化出口基地。重点支持一批国家级文化出口重点企业发展壮大。充分发挥版权输出、服务外包和技术出口、文化"走出去"等项目资金作用，对文化企业市场开拓、文化展览、人才培养等给予重点支持。拓展烟花鞭炮、节庆用品、乐器以及陶瓷等传统优势文化产业的国际市场占有率。

搭建文化国际经贸交流平台。实施江西优秀文化产品和服务对外推广工程，利用南昌、九江、赣州、井冈山等综合保税区及其他开放载体开展文化产品跨境电商试点，鼓励文化企业借助电子商务等新型交易模式拓展国际业务。有针对性地组织江西文化贸易重点园区和企业组团以"赣鄱文化"形象集中亮相国际重点产业展会，拓展国际市场合作渠道，提高赣鄱文化品牌国际知名度。支持江西优秀文化企业积极参加 2022 年中国自主品牌博览会，组织好线下和云上中国自主品牌博览会"精彩江西"文化展示活动。征集一批"一带一路"建设相关的文化产业和旅游产业国际合作重点项目，对入选项目给予投融资、宣传推介、人才培训等支持和服务，创造条件让江西文化企业更好地发出江西声音、讲好江西故事，提高江西文化的国际软实力。

（九）加快推进招大引强行动

科学制定文化产业招商路线图。把招商引资作为推动文化产业快速发展的源头活水，深入实施文化产业招商三年行动，形成以产业大招商推动项目大建设的浓厚氛围。坚持"项目带动、政策驱动"，精准对接一批头部、领军文化企业，招引一批"高大上、专精特、链群配"文化产业项目，建立文化产业链重点项目库动态更新机制。在招商具体行动上，建议把文化产业招商与线下招商统一起来，同部署同推进同发力。

积极策划文化产业大招商活动。积极吸引全国文化企业 30 强、全国动漫游戏企业 50 强、上市文化企业等重点文化企业入赣兴业。聚焦粤港澳大湾区、长三角、京津冀、闽三角等重点区域，举办文化和旅游产业链招商活动，吸引更多优秀文化企业来江西投资合作。积极组织江西文化企业参加深圳文博会、长三角文博会等一系列重要文化展会，将优质文化产业资源推介出去。举办文化产业项目现场观摩会，营造大抓招商、快建项目、争先进位、比学赶超的浓厚氛围。

（十）健全政策保障体系

狠抓政策措施落地见效。全省要持续贯彻已出台的"1+N"文化经济政策，落实《关于进一步支持文化产业发展的若干意见（试行）》《江西省文化产业招商三年行动方案》《关于有效应对疫情帮助中小企业纾困解难的若干政策措施》等，加快制定《江西省文化数字化战略实施意见》等推动数字文化、文化创意、文化智造、文化企业上市融资等针对性举措。

加大政府财税支持力度。争取加大各类财政资金、基金对文化产业的支持力度。推动"放管服"深化改革，确保降成本措施落到实处。持续推动落实国家、省相关支持文化产业发展的税费减免政策、应对新冠肺炎疫情纾困政策等。统筹全省基层宣传文化、电影事业发展等专项资金，调整优化2022年文化产业扶持专项资金使用方向，重点向受疫情影响较大的文化旅游、广播电视、影视院线、出版发行、演艺娱乐、会展、培训等行业倾斜。

健全要素市场化配置机制。深化文化领域要素市场化配置改革，健全统一开放、竞争有序的现代文化市场体系，充分发挥市场机制在土地、人才、资本等文化资源要素配置中的作用。推动将文化产业用地纳入国土空间规划，在国家土地政策许可范围内，创新文化产业用地供应和利用方式，建立科学的文化产业用地保障制度，有效保障文化产业设施、项目用地需求。鼓励利用老旧厂房、旧仓库等闲置设施和存量建设用地发展文化产业。实施江西文化产业人才创新工程，高质量打造江西文化产业人才集聚高地，加大本土文化产业人才的培养和留才力度，提升疫情冲击下文化产业的就业带动潜力。

Ⅱ 评估报告

2021 年江西省县（市、区）文化产业竞争力评估报告

江西省社会科学院课题组 *

摘要：县域文化产业高质量发展是文化强省建设的重要基础。评估报告以规模以上（以下简称"规上"）文化企业营业收入、企业利润总额、企业资产规模等 8 个指标对江西省 100 个县（市、区）规上文化产业综合竞争力和分项竞争力进行比较分析。分析表明江西县域文化产业规模不断扩大，基本恢复到新冠肺炎疫情前水平，传统优势文化产业强县领先地位明显，但仍然存在文化资源优势向产业优势转化不足、区域发展不均衡等问题，需要从科学规划县域特色文化产业、培育壮大文化领军企业、鼓励县（市、区）做大做强传统优势文化产业和加大扶持文化新业态力度等方面提升江西省县（市、区）文化产业发展质量。

关键词：县（市、区）　文化产业　竞争力评估　江西

江西省第十五次党代会报告指出，要加快建设更具创造力、创新力、竞争力、影响力的文化强省，并明确提出要打造文化产业发展高地。县域文化

---

* 课题组成员：易外庚，江西省社会科学院社会学研究所所长、副研究员；刘月平，江西省社会科学院社会学研究所助理研究员；朱顺东，江西省社会科学院经济研究所助理研究员。

产业作为县域经济发展的重要产业，在江西文化强省战略实施、县域经济高质量发展等方面起着重要作用。本报告根据县（市、区）文化产业评价指标体系，对全省各县（市、区）规上文化产业的发展状况进行分析，并评估2021年全省各县（市、区）文化产业竞争力情况，为更好发挥县域文化产业的基础作用，培育经济发展新动能，推动江西经济高质量发展提供政策参考。

一、评估背景

（一）评估意义与评估目标

发展县域文化产业是满足人民多样化、多层次精神文化消费需求的重要基础，也是积极推进文化强省建设、深入实施数字经济"一号工程"的重要举措。通过全面客观评价江西县域文化产业发展现状，为加快建设更具创造力、创新力、竞争力、影响力的文化强省提供参考作用。

（1）全面掌握县（市、区）文化产业发展的总体状况和优势特点。通过总体评估，摸清家底，发现短板和不足，了解全省县域文化产业发展的优势、特点。

（2）加强县（市、区）文化产业发展的跟踪监测，把握县域文化产业发展的趋势。通过跨年度对比分析，进一步了解全省县（市、区）文化产业发展的方向、重点和趋势，找准县域文化产业的比较优势、区域特色。

（3）为制定县（市、区）文化产业高质量发展政策提供参考。通过评估，找出县域文化产业发展的短板、弱项以及优势和特点，为推动县域文化产业高质量发展提出对策建议。

（二）评估指标

县（市、区）文化产业竞争力主要从发展基础、发展要素、发展环境3个维度测量。发展基础主要体现在规模（企业数量、资产规模）、增速（营业收入增速、利润总额增速）、效益（营业收入、利润总额等）；发展要素主要体现在人力资源（就业人数）；发展环境主要体现在企业数量的增速（企业数量增速）。

　　根据数据可获取性情况，结合国内外有关文化产业竞争力研究成果，江西省县（市、区）文化竞争力评估体系的构建采取德尔菲法[①]，由来自科研院所、高校、政府职能部门、企业等的 13 位专家经过 3 轮打分，确定文化产业竞争力的初始评估指标和权重。2021 年度指标体系根据江西省对文化企业的高质量发展要求，结合《江西省文化产业重点县（市、区）认定管理暂行办法》，对初始指标体系进行了部分修正。评估指标按权重大小，依次为：利润总额、资产规模、利润总额增速、企业数量增速、企业数量、营业收入、营业收入增速和就业人数（详见表 1）。

表 1　江西省县（市、区）文化产业竞争力指标体系[②]

指标名称	权重
企业数量	12
企业数量增速	13
营业收入	12
营业收入增速	10
利润总额	18
利润总额增速	15
资产规模	16
就业人数	4
权重合计	100

　　注：本体系指标数据采用的是 2020—2022 年江西省统计局"规模以上文化企业快报数"。

[①]　德尔菲法也称专家调查法，是一种采用通讯方式分别将所需解决的问题单独发送到各个专家手中，征询意见，然后回收汇总全部专家的意见，并整理出综合意见。

[②]　根据专家学者和政府职能部门的建议，对 2021 年县（市、区）文化产业竞争力指标进行优化调整，利润总额从原来的 15 增加到 18；利润总额增速从原来的 10 增加到 15；资产规模从原来的 12 增加到 16；营业收入从原来的 18 降低到 12；营业收入增速从原来的 16 降低到 10。

其中企业是指规上文化企业。

（三）指标计算

在指标具体评估过程中，为了简单有效，将数据进行标准化，每个指标标准化采用百分制，分布在 60 至 100 分范围内。数据标准化计算公式如下：

标准化数据 $X_i = 60 + 40 \times [X_i - \min(X_i)] / [\max(X_i) - \min(X_i)]$

文化产业综合竞争力得分根据专家打分法给予权重计算，得分公式如下：

$$综合得分 = \sum_{i=1}^{8} X_i W_i$$

其中，X_i 为指标 i 标准化后的数据，W_i 为指标 i 的权重。

二、综合竞争力总体评估

根据综合计算，2021 年，江西文化产业竞争力综合排名处于全省第一梯队[①]的县（市、区）是：青山湖区、吉安县、章贡区、红谷滩区、贵溪市、上栗县、万载县、安远县、珠山区、广丰区、瑞金市、信州区、浮梁县、龙南市、西湖区、瑞昌市、永修县、渝水区、芦溪县、南昌县；处于全省第二梯队的县（市、区）是：樟树市、玉山县、庐山市等 60 个县（市、区）；处于全省第三梯队的县（市、区）是：上犹县、铅山县、全南县等 20 个县（市、区）。贵溪市依托"世界铜都"这个金字招牌，大力发展以铜工艺品制造为主的铜文化产业，文化竞争力排名由 2019 年的第 29 名上升到第 5 名；安远县依托文化特色资源，打造赣南采茶文化、客家文化、脐橙文化、东江源文化等区域文化产业品牌，文化竞争力排名由 2019 年的第 38 名上升到第 8 名。

从 2019—2021 年江西 100 个县（市、区）文化产业竞争力综合排名（见

---

① 资产规模小于平均值 28.23 亿元不计入前 20 强排名；全省文化产业竞争力得分排名前 20 名为第一梯队；第 21 名至第 80 名为第二梯队；第 81 名至第 100 名为第三梯队。

附表1）可以看出：

（1）文化制造业优势县（市、区）竞争优势明显。从文化产业行业结构来看，江西文化相关领域优势明显，成为江西文化产业发展的重要支柱，主要体现在印刷服务及文化辅助用品制造、文化设备制造、节庆用品制造等行业。2021年，文化装备生产强县吉安县在全省排名第2位，文化辅助用品生产强区章贡区为第3名，文化消费终端产品生产强县上栗县、万载县、芦溪县分别为第6名、第7名、第19名。

（2）新兴文化业态保持强劲发展势头。近年来，江西许多县（市、区）围绕动漫、数字内容服务、VR产业、网络游戏等新业态，强化新兴文化产业发展的政策保障和服务机制，文化新业态发展环境得到优化，竞争力不断增强。青山湖区大力实施"文化强区"战略，强化政策扶持、项目带动、平台支撑、融合创新，抢抓数字文化产业发展机遇，文化产业竞争力得分居全省第1名；红谷滩区出台税收补贴、金融支持、项目奖励等扶持政策，重点发展数字内容产品、数字文化创意技术和装备等文化创意产业，其文化产业竞争力连续两年位居全省前四；信州区打造上饶市首家数字经济服务园、上饶（信州）文化艺术创意产业园等新兴文化产业发展平台，运用VR、大数据、云计算、物联网、人工智能等新技术，大力发展文化创意、娱乐软件及网络游戏、数字文化产业等新业态，其文化产业竞争力排在全省第12名。

（3）区域发展不平衡有所改善，但差距仍然存在。从区域结构来看，南昌、鹰潭、景德镇、新余、上饶等5个设区市辖区内的县（市、区）文化产业竞争力综合得分排在全省前列，它们依托区域特色文化资源优势，打造特色文化品牌，挖掘、利用、保护、创新区域文化元素，培育特色文化产业园区，集中力量打造县域文化产业的公共服务平台和良好的发展环境，形成了区域文化产业集群，特色文化产业成为区域经济发展的新引擎。抚州、宜春、赣州等设区市除个别县（市、区）文化产业竞争力综合得分排在全省前列之外，大部分县（市、区）文化竞争力综合得分排名相对靠后，文化产业发展空间有待进一步拓展。

（4）历史文化资源产业转化不够。许多文化综合竞争力得分排名靠后的县（市、区）历史文化资源丰富独特，但由于区位、交通、经济、消费能力等因素，再加上没有充分利用市场机制，开发区域文化产业品牌，文化优势转化成经济优势的动能不足。如崇义县拥有底蕴深厚的客家文化资源、丰富的红色文化资源等，文化产业发展的资源基础深厚，但2021年规上文化企业营业收入只有1.6亿元，利润总额为0.07亿元，排名较为靠后。

三、分项指标评估

1.规上文化企业营业收入

2021年，规上文化企业营业收入排前10名的县（市、区）是：吉安县、章贡区、青山湖区、红谷滩区、信州区、永修县、广丰区、上栗县、分宜县和广信区。其中，月湖区从2019年的第55名上升到第30名，西湖区从2019年的第3名下降到第24名（详见图1），主要原因是西湖区营业收入同比增速偏低，只有不到1%，而其他县（市、区）营业收入保持快速增长。

县域文化产业规模持续扩大。与2019年相比，2021年，85%的县（市、区）规上文化企业营业收入实现正向增长，其中规上文化企业营业收入增长率达到100%以上的县（市、区）有9个。章贡区形成以文化创意、印刷包装、广播影视视听设备制造、玩具制造为主力的产业结构，规上文化企业经济效益稳步提升，营业收入突破100亿元，是2019年的2.7倍。柴桑区充分挖掘乡村生态旅游、名人文化、古城文化等优势资源，推动文化优势向经济优势转变，规上文化企业营业收入增长迅速，实现营业收入33.75亿元，是2019年的4倍。湖口县、莲花县规上文化企业营业收入与2019年相比，分别增加了4倍、9倍。

县区之间发展差距在逐步缩小。2021年，100个县（市、区）规上文化企业营业收入均值为28.98亿元、中位值为14.32亿元，与2019年相比，分别提高了8.02亿元、2.57亿元。这体现在全省大力实施文化强省战略的背景下，各县（市、区）高度重视文化产业的发展，文化的经济价值不断显现，全省各县（市、区）文化产业发展差距在缩小。

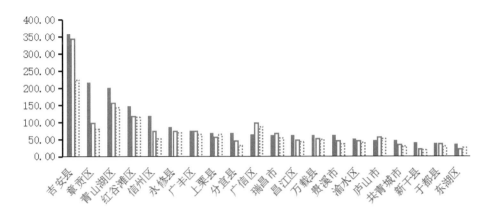

■2021年 □2020年 ⠿2019年

图 1 2019—2021 年江西省县（市、区）规上文化企业营业收入（前 20 名）（单位：亿元）

2. 规上文化企业利润总额

2021 年，规上文化企业利润总额排前 10 名的县（市、区）是：吉安县、青山湖区、红谷滩区、广丰区、永修县、庐山市、万载县、瑞昌市、章贡区和共青城市（详见图 2）。规上文化企业利润总额与规上文化企业营业收入排名总体接近。

规上文化企业盈利能力相对较弱。从 100 个县（市、区）来看，排名第一的吉安县为 32.92 亿元，10 亿元至 20 亿元之间只有 2 个，1 亿元至 10 亿元之间只有 36 个，46 个在 1 千万元与 1 亿元之间，15 个在 1 千万元以下，其中有 8 个县（市、区）利润总额为零或负值。

规上文化企业仍处于产业链中低端。上栗县规上文化企业数量排名位列第 1 名，但利润总额却位列第 11 名。信州区、西湖区规上文化企业数量排名分别位列第 5 名、第 7 名，但利润总额却分别位列第 34 名、第 42 名。这体现规上文化企业处于价值链的中低端，生产的文化产品附加值偏低。

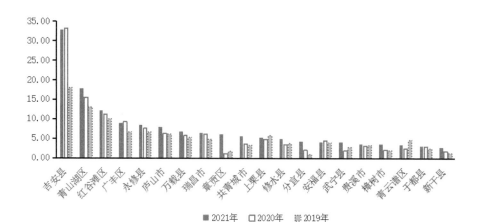

图2　2019—2021年江西省县（市、区）规上文化企业利润总额（前20名）（单位：亿元）

3.规上文化企业资产规模

2021年，规上文化企业资产规模排前10位的县（市、区）是：珠山区、青山湖区、红谷滩区、吉安县、章贡区、贵溪市、龙南市、广信区、上栗县和西湖区（详见图3）。

文化企业资产规模持续壮大。从100个县（市、区）来看，与2019年相比，73个县（市、区）规上企业资产规模扩大，其中规上企业资产规模增长率达到100%以上的有22个县（市、区），文化企业发展势头强劲。贵溪市紧紧围绕产业优势，以项目建设为载体，不断延伸铜文化产业链，积极打造以铜材料生产、加工为主的文化产业生产基地。有力促进了铜文化与经济社会、城市建设、旅游产业的融合发展。打造出一批特色鲜明、效益显著的贵溪铜文化产业品牌，在优势产业的带动下，规上文化企业资产规模增长了512%。东乡区利用区位优势以及独特的人文资源优势，找准文化优势转化为产业优势的突破口，为文化产业发展提供全方位政策支持，吸引文化企业入驻，规上文化企业资产规模增长了383%。

县域之间发展差距较大。从100个县（市、区）规上文化企业资产规模来看，排前10位的县（市、区）规上文化企业资产规模总额达到1304.1亿元，而排最后10位的县（市、区）规上文化企业资产规模总额却只有10.8亿元，二者相差 120.7 倍。这体现江西县（市、区）规上文化企业资产规模两极分化。

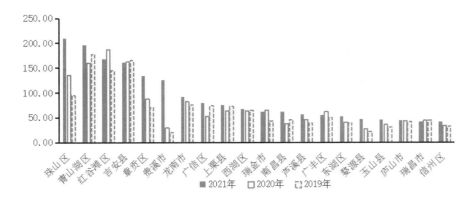

图 3　2019—2021 年江西省县（市、区）规上文化企业资产规模（前 20 名）（单位:亿元）

4. 规上文化企业营业收入增速

2021 年,规上文化企业营业收入增速排前 10 名的县（市、区）是:都昌县、弋阳县、湖口县、新干县、青原区、井冈山市、赣县区、乐平市、分宜县和余江区（详见图 4）。

新冠肺炎疫情对规上文化企业的负面冲击减弱。从 100 个县(市、区)来看,2020 年受到突如其来的新冠肺炎疫情的冲击,部分文化产业营业收入遭遇断崖式下滑,平均增速只有 12.87%,负增长县（市、区）多达 32 个,企业生产经营状况不乐观。江西着力纾解企业困难,减轻企业负担,特别是加大对受疫情影响较大的文化企业的帮扶力度,努力把疫情影响降至最低,更大程度激发市场主体活力。2021 年,规上文化企业营业收入平均增速达到 25.39%,73 个县（市、区）实现正增长,文化企业营业收入恢复势头良好,企业生活经营明显改善。

文化产业成为县域经济发展新引擎。全省大部分县（市、区）把文化产业作为县域经济发展的新增长点,依托特有的文化资源禀赋结构,出台一系列扶持政策,提供一流的营商环境,制定符合当地发展的文化产业规划,促进自身的资源优势转化成产业优势,文化产业营业收入增速较快。如弋阳县坚持传承文脉战略，把文化产业作为经济社会发展新的增长点来抓，立足红色文化、戏曲文化、生态文化等本土文化特色，通过重点文化产业项目带动，倡导"文化＋"理念，逐步形成了本土特色文化产业，规上文化企业营业收入增速达到 109%，而 2020 年还是负增长。青原区充分挖掘深厚的"红、古、绿"文化资源，坚持"文化＋"多业态融合发展，文化产业快速发展，规上文化企业营业收入增速达到 69%，而 2020 年的增速还是 –38%。

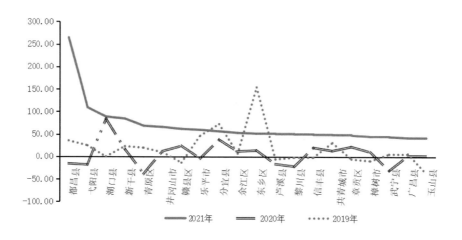

图 4　2019—2021 年江西省县(市、区)规上文化企业营业收入增速①**(前 20 名)(单位:%)**

5. 规上文化企业利润总额增速

2021 年,规上文化企业利润总额增速排前 10 位的县（市、区）是:芦溪县、分宜县、章贡区、余江区、共青城市、渝水区、樟树市、吉州区、浮梁县和新干县（详见图 5 ）。

县（市、区）文化产业盈利能力逐渐恢复到疫情前水平。从规上文化企业利润总额增速排名可以看出：2019 年，100 个县（市、区）规上文化企业利润总额增速平均值为 40.22%，排名前 20 位的县（市、区）平均增速高达 266%，有些文化旅游资源丰富的县（市、区）规上文化企业利润总额增长迅

① 营业收入大于 5 亿元才能进入前 20 名排名。

猛，如安义县、瑞金市充分挖掘区域旅游资源和文化底蕴，并将文化旅游资源转化成产业竞争优势，再加上 2018 年利润总额基数低，它们的利润总额增速超过 1000%。受新冠肺炎疫情的不利影响，2020 年规上文化企业利润总额增速同比下降较大，平均值为 18.04%，增速最快的信丰县为 870%。2021 年，随着国内疫情逐步得到控制，再加上国家和省内政策的支持，规上文化企业利润总额增速平均值为 43.44%，增速最快的县（市、区）达到 2600%，业绩增长持续向好。

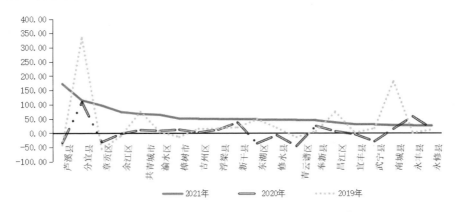

图 5　2019—2021 年江西省县（市、区）规上文化企业利润总额增速[①]（前 20 名）（单位:%）

6. 规上文化企业数量

2021 年，规上文化企业数量排前 10 名的县（市、区）是：上栗县、青山湖区、万载县、浮梁县、信州区、章贡区、西湖区、渝水区、贵溪市、吉安县。其中，青山湖区从 2019 年的 76 家增加到 101 家，增长率达到 32.9%；浮梁县从 2019 的 32 家增加到 61 家，增长率达到 90.6%（详见表 2）。

文化制造业企业吸纳就业占主体。在 2019—2021 年的前 20 名中，上栗县、万载县文化企业主要从事烟花鞭炮等节庆用品制造；贵溪市文化企业主要从事铜加工；吉安县文化企业主要从事智能音响、蓝牙耳机等文化装备生产；章贡区文化企业主要从事印刷包装、玩具制造等生产活动。

---

① 营业收入大于 5 亿元才能进入前 20 名排名。

中心城区对文化企业入驻吸引力增强。除了文化相关领域优势明显的上栗县和万载县规上文化企业数量多，江西其他规上文化企业大多集中在经济、文化发达的省会城市和设区市中心城区。这是由于中心城区具有交通区位优越、文化消费需求多、人力资本集聚、政策环境好、产业配套齐全等优势，能够吸引规上文化企业落地。

县域发展不均衡较为突出。从 100 个县（市、区）规上文化企业数量来看，前 20 名的规上文化企业总量占 100 个县（市、区）规上文化企业总量的 46.2%。从增长率看，相比较于 2019 年，很多县（市、区）规上文化企业数量增长率超过 100%，而上高县、永丰县等县（市、区）出现负增长。

表2　2019—2021 年江西省县（市、区）规上文化企业数量（前 20 名）（单位：家）

县（市、区）	2021 年		2020 年		2019 年
	企业数	同比增加	企业数	同比增加	企业数
上栗县	102	2	100	14	86
青山湖区	101	24	77	1	76
万载县	90	0	90	10	80
浮梁县	61	17	44	12	32
信州区	58	7	51	8	43
章贡区	53	6	47	7	40
西湖区	47	1	46	6	40
渝水区	46	5	41	7	34
贵溪市	42	13	29	7	22
吉安县	39	8	31	9	22
袁州区	39	2	37	4	33
红谷滩区	35	4	31	6	25
余干县	35	2	33	7	26
广丰区	33	9	24	–4	28

续表

县（市、区）	2021 年		2020 年		2019 年
	企业数	同比增加	企业数	同比增加	企业数
东湖区	33	−2	35	−2	37
樟树市	32	7	25	0	25
新干县	32	4	28	4	24
安福县	31	3	28	3	25
昌江区	30	4	26	4	22
南昌县	29	10	19	−2	21

数据来源：江西省统计局《江西文化产业及相关产业概览（2020）》《江西文化产业及相关产业概览（2021）》，"2021 年规模以上文化企业快报数"。

7. 规上文化企业就业人数

2021 年，规上文化企业就业人数排在前 10 名的县（市、区）是：吉安县、上栗县、青山湖区、万载县、章贡区、红谷滩区、广信区、南昌县、龙南市和广丰区（详见图 6）。

文化产业吸纳就业人数逐年增加。从 100 个县（市、区）规上文化企业就业人数指标可以看出，2019 年，共吸纳就业人数 21.22 万人；2021 年，共吸纳就业人数 26.9 万人，比 2019 年增长了 26.77%。

文化制造业成为吸纳就业的蓄水池。吸纳就业人数多的主要是以文化装备制造、文化消费终端制造等为主的文化制造产业，它属于劳动密集型产业，为就业提供大量机会。如吉安县可穿戴智能文化设备制造龙头企业江西立讯智造有限公司最高峰能吸纳 4 万人就业。"中国烟花鞭炮之乡"上栗县从事烟花鞭炮等节庆产品生产的企业多，高峰期可以解决 15 万人就业。

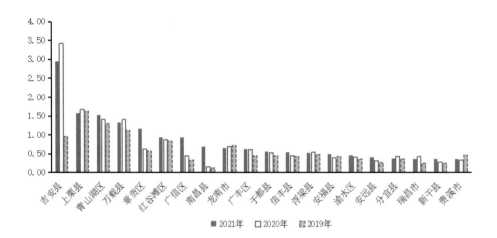

图6　2019—2021年江西省县（市、区）规上文化企业就业人数①（前20名）（单位:万人）

8. 规上文化企业数量增速

2021年，规上文化企业数量增速排前10名的县（市、区）是：高安市、弋阳县、瑞金市、资溪县、铜鼓县、南昌县、武宁县、信丰县、井冈山市和贵溪市（详见图7）。

文化市场主体逐年发展壮大。随着江西文化强省战略不断推进，一系列支持文化产业的政策落地，在积极财政、税收、金融等政策的合力支撑下，各县（市、区）不断加强文化市场主体的培育。100个县（市、区）规上文化企业增幅平均值从2019年的6.73%增长到2021年的22.46%。从纵向比较来看，2020年，100个县（市、区）有16个县（市、区）维持零增长，负增长的县（市、区）有15个，2021年维持零增长的县（市、区）有12个，负增长的县（市、区）9个，减少了6个。这反映很多县（市、区）不断夯实文化产业发展基础，因地制宜打造特色文化产业集聚区，打造一流的营商环境，吸引文化企业前来投资，培育文化企业发展壮大。

---

① 资产规模大于10亿元才能进入前20名排名。

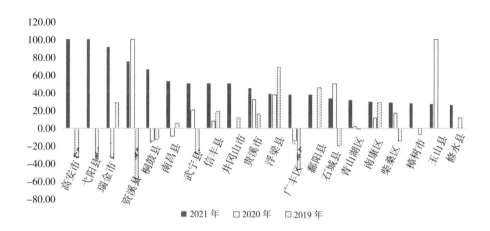

图7　2019—2021 年江西省县（市、区）规上文化企业数量增速^①（前 20 名）（单位:%）

四、结论与建议

从 2019—2021 年江西县（市、区）文化产业竞争力综合得分可以看到，江西县（市、区）文化产业规模不断扩大，发展增速逐步恢复到疫情前水平，文化产业强县竞争优势仍处于领先地位，文化制造业对县域文化产业带动作用明显。因此，需要从因地制宜制定文化产业规划、培育壮大县域文化龙头企业、鼓励县（市、区）做大做强传统文化优势产业与大力发展文化新业态等方面入手，促进县域文化产业高质量发展。

（一）结论

1. 文化产业强县竞争优势地位依然巩固

文化产业强县（市、区）除了本身的区位、经济优势，还集聚了文化产业发展所需的人才、资金、市场等要素，再加上已有的累积优势，产业发

---

① 资产规模大于 10 亿元才能进入前 20 名排名。

展持续保持领先地位。在2020年全省文化综合竞争力排在前20名的县(市、区)中，2021年依然有11个县（市、区）进入全省前20名；在2020年全省文化综合竞争力排在前10名的县(市、区)中，2021年依然有6个进入全省前10名。

2. 县域文化产业逐步恢复

2020年突如其来的新冠肺炎疫情给文化产业带来一定的负面冲击。2020年，江西规上文化企业利润总额增幅不同程度收窄，有45个县同比增速为负，有12个县同比增速只有10%以下；规上文化企业营业收入增速只有12.87%，负增长的县（市、区）达到32个。2021年，随着江西统筹疫情防控和经济社会发展成效的继续显现，江西规上文化企业利润总额增幅同比回升了25.4%，规上文化企业营业收入增速同比回升了12.5%。

3. 文化相关领域对县域文化产业发展引领作用明显

可穿戴智能文化设备制造、印刷包装、节庆用品制造等文化相关领域优势县排名靠前，产业发展优势明显。2019—2021年，全省文化综合竞争力前10名中，至少有5个县（市、区）是文化相关领域强县。如吉安县文化消费终端生产优势明显，2019—2021年文化综合竞争力稳居全省前2名。

4. 文化产业发展创新能力有待提升

文化产业竞争力得分靠后的县（市、区）虽然拥有独特的历史文化资源，但还未完成从传统的文化思维向现代文化产业思维的转变，对自身独特的文化资源禀赋挖掘不够，将其转化为产业优势的意识不强，对文化产业新业态与新商业模式的探索不足，再加上由于经济发展水平较低，文化投入不足，文化产业发展的基础设施落后。这些因素都导致许多县（市、区）文化产业发展动能不足。

（二）建议

1. 科学制定县域文化产业规划

各县（市、区）确立正确的发展理念，准确把握县域特色文化产业发展的规律，立足当地历史文化资源禀赋和区域功能定位，坚持政府主导、企业主体、专家策划、市场推动的原则，制定符合文化产业发展规律，与当地经济社会发展相吻合的文化产业发展规划，防止盲目投入和低水平、同质化发展，努力做到"小而美""小而专"。

2. 培育壮大文化新业态与改造提升传统文化产业并举

随着移动互联、大数据、物联网、虚拟现实以及人工智能等新兴科技的发展，基于数字技术的文化新业态成为文化产业发展的新增长点。应鼓励各县（市、区）设立文化新业态扶持资金和产业发展专项资金，对发展潜力大、市场前景优的新兴文化产业项目给予奖励和扶持，设立新兴文化产业引导基金，撬动社会资本投入；为新兴文化产业出台柔性人才引进政策；集中力量打造新兴文化业态的公共服务平台和良好的发展环境。文化制造业是江西县域传统优势文化产业。文化制造业强县充分利用新技术、新工艺、新装备，推动科技与文化制造融合，加强关键技术和先进工艺的高端化改造、结构调整，做强制造研发、设计等价值链高端环节，提升文化产品的附加值。

3. 找准比较优势，增强特色文化产业竞争优势

各县（市、区）以自身特殊的传统文化资源和区域特征等因素所形成的文化产业比较优势为依托，克服文化产业发展的比较劣势。通过转变文化产业发展思维、搭建文化产业平台、培育文化市场主体、健全政策保障体系、培育区域文化品牌等路径，将自身的文化产业比较优势释放出来，将其转化为有形的、有竞争力的文化产品和文化服务，从而提升县域文化产业竞争力。

4. 培育县域文化领军企业

各县（市、区）定期选定一批文化领军企业，对市场前景好、上下游带动作用强的文化企业，实施文化产业领军企业培育行动，加强培育和引进力度，提供相关产业链配套和政策环境支持，打造一流营商环境，提供完善的公共服务平台，助力其做大做强。加强跟踪调研，针对重点文化企业生产经营中遇到的困难，及时提供帮助并解决困难，保证重点文化企业持续健康运营，充分发挥文化龙头企业的引领、集聚和辐射带动效应。

附录：

附表 1　2019—2021 年江西省县（市、区）文化产业竞争力得分

县（市、区）	2021 年		2020 年		2019 年	
	综合得分	排名	综合得分	排名	综合得分	排名
青山湖区	87.21	1	77.74	2	82.43	2
吉安县	85.96	2	87.07	1	85.84	1
章贡区	79.79	3	71.68	6	71.09	7
红谷滩区	77.90	4	76.14	3	0.00	0
贵溪市	77.01	5	69.52	18	68.18	29
上栗县	75.20	6	72.45	5	75.17	5
万载县	73.10	7	71.56	7	73.85	6
安远县	72.95	8	66.27	59	67.16	38
珠山区	72.90	9	70.35	11	65.18	70
广丰区	71.89	10	69.83	16	69.82	16
瑞金市	70.73	11	65.73	69	69.90	15
信州区	70.53	12	70.03	14	69.48	21
浮梁县	70.32	13	69.15	23	69.69	17
龙南市	69.93	14	67.24	43	68.90	24
西湖区	69.85	15	69.10	25	78.02	3
瑞昌市	69.56	16	70.25	12	75.43	4
永修县	69.54	17	68.92	26	70.74	8
渝水区	69.51	18	69.10	24	68.29	28
芦溪县	69.49	19	65.63	75	66.06	57
南昌县	69.36	20	65.59	78	65.77	59
樟树市	69.31	21	67.11	45	67.45	34
玉山县	69.25	22	71.17	8	65.38	66
庐山市	69.09	23	70.60	10	68.04	31
分宜县	69.05	24	68.74	27	69.54	20

续表

县（市、区）	2021 年		2020 年		2019 年	
	综合得分	排名	综合得分	排名	综合得分	排名
东湖区	69.04	25	66.96	47	70.74	9
修水县	68.87	26	66.71	52	68.41	26
安福县	68.63	27	68.50	31	66.11	56
新干县	68.49	28	67.58	41	70.07	12
武宁县	68.34	29	66.29	57	65.68	62
昌江区	68.19	30	67.96	39	70.05	13
高安市	68.06	31	65.10	88	64.22	93
青云谱区	68.00	32	69.26	21	70.14	11
信丰县	67.88	33	68.55	29	66.25	54
弋阳县	67.80	34	65.12	87	64.27	92
广信区	67.56	35	69.88	15	69.58	19
湖口县	67.51	36	68.30	33	69.99	14
新建区	67.40	37	68.10	38	69.61	18
井冈山市	67.25	38	65.23	86	66.26	53
袁州区	67.22	39	68.10	37	66.39	48
婺源县	67.21	40	64.41	93	67.00	42
月湖区	67.17	41	68.55	30	66.76	43
于都县	67.16	42	66.28	58	70.41	10
余江区	67.13	43	68.34	32	66.27	51
永丰县	67.11	44	66.11	61	66.39	49
鄱阳县	67.07	45	65.70	71	67.34	35
共青城市	67.03	46	66.54	54	67.09	41
浔阳区	67.01	47	66.41	56	65.19	69
余干县	66.84	48	67.36	42	67.77	32
东乡区	66.80	49	66.78	51	69.06	23
万年县	66.74	50	68.70	28	66.62	45

续表

县（市、区）	2021 年		2020 年		2019 年	
	综合得分	排名	综合得分	排名	综合得分	排名
柴桑区	66.63	51	69.65	17	64.95	77
湘东区	66.56	52	68.13	36	67.27	36
彭泽县	66.53	53	66.07	62	69.39	22
乐平市	66.34	54	65.70	70	66.26	52
资溪县	66.33	55	69.28	19	62.57	99
宜丰县	66.33	56	63.69	95	65.93	58
奉新县	66.33	57	68.21	35	68.37	27
黎川县	66.32	58	65.69	72	65.49	64
吉州区	66.29	59	67.14	44	65.35	67
崇仁县	66.09	60	68.27	34	66.43	47
广昌县	66.07	61	65.59	77	64.85	80
遂川县	66.06	62	66.11	60	66.30	50
南城县	66.06	63	69.16	22	64.82	81
万安县	66.05	64	66.99	46	68.48	25
南康区	66.02	65	65.34	81	66.64	44
铜鼓县	65.97	66	63.11	98	65.05	74
临川区	65.91	67	65.74	67	64.76	83
德安县	65.91	68	70.91	9	65.09	72
泰和县	65.90	69	65.61	76	64.32	91
吉水县	65.89	70	66.49	55	66.14	55
石城县	65.88	71	67.76	40	64.61	86
宁都县	65.88	72	65.68	74	65.48	65
青原区	65.86	73	65.69	73	65.66	63
宜黄县	65.85	74	65.74	68	64.47	89
德兴市	65.73	75	64.94	90	67.46	33
安源区	65.64	76	66.02	63	63.94	96

续表

县（市、区）	2021 年		2020 年		2019 年	
	综合得分	排名	综合得分	排名	综合得分	排名
赣县区	65.64	77	66.60	53	64.70	84
兴国县	65.57	78	66.01	64	64.80	82
进贤县	65.51	79	65.24	84	67.16	39
都昌县	65.46	80	65.26	83	67.12	40
上犹县	65.44	81	70.04	13	64.32	90
铅山县	65.38	82	62.48	99	66.61	46
全南县	65.29	83	65.24	85	65.06	73
上高县	65.24	84	63.48	97	65.23	68
濂溪区	65.23	85	66.79	50	63.08	98
乐安县	65.22	86	65.44	79	64.94	78
丰城市	65.20	87	64.94	89	65.11	71
定南县	65.20	88	64.65	92	68.12	30
会昌县	65.13	89	64.86	91	65.03	75
永新县	65.09	90	64.26	94	64.94	79
峡江县	65.05	91	65.31	82	64.16	94
安义县	65.04	92	66.89	49	65.73	60
靖安县	65.02	93	65.81	65	67.24	37
横峰县	65.01	94	65.39	80	65.00	76
崇义县	64.96	95	75.17	4	64.62	85
南丰县	64.94	96	65.81	66	64.54	88
莲花县	64.89	97	66.92	48	64.59	87
大余县	64.85	98	63.51	96	65.69	61
金溪县	64.82	99	69.27	20	63.48	97
寻乌县	64.75	100	62.13	100	64.04	59

附表2　2021年江西省县（市、区）规上文化企业营业收入、利润总额及排名

县（市、区）	营业收入（亿元）	排名	利润总额（亿元）	排名
吉安县	358.98	1	32.92	1
青山湖区	202.81	3	17.80	2
红谷滩区	147.35	4	12.09	3
广丰区	76.25	7	9.02	4
永修县	86.76	6	8.54	5
庐山市	48.14	16	7.87	6
万载县	62.08	13	6.82	7
瑞昌市	63.92	11	6.48	8
章贡区	217.98	2	6.18	9
共青城市	47.56	17	5.67	10
上栗县	69.57	8	5.28	11
修水县	35.63	22	5.00	12
分宜县	68.76	9	4.32	13
安福县	35.86	21	4.16	14
武宁县	35.60	23	4.11	15
贵溪市	62.01	14	3.59	16
樟树市	33.75	25	3.57	17
青云谱区	27.81	28	3.49	18
于都县	39.82	19	3.03	19
新干县	41.99	18	2.80	20
渝水区	51.47	15	2.78	21
昌江区	62.23	12	2.72	22
浮梁县	27.52	29	2.69	23
奉新县	23.09	33	2.65	24
永丰县	23.38	32	2.32	25
浔阳区	19.93	38	1.98	26

续表

县（市、区）	营业收入（亿元）	排名	利润总额（亿元）	排名
东湖区	36.28	20	1.92	27
湘东区	14.66	49	1.88	28
新建区	29.49	27	1.66	29
芦溪县	12.67	56	1.61	30
柴桑区	33.75	26	1.56	31
南城县	14.46	50	1.46	32
吉州区	16.69	44	1.42	33
信州区	120.28	5	1.31	34
宜丰县	12.62	57	1.21	35
吉水县	14.18	51	1.17	36
余江区	22.20	34	1.16	37
万年县	17.06	43	1.11	38
东乡区	22.16	35	1.00	39
安远县	17.41	41	0.98	40
临川区	15.64	47	0.89	41
西湖区	34.76	24	0.89	42
黎川县	9.37	65	0.87	43
宁都县	13.09	55	0.83	44
德兴市	10.99	61	0.81	45
遂川县	7.32	74	0.80	46
青原区	13.47	54	0.77	47
丰城市	4.95	81	0.77	48
龙南市	18.90	39	0.71	49
德安县	16.35	45	0.67	50
玉山县	21.06	36	0.63	51
上犹县	7.24	75	0.62	52

续表

县（市、区）	营业收入（亿元）	排名	利润总额（亿元）	排名
彭泽县	25.67	31	0.61	53
崇仁县	11.88	59	0.59	54
万安县	10.98	62	0.55	55
余干县	13.74	53	0.54	56
宜黄县	9.18	66	0.53	57
湖口县	17.38	42	0.49	58
井冈山市	11.24	60	0.49	59
全南县	6.73	76	0.48	60
瑞金市	14.07	52	0.46	61
高安市	20.57	37	0.45	62
进贤县	10.68	63	0.45	63
信丰县	15.67	46	0.44	64
赣县区	5.79	78	0.44	65
兴国县	5.75	80	0.40	66
都昌县	10.29	64	0.38	67
南康区	8.07	69	0.36	68
泰和县	11.95	58	0.34	69
月湖区	27.32	30	0.31	70
峡江县	4.29	83	0.31	71
乐平市	5.79	79	0.30	72
广昌县	7.67	73	0.28	73
定南县	4.13	84	0.28	74
上高县	7.81	71	0.21	75
乐安县	3.96	85	0.21	76
濂溪区	4.31	82	0.20	77
安源区	6.10	77	0.20	78

续表

县（市、区）	营业收入（亿元）	排名	利润总额（亿元）	排名
铅山县	3.83	86	0.17	79
永新县	2.60	88	0.16	80
婺源县	7.68	72	0.13	81
横峰县	2.29	89	0.13	82
资溪县	1.91	93	0.13	83
金溪县	1.34	97	0.12	84
靖安县	1.97	92	0.11	85
珠山区	9.17	67	0.09	86
崇义县	1.60	94	0.07	87
南丰县	1.35	96	0.04	88
莲花县	1.99	91	0.04	89
寻乌县	0.27	100	0.04	90
大余县	1.45	95	0.04	91
安义县	1.09	98	0.02	92
会昌县	2.28	90	−0.01	93
铜鼓县	3.13	87	−0.05	94
鄱阳县	17.69	40	−0.30	95
弋阳县	7.89	70	−0.34	96
袁州区	8.75	68	−0.41	97
石城县	1.08	99	−0.42	98
南昌县	15.42	48	−1.10	99
广信区	64.84	10	−9.12	100

数据来源：江西省统计局"2021年江西规模以上文化产业快报数"。

附表3　2021年江西省县（市、区）规上文化企业就业人数及排名

县（市、区）	就业人数（万人）	排名
吉安县	2.94	1
上栗县	1.57	2
青山湖区	1.52	3
万载县	1.32	4
章贡区	1.17	5
红谷滩区	0.94	6
广信区	0.94	7
南昌县	0.69	8
龙南市	0.65	9
广丰区	0.62	10
于都县	0.55	11
信丰县	0.54	12
浮梁县	0.52	13
安福县	0.50	14
万安县	0.48	15
渝水区	0.46	16
安远县	0.41	17
分宜县	0.38	18
瑞昌市	0.37	19
新干县	0.36	20
贵溪市	0.36	21
婺源县	0.35	22
泰和县	0.34	23
昌江区	0.32	24
月湖区	0.30	25
余江区	0.28	26
东湖区	0.28	27

续表

县（市、区）	就业人数（万人）	排名
武宁县	0.26	28
湘东区	0.25	29
宜丰县	0.25	30
修水县	0.25	31
青原区	0.24	32
新建区	0.24	33
吉州区	0.22	34
永修县	0.22	35
玉山县	0.21	36
瑞金市	0.21	37
樟树市	0.20	38
袁州区	0.19	39
浔阳区	0.19	40
青云谱区	0.18	41
鄱阳县	0.18	42
万年县	0.18	43
信州区	0.18	44
进贤县	0.17	45
高安市	0.17	46
南康区	0.16	47
余干县	0.16	48
宁都县	0.16	49
庐山市	0.15	50
西湖区	0.15	51
井冈山市	0.14	52
共青城市	0.14	53
吉水县	0.14	54

续表

县（市、区）	就业人数（万人）	排名
永丰县	0.14	55
芦溪县	0.13	56
赣县区	0.13	57
广昌县	0.12	58
崇仁县	0.12	59
上高县	0.11	60
安源区	0.11	61
定南县	0.11	62
全南县	0.11	63
宜黄县	0.11	64
东乡区	0.10	65
黎川县	0.10	66
彭泽县	0.10	67
临川区	0.10	68
乐平市	0.09	69
德安县	0.09	70
遂川县	0.09	71
上犹县	0.09	72
柴桑区	0.09	73
兴国县	0.09	74
德兴市	0.09	75
湖口县	0.08	76
弋阳县	0.08	77
南城县	0.07	78
大余县	0.07	79
奉新县	0.06	80
珠山区	0.06	81

续表

县（市、区）	就业人数（万人）	排名
铜鼓县	0.06	82
资溪县	0.05	83
铅山县	0.05	84
峡江县	0.05	85
永新县	0.04	86
都昌县	0.04	87
会昌县	0.04	88
乐安县	0.03	89
丰城市	0.03	90
靖安县	0.03	91
石城县	0.03	92
濂溪区	0.03	93
横峰县	0.03	94
崇义县	0.02	95
金溪县	0.02	96
南丰县	0.01	97
莲花县	0.01	98
安义县	0.01	99
寻乌县	0.01	100

数据来源：江西省统计局"2021年江西规模以上文化产业快报数"。

2021 年江西省文化企业评估报告

江西省社会科学院课题组 *

摘要：文化企业是现代文化产业发展的核心，文化企业发展水平决定文化产业发展质量。为进一步发现和培育文化产业中具有较强竞争力、影响力的领军企业，建设更具创造力、创新力、竞争力、影响力的文化强省，对江西省规上文化企业进行总体评估和排名。2021 年，江西省统筹抓好疫情防控和经济社会发展，文化产业整体发展情况良好，全省文化企业发展呈现较快增长的良好态势，总体规模发展壮大，新业态发展动力强劲，创新驱动不断增强，区域集聚效应更加凸显。下一步要加大文化企业管理体制机制改革力度；积极培育文化新业态，大力发展数字文化产业；培养跨行业的综合性人才队伍。

关键词：文化企业　文化产业　评估

文化企业是现代文化产业发展的核心，文化企业发展水平决定文化产业发展质量。"要推动文化产业高质量发展，健全现代文化产业体系和市场体系，推动各类文化市场主体发展壮大。"江西省第十五次党代会报告明确提出要打造文化产业发展高地，为推动文化产业实现高质量发展指明了方向、明确了

* 课题组成员：易外庚，江西省社会科学院社会学研究所所长、副研究员；方芳，江西省社会科学院社会学研究所副研究员、中国政法大学访问学者；马晋文，江西省社会科学院社会学研究所助理研究员。

路径。2021 年，为应对新冠肺炎疫情冲击，江西省密集出台助企纾困政策，助推企业高质量发展，全省文化企业继续保持良好发展态势。为加快建设更具创造力、创新力、竞争力、影响力的文化强省，促进全省文化产业高质量发展，本报告对江西省 2097 家规上文化企业进行评估，评出文化产业核心领域、相关领域、营业收入和利润总额企业 20 强。

一、评估说明

评估对象是江西省独立法人文化企业单位，依据省统计局现有文化企业入库填报数据（考虑到数据重复，部分集团公司和上市企业如江西省出版传媒集团、中文传媒等不单独参与评估，但公司旗下多家企业进行了数据填报）。本报告针对全省 2097 家（比上年增加 303 家）规上文化企业进行评估，其中文化产业核心领域企业 1167 家（比上年增加 208 家），相关领域企业 930 家（比上年增加 95 家）。评估核心指标包括营业收入、利润总额、从业人员期末人数，其中营业收入权数值为 50 分、利润总额 30 分、从业人员期末人数 20 分，按照功效系数法作综合测算，数据截至 2021 年底。专项指标数据来源同上。

二、评估结果

（一）核心领域文化企业排名

2021 年，江西省文化产业核心领域（六大类）20 强企业中，内容创作生产类企业 10 家，占 50%；文化传播渠道类和创意设计服务类企业各 4 家，分别占 20%；新闻信息服务类和文化娱乐休闲服务类各 1 家，均占 5%。

通过对比 2019—2021 年江西省文化产业核心领域企业 20 强，发现总体上呈现以下特点：一是企业规模和营业收入稳步增长。2021 年，虽然受到新冠肺炎疫情影响，但全省文化产业核心领域企业规模和营业收入实现正增长，全省规上文化产业核心领域企业数 1167 家，比上年增加 208 家，完成营业收入 896.48 亿元，比上年增长 1.96%，实现正增长的良好态势。二是企业发展质量不高的问题仍较突出。2021 年文化产业核心领域企业数同比增加 208 家，数量实现显著增长，但高质量发展仍需努力。从得分看，江西新华发行集团有限公司在其营业收入及利润总额的优势下，三年来得分始终保持第 1；中国广电江西网络有限公司在期末从业人员单项指标的优势下，总分排名第 2，但其营业收入分值与利润总额分值排名分别为第 9、19 位；排名第 9 位的江西贪玩信息技术有限公司营业收入分值为 24.68，排名第 2，但 2021 年该公司处于亏损状态。虽相比于前两年，各企业总得分差距减小，但企业发展质量方面与推动文化产业高质量发展的要求还存在差距。三是创新引领优势不断增强。根据江西省统计局数据，2021 年，全省文化新业态特征较为明显的 16 个行业小类营业收入同比增长 16.8%，两年平均增长 34.8%，比全国高 14.3 个百分点。动漫、游戏数字内容服务及互联网广告服务分别比上年增长 302.6%、77.2%，两年平均增速分别达到 175.6%、77.8%，文化新业态发展势头明显。从企业数量看，20 强企业中，内容创作生产类企业有 10 家，创意设计服务类企业有 4 家，占比达 70%。四是区域发展不平衡状态有所改善，但差距依旧明显。从分布区域看，2019—2020 年，文化核心领域 20 强企业集中在南昌、上饶、九江、鹰潭、吉安、新余 6 个设区市。2021 年景德镇市有 3 家文化企业出现在文化产业核心领域 20 强榜单，上饶（6 家）仍是核心领域进入企业 20 强最多的设区市，赣州、宜春、萍乡、抚州 4 个设区市始终没有企业进入文化产业核心领域 20 强（详见表 1）。

表1　2021 年江西省文化产业核心领域企业 20 强（文化核心领域企业总数 N=1167）

排名	设区市	单位名称	行业类别	营业收入分值	利润总额分值	从业人员期末人数分值	总分值
1	南昌市	江西新华发行集团有限公司	文化传播渠道	★ 50.00	★ 30.00	14.28	94.28

续表

排名	设区市	单位名称	行业类别	营业收入分值	利润总额分值	从业人员期末人数分值	总分值
2	南昌市	中国广电江西网络有限公司	文化传播渠道	7.99	14.03	★ 20.00	42.02
3	鹰潭市	江西贵丰铜业有限公司	内容创作生产	14.46	16.96	0.21	31.63
4	九江市	江西康佳新材料科技有限公司	内容创作生产	11.40	19.31	0.91	31.62
5	上饶市	江西巨广网络科技有限公司	创意设计服务	15.92	15.18	0.29	31.39
6	上饶市	江西巨网科技有限公司	创意设计服务	13.61	15.11	0.32	29.04
7	上饶市	上饶市巨网科技有限公司	新闻信息服务	12.13	15.09	0.36	27.58
8	新余市	江西恩达麻世纪科技股份有限公司	内容创作生产	8.66	15.14	3.31	27.11
9	上饶市	江西贪玩信息技术有限公司	内容创作生产	24.68	0.00	2.30	26.98
10	鹰潭市	江西省龙虎山旅游文化发展（集团）有限公司	文化娱乐休闲服务	6.96	16.68	3.32	26.96
11	上饶市	江西省斯尔摩红木家俱有限公司	内容创作生产	4.85	19.07	1.23	25.15
12	吉安市	江西吉银实业有限公司	内容创作生产	7.00	17.38	0.16	24.54
13	南昌市	江西仟得文化传播有限公司	创意设计服务	4.87	14.96	1.19	21.02
14	南昌市	江西省汇江珠宝有限公司	文化传播渠道	5.71	14.86	0.16	20.73

续表

排名	设区市	单位名称	行业类别	营业收入分值	利润总额分值	从业人员期末人数分值	总分值
15	九江市	优幕广告有限公司	创意设计服务	3.94	16.41	0.38	20.73
16	上饶市	江西九一五信息技术有限公司	内容创作生产	5.98	14.25	0.43	20.66
17	景德镇市	景德镇常青家园工艺品有限公司	内容创作生产	4.62	15.14	0.51	20.28
18	景德镇市	景德镇诚德轩瓷业有限公司	内容创作生产	4.37	15.28	0.45	20.11
19	景德镇市	景德镇博泰陶瓷有限公司	内容创作生产	4.48	15.27	0.31	20.06
20	南昌市	江西中文传媒教辅经营有限公司	文化传播渠道	4.31	15.33	0.07	19.71

注：①★表示该指标最高值；②江西贪玩信息技术有限公司因2021年亏损，利润总额得分为0；③数据来源于江西省统计局。

（二）相关领域文化企业排名

2021年，江西省文化产业相关领域（三大类）20强企业中，3个行业都有涉及，文化消费终端生产类企业有9家，占45%；文化辅助生产和中介服务类企业有7家，占35%；文化装备生产类企业有4家，占20%。

通过对比2019—2021年江西省文化产业相关领域企业20强发现：一是规模效益实现双提升。全省规上文化产业相关领域企业数930家，比上年增加95家，完成营业收入1659.28亿元，比上年增长2.98%，企业规模和营收实现正增长的良好态势，仅文化辅助生产和中介服务类企业营业收入出现回落，同比下降0.43%。二是龙头企业带动作用显著。江西立讯智造有限公司营业收入、利润总额及从业人员期末人数得分始终保持第1。吉安市受立讯智造有限公司营业收入大幅增长拉动影响，2020年营业收入增速高达35.5%，

2021年,吉安市规上文化企业营业收入总量首次突破500亿元,居全省第1位。三是文化相关领域企业发展不平衡问题突出。从得分看,江西立讯智造有限公司以其营业收入、利润总额及期末从业人数的优势,一枝独秀,并且远超第2名江西晨鸣纸业有限责任公司的得分。且20家企业中有15家企业得分不超过10分,未出现多家企业百花齐放的良好态势。四是三地连续三年未有企业进入20强。分区域看,2021年20强企业分布在7个设区市中(2019年、2020年分别为7个、8个设区市),其中九江有7个企业进入20强,成为进入文化产业相关领域20强企业最多的设区市,萍乡、抚州、景德镇连续三年均没有企业进入20强榜单(详见表2)。

表2　2021年江西省文化产业相关领域企业20强(文化相关领域企业总数N=930)

排名	设区市	单位名称	行业类别	营业收入分值	利润总额分值	从业人员期末人数分值	总分值
1	吉安市	江西立讯智造有限公司	文化消费终端生产	★ 50.00	★ 30.00	★ 20.00	100.00
2	南昌市	江西晨鸣纸业有限责任公司	文化辅助生产和中介服务	18.76	14.38	1.15	34.29
3	赣州市	赣州市同兴达电子科技有限公司	文化消费终端生产	17.42	3.70	4.82	25.94
4	赣州市	赣州立德电子有限公司	文化消费终端生产	11.84	2.45	1.18	15.47
5	新余市	江西盛泰精密光学有限公司	文化装备生产	7.02	4.40	0.00	11.42
6	南昌市	南昌印钞有限公司	文化辅助生产和中介服务	3.55	4.44	0.88	8.87
7	九江市	方圆塑胶彩印制品(江西)有限公司	文化消费终端生产	3.59	3.83	0.22	7.64
8	九江市	龙泰(江西)运动科技有限公司	文化装备生产	3.22	3.77	0.28	7.27

续表

排名	设区市	单位名称	行业类别	营业收入分值	利润总额分值	从业人员期末人数分值	总分值
9	上饶市	江西精元电脑有限公司	文化消费终端生产	2.35	3.01	1.64	7.00
10	九江市	江西理文造纸有限公司	文化辅助生产和中介服务	3.23	2.52	0.7	6.45
11	九江市	九江市裕同印刷包装有限公司	文化辅助生产和中介服务	2.58	2.88	0.26	5.72
12	宜春市	鸿圣（江西）彩印包装实业有限公司	文化辅助生产和中介服务	2.71	2.90	0.07	5.67
13	赣州市	天键电声股份有限公司	文化消费终端生产	2.32	1.83	1.52	5.66
14	吉安市	江西联淦电子科技有限公司	文化消费终端生产	3.36	1.31	0.95	5.62
15	九江市	江西华雕照明电器有限公司	文化装备生产	2.91	2.05	0.23	5.19
16	新余市	江西亿铂电子科技有限公司	文化装备生产	2.54	1.10	1.51	5.15
17	吉安市	江西瑞声电子有限公司	文化消费终端生产	2.53	1.44	0.83	4.80
18	南昌市	江西教育印务实业有限公司	文化辅助生产和中介服务	2.30	1.71	0.46	4.47
19	九江市	江西五星纸业有限公司	文化辅助生产和中介服务	2.59	1.22	0.36	4.17
20	九江市	江西华盛电子科技有限公司	文化消费终端生产	2.55	0.86	0.02	3.43

注：★表示该指标最高值；数据来源于江西省统计局。

（三）专项指标排名

1. 营业收入排名情况

2021 年，全省规上文化产业企业数 2097 家，完成营业收入 2967.92 亿元，比 2020 年增长 16.1%，比 2019 年增长 32.0%，两年平均增长 14.9%，比全国两年平均增速高 6.0 个百分点，居全国第 4 位、中部六省第 2 位。

对比 2019—2021 年文化产业规上企业营业收入 20 强数据，发现：一是营收规模稳步提升。2021 年有 5 家规上企业完成 50 亿元以上营业收入（2019 年、2020 年分别为 3 家、4 家），相比于 2020 年，2021 年赣州市同兴达电子科技有限公司进入 20 强，且营收超过江西新华发行集团有限公司，位列第 3，进入 20 强企业的营业收入均超过 10 亿元，其中 20 亿—50 亿元的有 9 家（2019 年为 3 家，2020 年有 9 家）。二是文化产业相关领域优势较明显。文化产业营业收入 20 强企业所在的行业类别延续上一年的分布，主要集中在文化消费终端生产、文化传播渠道、文化辅助生产和中介服务、新闻信息服务、内容创作生产、文化装备生产、创意设计服务七大行业类别中，其中有 12 家企业为相关领域企业（较上年减少 1 家），其中文化消费终端生产类占 5 家。三是地域分布小幅扩大。与前两年相比，20 强榜单所在设区市新增宜春市，宜春市鸿圣（江西）彩印包装实业有限公司进入 20 强，并实现 10 亿元以上的营业收入（详见表 3）。

2. 利润总额排名

2021 年，全省规上文化产业企业实现利润总额 196.45 亿元，同比增长 4.3%。对比 2019—2021 年文化产业企业利润总额 20 强数据发现：文化相关领域发挥主力军作用。2021 年利润总额 20 强企业中相关领域的企业数量为 16 个，占比 80%，文化企业利润总额 20 强排名前两位的依然是江西立讯智造有限公司与江西晨鸣纸业有限责任公司，二者的利润总额均超过 10 亿元，且均属于文化相关领域的企业（详见表 4）。

表3   2021年江西省文化企业营业收入20强

排名	设区市	单位详细名称	所属产业大类	营业收入规模
1	吉安市	江西立讯智造有限公司	文化消费终端生产	50亿元以上
2	南昌市	江西晨鸣纸业有限责任公司	文化辅助生产和中介服务	
3	赣州市	赣州市同兴达电子科技有限公司	文化消费终端生产	
4	南昌市	江西新华发行集团有限公司	文化传播渠道	
5	赣州市	赣州立德电子有限公司	文化消费终端生产	
6	上饶市	江西贪玩信息技术有限公司	内容创作生产	20亿—50亿元
7	新余市	江西盛泰精密光学有限公司	文化装备生产	
8	上饶市	江西巨广网络科技有限公司	创意设计服务	
9	鹰潭市	江西贵丰铜业有限公司	内容创作生产	
10	上饶市	江西巨网科技有限公司	创意设计服务	
11	上饶市	上饶市巨网科技有限公司	新闻信息服务	
12	九江市	江西康佳新材料科技有限公司	内容创作生产	
13	九江市	方圆塑胶彩印制品（江西）有限公司	文化消费终端生产	
14	南昌市	南昌印钞有限公司	文化辅助生产和中介服务	
15	吉安市	江西联淦电子科技有限公司	文化消费终端生产	10亿—20亿元
16	九江市	江西理文造纸有限公司	文化辅助生产和中介服务	
17	九江市	龙泰（江西）运动科技有限公司	文化装备生产	
18	九江市	江西华雕照明电器有限公司	文化装备生产	
19	新余市	江西恩达麻世纪科技股份有限公司	内容创作生产	
20	宜春市	鸿圣（江西）彩印包装实业有限公司	文化辅助生产和中介服务	

数据来源：江西省统计局。

表4　2021年江西省文化企业利润总额20强

排名	设区市	单位详细名称	所属产业大类	利润总额
1	吉安市	江西立讯智造有限公司	文化消费终端生产	10亿—50亿元
2	南昌市	江西晨鸣纸业有限责任公司	文化辅助生产和中介服务	
3	南昌市	江西新华发行集团有限公司	文化传播渠道	5亿—10亿元
4	南昌市	南昌印钞有限公司	文化辅助生产和中介服务	
5	新余市	江西盛泰精密光学有限公司	文化装备生产	
6	九江市	方圆塑胶彩印制品（江西）有限公司	文化消费终端生产	
7	九江市	江西康佳新材料科技有限公司	内容创作生产	
8	九江市	龙泰（江西）运动科技有限公司	文化装备生产	
9	赣州市	赣州市同兴达电子科技有限公司	文化消费终端生产	
10	上饶市	江西省斯尔摩红木家俱有限公司	内容创作生产	
11	上饶市	江西精元电脑有限公司	文化消费终端生产	
12	宜春市	鸿圣（江西）彩印包装实业有限公司	文化辅助生产和中介服务	1亿—5亿元
13	九江市	九江市裕同印刷包装有限公司	文化辅助生产和中介服务	
14	南昌市	南昌航天文化科技有限公司	文化消费终端生产	
15	上饶市	上饶市如意包装有限公司	文化辅助生产和中介服务	
16	九江市	江西理文造纸有限公司	文化辅助生产和中介服务	
17	吉安市	江西吉银实业有限公司	内容创作生产	
18	赣州市	赣州立德电子有限公司	文化消费终端生产	
19	九江市	江西新茂石材有限公司	文化装备生产	
20	九江市	九江磊鑫石材有限公司	文化装备生产	

数据来源：江西省统计局。

三、江西文化企业面临的发展与挑战

2021 年，江西省统筹抓好疫情防控和经济社会发展，全省文化企业发展呈现较快增长的良好态势，总体规模发展壮大，文化新业态发展动力强劲，创新驱动不断增强，区域集聚效应更加凸显。

（一）总体规模发展壮大，骨干企业数量较少

从企业所属领域来看，核心领域规上法人单位数连续三年高于相关领域规上法人单位数，但是从营业收入、税金及附加来看，相关领域企业贡献更大（详见图 1—3）。从企业所属门类来看，文化投资运营是江西文化企业发展的明显短板，包括下设"投资与资产管理"和"运营管理"种类，近年来无一家规上文化企业。分析近三年数据发现，"文化消费终端生产""内容创作生产""文化辅助生产和中介服务""创意设计服务""文化娱乐休闲服务"等门类是规上企业主体，但是"创意设计服务""文化娱乐休闲服务"门类贡献的营业收入占比并不高。从税金及附加的指标来看，2019 年和 2020 年，"文化消费终端生产"门类贡献最为突出，分别占规上文化企业税金及附加总数的 45.4% 和 48.3%。2020 年，虽然"文化辅助生产和中介服务"门类的营业收入比"内容创作生产"高，但是税金及附加不及"内容创作生产"门类。2021 年，江西省出版传媒集团连续十三届进入"全国文化企业 30 强"。虽然领军文化企业持续壮大，但是全省规上文化企业中，大型企业仅有 35 家，中型企业 217 家，分别占比 1.67% 和 10.35%，骨干企业较少。

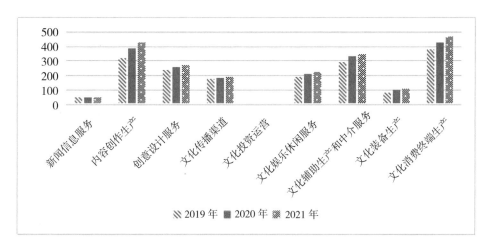

图1 2019—2021年江西文化产业各门类规上法人单位数（单位：个）

数据来源：江西省统计局《江西文化产业及相关产业概览（2020）》《江西文化产业及相关产业概览（2021）》，"2021年江西规模以上文化产业快报数"。

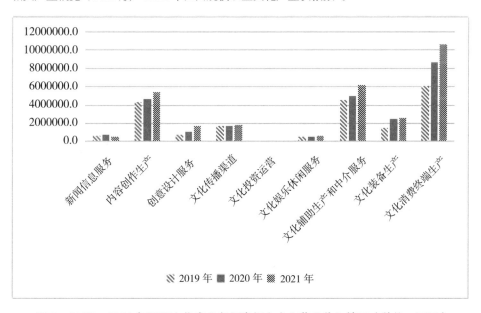

图2 2019—2021年江西文化产业各门类规上企业营业收入情况（单位：万元）

数据来源：江西省统计局《江西文化产业及相关产业概览（2020）》《江西文化产业及相关产业概览（2021）》，"2021年江西规模以上文化产业快报数"。

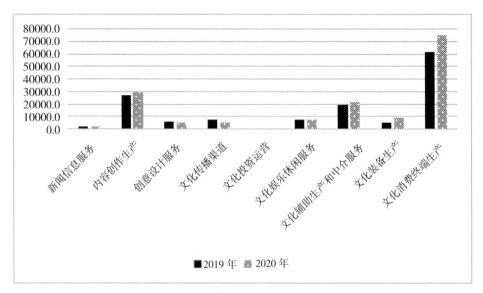

图3　2019—2020年江西文化产业各门类规上企业税金及附加情况（单位：万元）

数据来源：江西省统计局《江西文化产业及相关产业概览（2020）》《江西文化产业及相关产业概览（2021）》。

（二）新业态引领新突破，行业小类发展不一

从产业类型来看，2021年，文化制造业和文化服务业增长较快。全省文化制造业企业1053家，比上年增加119家，营业收入2259.31亿元，增长16.6%；文化批发和零售业企业183家，增加30家，营业收入200.86亿元，增长11.9%；文化服务业企业861家，增加154家，营业收入507.75亿元，增长15.8%（详见表5）。

表5　2021年规上文化产业类型基本情况

	企业数量（家）	比上年增加（家）	营业收入（亿元）	比上年增长（%）
文化制造业企业	1053	119	2259.31	16.60
文化批发和零售业企业	183	30	200.86	11.90
文化服务业企业	861	154	507.75	15.80

数据来源：江西省统计局"2021年江西规模以上文化产业快报数"。

从行业小类来看，文化产业新业态持续增长，高质量发展动力强劲。其中动漫、游戏数字内容服务、互联网广告服务、其他智能文化消费设备制造3个行业成为引领文化新业态发展的领头羊，营业收入分别比上年增长302.6%、77.2%、63.9%，两年平均增速分别达到175.6%、77.8%、82.0%（详见图4）。

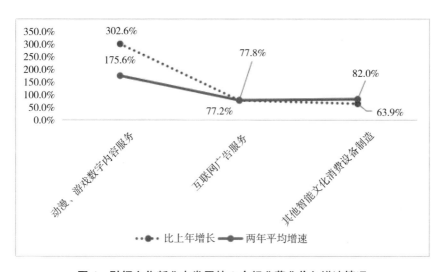

图4 引领文化新业态发展的3个行业营业收入增速情况

数据来源：江西省统计局。

进一步分析2021年规上文化制造业、批发和零售业、服务业企业的营业收入增速发现，在文化制造业中，"露天游乐场所游乐设备制造""抽纱刺绣工艺品制造""复印和胶印设备制造"增速均超过70%，但"应用电视设备及其他广播电视设备制造"等10个行业小类2021年的营业收入低于2020年（详见表6）；在文化批发和零售业中，"文具用品批发""艺术品、收藏品拍卖""乐器零售"增速均超过100%，但"照相器材零售"等4个行业小类2021年的营业收入低于2020年（详见表7）；在文化服务业中，"其他文化艺术经纪代理""动漫、游戏数字内容服务""电子出版物出版"等7个行业小类增速均超过100%，特别是"其他文化艺术经纪代理"营业收入增长了10倍，但"艺术表演场馆"等8个行业小类2021年的营业收入低于2020年（详见表8）。

表 6　2021 年江西部分规上文化制造业行业小类营业收入增速情况

名称	比上年增长（%）	名称	比上年增长（%）
露天游乐场所游乐设备制造	75.41	应用电视设备及其他广播电视设备制造	−65.86
抽纱刺绣工艺品制造	74.21	漆器工艺品制造	−42.51
复印和胶印设备制造	72.59	电视机制造	−39.64
娃娃玩具制造	66.83	游艺用品及室内游艺器材制造	−28.09
园艺陶瓷制造	66.67	专业音响设备制造	−22.64
其他智能文化消费设备制造	63.93	照相机及器材制造	−20.40
文化用信息化学品制造	57.02	其他玩具制造	−17.62
天然植物纤维编织工艺品制造	53.81	本册印制	−15.37
娱乐用智能无人飞行器制造	52.11	其他娱乐用品制造	−5.16
墨水、墨汁制造	48.55	可穿戴智能文化设备制造	−1.05

　　数据来源：江西省统计局"2021 年江西规模以上文化产业快报数"。其中：左列为正增速排序，右列为负增长排序。

表 7　2021 年江西规上批发文化和零售业行业小类营业收入增速情况

名称	比上年增长（%）	名称	比上年增长（%）
文具用品批发	327.65	图书批发	11.04
艺术品、收藏品拍卖	151.76	首饰、工艺品及收藏品批发	6.89
乐器零售	111.00	图书、报刊零售	5.39
家用视听设备批发	27.39	珠宝首饰零售	1.70
工艺美术品及收藏品零售	25.81	广播影视设备批发	−2.77
文具用品零售	23.57	文化贸易代理服务	−9.39
家用视听设备零售	23.53	音像制品、电子和数字出版物零售	−14.85
其他文化用品批发	22.14	照相器材零售	−54.32
其他文化用品零售	14.40		

　　数据来源：江西省统计局"2021 年江西规模以上文化产业快报数"。

表 8 2021 年江西部分规上文化服务业行业小类营业收入增速情况

名称	比上年增长（%）	名称	比上年增长（%）
其他文化艺术经纪代理	1094.62	艺术表演场馆	−39.68
动漫、游戏数字内容服务	302.58	互联网其他信息服务	−39.44
电子出版物出版	202.86	科技会展服务	−32.37
旅游会展服务	178.92	增值电信文化服务	−18.86
城市公园管理	168.83	音像制品出版	−17.98
电影和广播电视节目发行	140.96	数字出版	−7.37
档案馆	110.40	其他文化艺术业	−5.24
婚庆典礼服务	93.46	互联网游戏服务	−2.83
文化娱乐经纪人	77.40		
互联网广告服务	77.17		

数据来源：江西省统计局"2021 年江西规模以上文化产业快报数"。左列为正增速排序，右列为负增长排序。

（三）创新驱动不断增强，竞争力有待提升

文化企业竞争力与文化制造业的创新发展息息相关。文化制造业作为文化产业的基础性行业，是文化服务业及批发零售业发展的重要支撑。2020 年[①]，规上文化制造业企业中，江西省有 R&D 活动的企业 367 个，R&D 人员折合全时当量 9585 人·年，在中部六省排名中分列第 4、第 1；R&D 经费内部支出 238679 万元，新产品开发经费支出 299741 万元，专利申请数 1930 件，在中部六省排名均为第 2（详见表 9）。将各指标占全国比重进行比较，显示江西文化企业创新活力不断增强（详见图 5）。

---

① 因未查询到 2021 年数据，故采用 2020 年数据进行分析。

表 9　2020 年中部六省规上文化制造业企业科技活动情况

地区	有 R&D 活动的企业（个）	R&D 人员折合全时当量（人·年）	R&D 经费内部支出（万元）	新产品开发经费支出（万元）	专利申请数（件）
全国	7137	154730	5265438	6817756	53174
山西	12	110	6802	7013	31
安徽	370	7182	309276	377027	3566
江西	367	9585	238679	299741	1930
江西占全国比重	5.14%	6.19%	4.53%	4.40%	3.63%
江西在中部六省排位	第 4	第 1	第 2	第 2	第 2
河南	196	3712	155066	98858	885
湖北	399	6398	220467	269331	1700
湖南	496	4706	202259	274201	1197

数据来源：《中国文化及相关产业统计年鉴（2021）》。

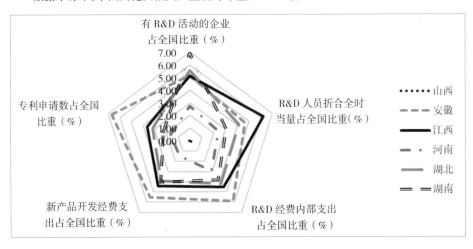

图 5　2020 年中部六省规上文化制造业企业创新活力对比

数据来源：《中国文化及相关产业统计年鉴（2021）》。

从企业竞争力来看，2020 年，江西省规上文化企业 1957 个，年末从业人员 263202 人，资产总计 25599851 万元，营业收入 24904673 万元，税金及附加 155640 万元，占全国比重分别为 3.06%、3.34%、1.64%、2.41%、3.29%；在中部六省排名分别为第 5、第 4、第 5、第 4、第 4（详见表 10）。将各指标占全国比重进行比较，显示江西文化企业竞争力整体较弱，亟需提升（详见图 6）。

表 10　2020 年中部六省规上企业竞争力情况

地区	企业单位数（个）	年末从业人员（人）	资产总计（万元）	营业收入（万元）	税金及附加（万元）
全国	63913	7882523	1562013617	1034650504	4723769
山西	339	36776	11181499	2547789	11235
安徽	2392	224536	36490636	26899199	114151
江西	1957	263202	25599851	24904673	155640
江西占全国比重	3.06%	3.34%	1.64%	2.41%	3.29%
江西在中部六省排位	第 5	第 4	第 5	第 4	第 4
河南	2897	334686	33092287	23263215	198559
湖北	2967	366022	56866223	37963396	322413
湖南	3744	390850	37692495	32684276	596283

数据来源：《中国文化及相关产业统计年鉴（2021）》。

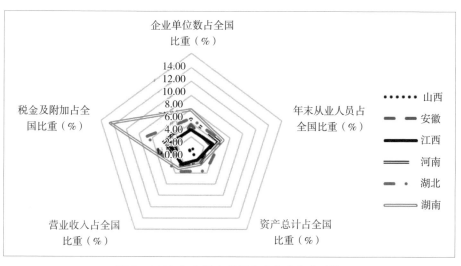

图 6　2020 年中部六省规上企业竞争力对比

数据来源：《中国文化及相关产业统计年鉴（2021）》。

（四）各地发展快慢不一，区域集中趋势明显

因新冠肺炎疫情影响，将各设区市 2021 年与 2019 年的法人单位数、从业人员期末人数、营业收入、营业利润、应交增值税[①]数据进行对比发现，2021 年，九江市、鹰潭市、抚州市 5 个指标全部实现增长；所有设区市的法人单位数与营业收入均为增长。其中，鹰潭市法人单位数、从业人员期末人数、营业收入、应交增值税四个方面增速排名第 1；新余市营业利润增速排名第 1（详见图 7）。进一步分析 2021 年各设区市法人单位数、从业人员期末人数、营业收入、营业利润、应交增值税占全省比重情况，发现南昌市规上文化企业法人单位数占比最多，其他 4 个指标吉安市占比最多，表现出明显优势（详见图 8 所示）。

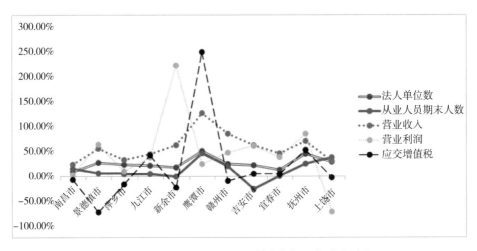

图 7   各设区市规上文化企业基本指标两年增速对比

数据来源：2019 年来自《江西文化产业及相关产业概览（2020）》，2021 年来自"2021 年江西规模以上文化产业快报数"。

[①] "2021 年江西规模以上文化产业快报数"中无 2021 年"税金及附加"数据，故替换分析"应交增值税"。

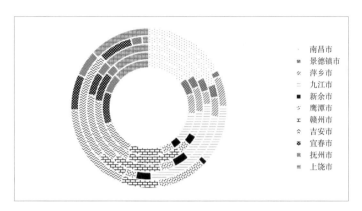

图8 2021年各设区市规上文化企业基本指标占全省比重

注：由内往外指标分别为：法人单位数、从业人员期末人数、营业收入、营业利润、应交增值税。

数据来源：江西省统计局"2021年江西规模以上文化产业快报数"。

四、对策与建议

（一）多措并举，加大文化企业管理体制机制改革力度

内部机制方面。以优化资源配置为切入点，推动企业转型升级。引导省、市国有文化企业交叉持股、并购重组，增强核心竞争力。鼓励省、市属国有文化企业推进内部改革，整合所属企业建立大型文化企业集团，推动规模膨胀、壮大整体实力。优化省、市属骨干文化企业内部管理结构，推动企业按照现代企业制度健全内部管理制度和内部激励约束机制，完善董事会、监事会、高级管理层等组织设置，形成具有文化企业特色的考核标准体系，激发全省文化企业发展内生动力。

在产业平台建设方面。注重发挥文化产业园区、文化创意园区等平台作用。推动引导重点文化企业集聚发展，建设省、市级文化产业园区，努力将文化产业园区建成文化产业品牌集聚区和文化品牌创建示范区。出台文化产业园区入驻奖励、房租补贴、人才鼓励、金融服务等优惠政策，培育一批具有较

强竞争力和影响力的文化创意龙头企业，推动高新技术与文化创意相融合，逐步完善文化创意研发设计、产品生产、推广销售等文化创意产业链，形成具有自主知识产权的文化创作、艺术设计、动漫游戏研发、行销策划的特色文化创意园区。

（二）积极培育文化新业态，大力发展数字文化产业

培育数字文化龙头企业。进一步优化营商环境，培育优质中小型企业向大型企业迈进。加大招商引资力度，吸引大型数字文化企业来赣落户，实现数字文化产业集聚发展。

强化数字文化人才支撑。数字文化企业在解决就业问题和改善就业结构等方面起到了积极的推动作用。但是随着物联网、大数据、人工智能、5G 等新一代信息技术的飞速发展，数字文化企业普遍存在人才紧缺问题。相关部门要积极对接高校开设物联网、大数据、人工智能等相关专业课程，培养专业对口人才。推出更加普惠的人才住房补贴政策，加大人才公寓建设，完善医疗保健、子女入学等配套设施，解决调研时企业一致反映的人才引进最需要的住房支持需求，帮助企业吸引外地人才、留住本地人才。

加快制定数字文化配套政策。2020 年，国家出台了《关于推动数字文化产业高质量发展的意见》，旨在夯实数字文化产业发展基础，构建数字文化产业新生态。江西省文化和旅游厅出台的《关于推动数字文旅产业高质量发展的实施方案》已明确数字文旅产业发展目标任务，从全省更高层面落实好数字文化企业高质量发展，要积极参与企业调研，针对数字文化企业特点，制定细化的产业政策，在财税、用地、融资、人才培养等方面加大支持力度，营造公平、法治的市场环境。

（三）破除行业阻碍，培养跨行业的综合性人才队伍

当前，文化产业对地方经济贡献越来越大，文化和旅游、文化和科技、文化和金融等相关产业的融合发展越来越明显，这种融合发展是未来产业发展的重要特征，也是必然趋势。习近平总书记在湖南长沙考察调研马栏山视频文创产业园时指出："文化和科技融合，既催生了新的文化业态、延伸了文化产业链，又集聚了大量创新人才，是朝阳产业，大有前途。"深刻指明文化产业发展的核心是人才。江西省文化和科技、文化和旅游等跨界人才还明显不足，省、市级政府部门，国有文化企业要更加重视包括新兴业态在内的文化产业的高质量发展，出台切实有效措施，建立跨界人才培养体系，加强人才培养和梯队建设，实现文化产业人才工程的突破和创新。

（四）进一步优化文化产业结构，加快全域平衡发展

通过近几年的规上文化企业评估，江西省文化企业综合竞争力稳步提升，但总体上还存在结构优化不足、区域发展不平衡等深层次问题。一是充分发挥好文化企业的排头兵作用。特别是直属文化企业的带动效应需要进一步激发，省出版传媒集团一枝独秀的现状需要大力改观，要结合市场发展需要，做大做强省广电、报业、演艺等集团公司，聚力几个重点领域进行突破势在必行。二是稳步推进文化产业园区建设，不断提升产业集聚和规模效应。加快形成国家、省、市三级文化产业示范园区集聚发展格局，继续加大文化园区建设力度，给予园区土地、税收、人才、基础设施建设、水电气等相关政策的长期稳定支持。三是进一步完善文化企业发展的激励机制。在全省范围内形成文化产业强力发展的良好氛围，充分激发全省文化企业发展的强大动能。落实相关产业政策，结合企业的实际需求，建立一套行之有效的奖惩办法。对有责任心、事业感的文化产业工作者提供宽松的物质环境，对有突出成就的文化产业参与者予以及时关注和奖励，通过提升获得感、幸福感和社会地位助力提升文化产业的创造性和积极性。

Ⅲ 专题报告

推动江西文化产业集群发展对策研究

东华理工大学课题组 *

摘要：推动文化产业集群发展，是江西文化产业发展的主要路径之一，也是江西文化强省建设的重要内容。江西文化产业集群发展处于形成和成长阶段，产业集群类型逐渐丰富、发展质量逐步提升、发展格局不断完善，但还存在集群生态体系不健全、集群内关联度偏低、集群协同效应不强等突出问题。课题组依据文化产业集群的发展规律和国内外实践经验，提出了健全文化产业集群生态体系、着重加强集群产业链建设、着力培育文化产业集群主体、大力推动重点文化产业集群高质量发展、优化文化产业集群发展环境等策略，以推动江西文化产业集群快速健康发展。

关键词：文化产业集群　产业链　生态体系

江西省第十五次党代会报告强调，要加快建设更具创造力、创新力、竞争力、影响力的文化强省，并明确提出要打造文化产业发展高地。文化产业是文化发展的重要支撑，文化产业的发展壮大是建设文化强省的重要内容和必要条件。推动文化产业集群发展不仅符合文化产业的发展趋势，也是文化

---

*课题组成员：何小芊，东华理工大学经济与管理学院教授；刘宇，江西省社会科学院文学与文化研究所助理研究员，江西财经大学应用经济学博士后；傅戈，中共江西省委宣传部文化产业处三级主任科员；张泽兵，江西省社会科学院文学与文化研究所副所长、副研究员。

产业竞争力提升的重要方式。目前，江西文化产业集群发展在稳步向前推进，发展态势良好，但总体上仍处于形成和成长阶段，集群协同效应和竞争力有待进一步提升。因此，分析江西文化产业集群发展现状，剖析江西文化产业集群发展中存在的问题，探索推动江西文化产业集群发展的对策，对于推进江西文化强省建设、提升江西文化产业竞争力具有重要的战略意义。

一、江西文化产业集群概况及发展模式

文化产业集群是在一定区域范围内的大量相互关联的文化企业，并与有关机构、组织等行为主体构成纵横交错的网络关系，形成集群竞争优势的组织形式。[①] 文化产业集群如同生态群体部落，是拥有生命活力和协同效应的生态体系。

（一）江西文化产业集群概况

"十三五"期间，江西文化产业发展呈现增速快、规模大、效益高的特点，11个设区市文化产业发展呈现你追我赶的奋进之势，全省文化产业发展综合指数、文化产业影响力指数、核心文化产品出口创汇等多项指标均居全国前十名。2021年，全省规上文化企业2097家，拥有各类国家级文化产业基地（园区）14家。除已经初步形成一定产业规模、集群态势比较明显的印刷包装、出版传媒、工艺美术、文化用品生产等产业集群外，还形成了陶瓷文化产业集群、铜文化产业集群等区域性特色文化产业集群及新兴的文旅产业、数字文化产业集群（见表1）。

---

① 张惠丽. 文化产业集群演化动力机制研究［D］.西安：西安建筑科技大学，2015.

表1 2021年江西主要文化产业集群概况

集群类型	产业集群名称	2021年主营业务收入（亿元）	企业数量（家）	规上企业数量（家）
数字文化产业集群	南昌VR产业集群	509.90*	270	—
	上饶数字文化产业集群	401.90*	2500	102
印刷包装产业集群	赣州印刷包装产业基地	33.00*	31	—
	湘东区创意包装产业基地	15.60	80	5
文化制造产业集群	广丰文化制造产业集群	30.86	160	15
	吉安文化制造产业集群	521.10	123	123
	进贤文港制笔及相关文化用品产业集群	76.29	401	12
	万载节庆用品（花炮）产业集群	110.00	170	—
	上栗花炮产业集群	64.10	228	83
	余江眼镜产业集群	70.00	322	34
工艺美术产业集群	新余夏布文化产业集群	30.43*	32	—
	余江雕刻家居文化产业集群	11.80*	106	5
	贵溪铜文化产业集群	24.02	14	4
出版传媒产业集群	南昌经开区教育出版集群	158.23	—	35

注："—"表示缺失统计数据，"*"表示2020年数据。

数据来源：各设区市市委宣传部。

（二）文化产业集群发展模式

根据文化产业集群发展的过程和特点，江西文化产业集群发展模式可归结为以下四种类型。

1. 地域型文化产业集群

这类集群为处于同一地理区域内多个文化企业围绕同一产业或有限的几

个产业从事文化产品的生产和经营活动。[①] 例如，上饶市数字文化产业集群主要分布在信州区、广信区、上饶高铁经济试验区等中心城区，以动漫游戏产业、网络文学产业、互联网信息服务产业为重点，是涵盖数字游戏、数字文学、数字科技等的大数字文化产业生态。南昌 VR 产业集群初步形成了以红谷滩区 VR 科创城为核心区，以高新区 "5G+VR" 产业示范园和小蓝 VR 产业基地为两翼，以其他县区、开发区为辅助的 "一城两园多点" 发展格局。

2. 主导产业型文化产业集群

这类集群是以某一种或某一类文化产品的生产经营为中心，围绕这一主导产品发展出众多文化企业。[②] 这种文化产业集群类似于产业链，以文化制造类产业集群为典型代表。例如，余江形成了眼镜设计、研发、生产、检测为一体的产业集群，已成为全国五大眼镜产业基地之一。

3. 产品关联型文化产业集群

这类集群由不同公司的文化企业基于产品链组成，企业间分工协作，形成集群的内部成员关联特征并凸现集体优势。[③] 例如，景德镇陶溪川文创街区是由陶瓷创意和与之相关联的文化服务业组成的产业集群。2016 年 10 月正式对外开放，引进品牌企业和知名机构 315 家，汇聚景漂创客 1.85 万余人，成功孵化创业实体 2637 家，撬动上下游就业 10 万余名。2021 年该街区客流达300 万人次。

4. 地方专业化文化产业集群

这类集群是某一类文化企业和文化产品的生产与经营集中在某一个地区，形成规模经营的集群优势。例如，宜春节庆用品（花炮）产业主要集中在万载县，遍布全县 13 个乡镇，以黄茅镇、株潭镇、潭埠镇为核心产区。文港制笔及相关文化用品产业集群以进贤县文港镇为中心，辐射宜春、抚州、上饶、

---

① 詹成大．文化产业集群及其发展模式［J］．浙江经济，2009（9）：47-48.

② 詹成大．文化产业集群及其发展模式［J］．浙江经济，2009（9）：47-48.

③ 詹成大．文化产业集群及其发展模式［J］．浙江经济，2009（9）：47-48.

景德镇及周边乡镇，集聚了毛笔制作、制笔模具加工、毛笔包装、原材料供应、毛笔电商等各类企业，其中文港镇有 2600 余家毛笔生产企业和作坊，从事毛笔制作人员 12000 多人。

二、江西文化产业集群发展现状

（一）文化产业集群类型逐渐丰富

1.文化产业集群涵盖范围广

目前，江西各地文化产业集群的业务范围囊括了文化产业的主要门类，以文化用品生产、文化用品销售、出版发行和版权服务等为主体，并形成了景德镇陶瓷创意产业、新余夏布文化产业等特色文化产业集群。江西拥有各类国家级文化产业基地（园区）14 家，省级文化产业园区 7 家、省级文化和科技融合示范基地 3 家、省级文化出口基地 3 家、省级文化产业示范基地 127 家，涵盖数字文化、陶瓷创意、工艺美术等产业门类。

2.文化制造业集群优势突出

江西文化制造及印刷包装产业在集群化发展、市场化经营中取得了良好的成效，在全国同行业中有一定的竞争优势。"十三五"期间，文化制造业保持较快增长，文化服务业发展势头迅猛，文化产业集群从以文化制造业为主体向文化制造业、文化服务业双轮驱动转变。2021 年，江西文化制造业营业收入、文化服务业营业收入占全省文化产业营业的比重分别为 76.1%、17.2%。

3.新兴文化产业集群快速成长

江西文化产业顺应数字产业化和产业数字化发展趋势，抓住世界 VR 产业大会永久落户南昌的历史机遇，以动漫游戏、数字网络信息、智能文化消费设备制造为重点的新兴文化产业门类出现加速发展的势头，整体实力不断发展壮大。目前，南昌市拥有 VR 及相关企业 270 家，包括华为、阿里、腾讯、微软、高通、紫光、海康威视等 7 家全球 VR 相关领域头部企业，HTC、科大讯飞、泰豪创意、江西科骏等 18 家全国 VR50 强企业，联创电子、南昌华勤、南昌小派、江西影创等 4 家 VR 硬件制造企业，初步形成了上下游企业集聚、抱团发展的局面。

（二）文化产业集群发展质量逐步提升

1. 文化产业集群的集聚效应日益凸显

一批区域文化产业集聚区的形成，较好地发挥了示范、辐射作用，带动了一批较强实力、竞争力和自主创新能力的文化企业迅速成长，成为区域经济重要增长点，并逐步形成带动大产业发展的格局。如景德镇市陶溪川文创街区依托景德镇国家陶瓷文化传承创新试验区建设，初步形成了"设计生产—营销推广—展览展示—人才培养"的完整产业链条，囊括了创意设计、电商直播、版权保护、展览展示、职业培训、双创孵化等一系列相关配套企业。

2. 文化产业集群的竞争力持续增强

一部分文化产业集群的优质资源汇聚能力强，集聚效应显著，初步形成产品档次齐全、上下游产业衔接紧密的良性发展格局。在政府的高位推动下，南昌 VR 产业集群已初具规模，具有打造国际竞争力的潜力。江西省出版传媒集团连续十三届入选"全国文化企业 30 强"，打造以江西省出版传媒集团为龙头的出版传媒群，将进一步提升国内竞争优势。此外，鹰潭（余江）眼镜产业基地、文港毛笔及相关文化用品产业集群具有较强的国内竞争力。

（三）文化产业集群发展格局不断完善

1. 文化产业集群总体布局已经形成

"十三五"期间，江西文化产业发展逐步形成了"三区五板块"的总体布局，各地市持续发力，取得了成效，已形成以中心城市文化产业集群为核心，区域性城市文化产业集群为支撑，多点开花、齐头并进的文化产业集群发展格局。"三区"中，南昌市 2021 年规上文化法人单位达到 302 个，居全省之首，赣州特色文化产业集聚区功能日益增强，景德镇国家陶瓷文化传承创新试验区建设取得积极进展。

2. 文化产业园区规模不断扩大

江西文化产业发展以省级文化产业基地（园区）为平台支撑，形成了产业错位发展、区域特色资源集聚的空间布局。2021年，江西省认定了南昌青山湖区、上饶广信区、景德镇珠山区等10个文化产业重点县（市、区），上饶高铁经济试验区文娱创意中心、鹰潭余江雕刻产业园2个省级文化产业园区，在文化强省建设推进大会上对认定的地区和单位进行现场授牌。目前，江西拥有各类国家级文化产业园区（基地）14家，省级文化产业园区（基地）140家。

3. 文化产业集群地域特色鲜明

江西各地依托特色文化资源，着力打造各具地方特色的文化产业集群，集群地域特色不断彰显。例如，鹰潭市坚持工业+文化+旅游发展思路，倾力打造以木雕、根雕、铜雕、玉雕、石雕五大雕刻产业为支撑的余江雕刻文化产业园，从业人员近6000人。新余市依托丰富的苎麻资源和历史悠久的夏布文化制造工艺，打造分宜夏布文化产业集群，园区入驻企业32家，总产值30.43亿元。

三、江西文化产业集群发展存在的问题

"十三五"期间，江西文化产业集群呈现良好发展态势，但还处于成长性阶段，而且发展不平衡，与东部发达地区文化产业集群发展相比，显然比较滞后，除了集群内部结构不优、科技融合度低、融资渠道不畅、人才支撑不足等问题外，还存在以下突出问题。

（一）文化产业集群生态体系不健全

1. 对文化产业集群认识存在误区

地方政府或行业主管部门对产业集群的集约化存在认识误区，常常将集

群空间载体（文化产业园区、文化产业基地）建设看作产业集聚的核心。[①]一方面，在行政主导下的文化产业集群，往往存在产业集中度低、特征不明显的问题；以政府主导的方式将企业集中于某一区域的文化产业集群，条块分割的现象较为普遍，造成企业仅仅是空间的集聚，而缺乏关联、配套与协同效应，出现"集聚不经济"的情况。另一方面，部分文化产业园区运营机构管理理念较为落后，主要通过房租优惠、装修补贴、物业服务等手段支持企业发展，缺乏为入驻文化企业提供关键技术研发、投融资服务、产品展示交易、文化人才服务等配套服务，导致园区服务质量不高、盈利模式单一，园区对文化产业的孵化能力不强。

2. 文化产业集群共生系统尚未形成

从协同学、生态学等理论视角看，文化产业集群是主体分工明确、层次递进的生态圈，除包括制造企业、市场服务等主体外，还包括专业化创新主体（如研发服务种群），集群之间通过"态"与"势"的互动构成产业系统，集群能否有效运行的关键在于各市场主体间能否建立起相互联系、相互作用的共生关系。[②]从当前情况看，江西大多数文化产业集群以制造企业为主，市场服务类企业少，研发服务企业缺失，尚未形成完整的生态体系，相互联系、相互作用的共生关系缺失。

3. 产业集群核心企业引领作用不够

产业集群的龙头企业在技术示范、产品辐射、产业链整合等方面起着带动作用，从而形成产业优势。在江西各地的文化产业集群中，虽然涌现了一批初具规模的企业，但普遍存在中小企业多、龙头企业少，品牌数量多、知名品牌少，大小老板多、知名企业家少的"三多三少"问题。"大的不强、小的不精"的问题依然突出，行业内企业间竞争远多于协调合作，行业内低水

---

① 齐骥.我国文化产业集群发展的障碍与路径［J］.中华文化论坛，2013（8）：93-99.

② 于喜展，隋映辉.基于城市创新的产业集群生态系统共生机制研究［J］.技术与创新管理，2019，40（1）：19-24.

平重复建设的状况比较普遍。如景德镇陶文旅集团是第十一届"全国文化企业30强"提名企业，在多元化、集团化经营上取得了显著的成效，但其对景德镇陶瓷文化产业集群的引领带动作用尚未充分发挥。

（二）文化产业集群内关联度偏低

1. 文化产业集群产业链有待完善

江西文化产业集群总体处于初步发展阶段和成长发育时期，集群发展的自发性强而自为性弱，不规范，不成熟的现象明显。一是产业集群上下游企业之间的关联度不高，没有形成互补性强的产业链条，纵向拓展与横向扩张有待加强。如景德镇陶瓷文化创意产业链缺乏科学细致的分工，中间环节不成熟，分工效率不高。[①] 二是企业群之间规模化程度和专业化水平不高，企业网络和系统集成还未充分实现。有的产业集群的集中度不高，分工协作层次较低，集群系统的产业张力和辐射力不强。三是一些中小城市文化产业集群主体地位不突出，产业构成与分布不合理，特别是上下游产业缺乏产业配套与协作，难以形成互补性强的产业链，因而产业集群发展程度不高。

2. 文化产业集群产品链有待丰富

江西文化产业集群还未形成多类型的市场占有率高、影响力大的产品链。一些集群内各文化的产品系列趋于同型同构，在细分市场上差别不够显著，产品同质化较为普遍，如印刷包装产品。就文化服务而言，产业集群所提供的文化服务在服务质量、服务水平、服务效能上做得不够好，特色服务没有得到彰显。以园区为依托的中小城市文化产业集群，其所提供的文化服务多于所提供的文化产品，产品输出明显少于服务输出。就科技化水平而言，全省整体文化产业集群中的技术密集型和知识密集型产业比例不大，产品创新能力严重不足。

---

① 龚志文，张翎子.景德镇陶瓷文化创意产业发展存在的问题及对策研究［J］.景德镇学院学报，2019，34（1）：112—116.

（三）文化产业集群协同效应不强

1. 文化产业集群内竞合机制不健全

文化产业集群的协同效应是集群内企业之间通过竞争和合作的互动关系形成的正反馈协同作用的结果。[①] 江西文化产业集群内部尚未形成完善的竞争与合作机制，企业间还未结成相互依赖的共同体。一些传统文化产业集群为同类企业的简单扎堆，企业间合作与交流较少，企业跟风、仿效之风盛行，缺乏技术创新和低价格争夺的结果必然是产品同质化。目前，大多数印刷及设备器材生产企业在市场中过分依赖成本优势和低价竞争策略，市场秩序混乱，恶性竞争时有发生，导致企业普遍利润微薄。

2. 文化产业集群的产业集聚度偏低

文化产业集聚能降低文化企业的运营成本，加强企业合作，形成产业规模优势。[②] 江西文化产业集群的行业集中度指数普遍偏低，集群内企业的关联性和相互渗透性不够，没有产生应有的企业集聚带来的规模效应。例如，文港制笔及相关文化用品产业集群，虽然集聚了 2600 余家毛笔生产企业和作坊，年销售收入达 76.29 亿元，但产业内部集聚不强，整体效益还需进一步提升。毛笔制作、制笔模具加工、毛笔包装、原材料供应、毛笔电商等企业、作坊的集聚需进一步加强，从而进一步降低生产成本、信息成本、物流成本。

四、推动江西文化产业集群发展的对策

依据文化产业集群的发展规律和国内外实践经验，针对江西文化产业集群发展现状和存在的问题，课题组从五大方面提出推动江西文化产业集群发

[①] 张惠丽,王成军,金青梅.文化产业集群协同效应及发展路径研究［J］.广西社会科学,2014（10）:183-187.

[②] 王晗.文化产业集聚：评价、效应与政策——以辽宁省为例［J］.经济与管理,2016,30（4）:36-41.

展的对策。

（一）健全文化产业集群生态体系

1. 完善文化产业集群竞争与合作机制

一是增强集群内企业之间的联系。鼓励龙头企业通过生产活动、创新活动、项目合作等带动中小企业，充分发挥中小企业的作用，以增强集群网络密度和连通度；加强龙头企业之间的强强合作，壮大产业集群整体发展实力，在集群内部形成强大的品牌效应，吸引更多企业进入集群，扩大集群规模。二是鼓励集群企业相互信任。通过举办交流会、研讨会以及企业相互考察等方式，加强企业之间经营管理、技术交流等方面的互动，加深了解，增加信任度。三是充分发挥中介服务机构作用。培育各类文化中介服务机构，以便在政府和企业之间搭建起桥梁，促进知识和技术在各个主体之间的广泛传播和扩散应用；提升集群内企业对中介服务机构的认识，鼓励更多企业加入本地行业协会，通过政府引导，建立企业与中介服务机构长期稳定的联系。

2. 推进政产学研协同创新发展

一是积极推动政府、企业、大学、科研院所等主体的协同创新作用，重视区域社会经济发展与文化产业集群发展的协同创新，优化文化产业、行业之间及文化产业与其他产业间的协同创新发展。二是充分发挥各类人才发展平台作用，着力引进一批具有国际视野的高素质高层次文化产业经营、管理、创意和技术方面的人才（团队）。三是支持集群重点企业、重点园区与高等院校、科研机构共建人才培育基地；鼓励各地市职业院校立足本地集群发展需求，开设陶瓷创意、工艺美术、高端机床、渲染制作等专业，培养造就一支高素质技能人才队伍。

3. 建立健全服务支撑体系

一是按照"政府推动、市场运作、自主经营、有偿服务"原则，聚焦研究开发、信息共享、成果转移、产业融合、技术咨询、人才引进等服务环节，鼓励支持鹰潭、宜春等地围绕集群发展需求，建设国家级、省级检测平台、研发中心、产权交易中心等公共服务平台。如上饶市数字文化产业集群搭建公共服务平台，设立数字经济服务大厅，成立易知邦知识产权交易中心，成立全省首个知识产权犯罪侦查大队。二是加快构建行业性标杆化服务标准，支持省内骨干互联网信息服务企业依法依规为集群骨干企业提供信息、营销、供应链等一站式、一体化服务，着力提高集群数字化发展水平。三是在重点产业集群内依法组建行业协会（商会、同业公会等），发挥其桥梁纽带、自律规范作用，通过为企业提供技术学习与交流、技术培训、标准认证和技术检测等基础服务助推集群创新与集群升级。

（二）着重加强集群产业链建设

1. 纵向拓展文化集群产业链

在突出主业的前提下使产业链向上下游延伸，具体向上游的资源配置、原料供应、研发设计环节和向下游的市场营销、物流配送、售后服务、衍生产品（或衍生业务）环节延伸，形成上下游的产业配套和协作机制，提高产品研发的创新能力和衍生产品的开发能力，使产业链与资源配置链、市场供应链形成互动化。例如，包装产业集群应积极引进原材料、设备制造、文化创意设计等上下游企业，以形成完整的创意包装产业链。

2. 横向扩张文化集群产业链

集群内文化企业以投资参股等多种形式形成多元化项目拓展，积极开发相关辅业、关联产业和复合型产业项目，主辅业结合而一体化发展。如传媒业产业链可以向文化旅游业、文化外贸业延伸拓展。产业链的横向扩张必须围绕做强主业目标要求进行，注意抑制过度的扩张冲动，防止推出游离主业发展方向的、超过自身投资能力的、投资回报率太低的产业项目。通过加强产业链建设，有效促进形成主业突出、纵横发展、特色鲜明、差异化竞争的优势产业集群，进而促进文化产业的转型发展和产业升级。

3. 加快文化产品升级换代

文化产业集群形成阶段，文化产品协同主要体现为简单的模仿和复制。

文化产业集群要实现持续成长，必须改造传统设备，提高技术水平，更新制作过程技术，改造传统工艺，加快生产过程自动化，提供以改造传统文化产品，生产新文化产品为目的的新技术，降低生产成本、加快文化产品升级换代。如赣州印刷包装产业集群可结合当地的脐橙产业和家具产业，在农产品包装、家具包装的设计上进行创新。

（三）着力培育文化产业集群主体

1. 培育壮大集群龙头企业

实施文化企业培大育强工程，建立集群龙头文化企业培育库，每个重点产业集群遴选 2—3 家、每个设区市遴选 1—2 家龙头企业，鼓励其开展兼并重组、集团化经营、产业链整合等，加快形成一批具备产业链整合能力和具有市场定价权的主营业务收入超百亿元的行业领军企业，发挥其在产品辐射、技术示范、信息扩散和销售网络中的领头羊作用。

2. 做精做优"隐形冠军"企业

围绕各产业集群技术特征、工艺要求等，鼓励集群内中小文化企业向"专精特新"方向发展。分集群建立"专精特新"中小文化企业库，通过省文投基金吸引撬动各类资本投向入库企业，推动总量上规模、质量上水平。完善"专精特新"文化企业跟踪服务机制，充分整合各方面资源。从企业培育、融合发展、研发创新、技术改造和成果产业化等方面，加大扶持引导培育力度，在更多细分领域形成在全球市场、技术等方面领先的单项冠军和"隐形冠军"。

3. 扶持发展小微企业

深入实施"大众创业、万众创新"战略，严格落实国家、省级层面出台的一系列减税降费政策，降低小微文化企业运行成本。支持集群小微企业利用互联网拓展经营范围，依托电子商务、第三方支付平台等载体开拓市场、激发活力。通过实施资金扶持、金融支持等专项举措，引导文化类个体工商户向现代企业转型升级。促进文化名家工作室、大学生创业工作室等新型主体加快发展，鼓励乡土文化人才创办经营实体。

4. 激发文化企业创新创业活力

一方面，加快发展新型文化企业，实施新型文化企业培育计划，强化科技在演艺、娱乐、工艺美术等传统文化行业中的应用；鼓励大型文化企业带动创新链、产业链上下游中小微文化企业协同发展；支持中小微文化企业在提供个性化、多样性、高品质文化产品和服务方面形成比较优势。另一方面，提升文化产业园区服务企业能力和水平，推动园区由要素集聚空间向创新发展平台转变；鼓励和引导省内文化产业园区结对共建、联动发展，推动园区之间在企业、项目、人才、渠道等方面的交流与合作。

（四）大力推动重点文化企业集群高质量发展

1. 做大数字文化产业集群

结合江西省数字经济"一号工程"战略，紧跟元宇宙发展潮流，以文化大数据体系建设为核心，围绕5G、大数据、云计算、物联网、区块链、AR、VR、4K/8K超高清等领域，营造产业生态、推进示范应用、加快产业集聚。依托南昌市高新区国家文化和科技融合示范基地、国家数字出版基地，加快发展数字出版、智能穿戴、超高清视频等产业，促进数字技术创新与文化产业有效衔接。依托上饶高铁经济试验区，重点发展互联网游戏、互联网信息服务、网络文学、数字出版、数字影视、数字文化设备等六大主导产业，打造中部数字内容产业高地。

2. 做强陶瓷创意产业集群

以景德镇国家陶瓷文化传承创新试验区建设为核心，加强陶瓷文化资源保护利用，持续推动国家级文化产业园区和国家级文化产业示范基地建设。着力推进古窑址、工业遗址、历史街区保护利用，重点发展陶瓷文化创意设计、工艺美术、艺术品交易、文化贸易、文化旅游、培训教育等产业，构建"设计生产—营销推广—展览展示—人才培养"全流程陶瓷产业链条。

3. 做精文化智造产业集群

充分发挥吉安、新余、鹰潭等地可穿戴设备、智能硬件、光学镜头等产业基础和发展优势，培育一批文化装备制造业的龙头企业，孵化一批具有高成长性的"瞪羚"企业和高创造性的"独角兽"企业，全面提升产业生产设备数字化率、装备数控化率水平，打造国家级文化智造产业集群。

4. 做实出版传媒产业集群

着力打造南昌望城新区数字出版传媒产业园，以培育与引导结合打造龙头企业，建设新型高品质产城融合区；加快推进传统出版、新闻媒体和文化艺术产品数字化改造，培育壮大江西出版传媒集团、江西报业传媒传媒集团、江西广电传媒集团等一批省属文化集团，在图书出版、新闻作品、影视音乐、网络视频等领域形成一批文化精品和品牌。

5. 做优印刷包装产业集群

立足江西国家印刷包装产业基地，依托赣州、吉安、萍乡印刷包装产业基础，围绕印刷包装产业链，突出补强链条、产业协同，布局发展纸品加工、油墨生产、印刷装备、印刷检测设备等特色文化用品、装备制造产业，推动传统印刷向绿色印刷、数字印刷、智能印刷转型升级，提升印刷包装产业集群竞争力和影响力。

（五）优化文化产业集群发展环境

1. 推动产业政策精准分类实施

围绕重点产业集群行业特征、发展阶段、目标定位，从财政投入、要素供给、品牌宣传、培训指导等方面，制定专属政策组合包，落实"一个集群一套政策"，做到分类施策、精准扶持。进一步降低扶持门槛，提高文化经济政策和集群专属政策组合包的覆盖面、受益率，动态调整政策组合包，提升政策执行效果。支持技术改造升级、产业链创新链融合发展、智能化网络化改造等，形成政策支持合力。

2. 完善产业集群内部布局

根据各地产业发展基础、比较优势和空间潜力，探索通过比选的方式，围绕每个产业集群认定1—2个核心区和2—3个拓展区。按照"核心做强、协同带动"的原则，逐步向核心区集聚龙头项目、优势资源和优质平台，向拓展区集聚配套产业和服务平台，形成重点突出、分工合理、协同发展、差异布局的产业集群发展格局。坚持布局合理、土地集约、生态环保理念，充分利用现有资源和条件，改善交通、电力、给排水、污染治理等基础设施水平，全面整合提升各类平台载体发展能级（经济开发区、高新区和产业园区等），促进重点集群规模化、集约化发展。

3.进一步加强对外开放合作

加强与粤港澳大湾区、长三角、京津冀、闽三角等重点区域产业对接，主动承接发达地区产业外溢，提高区域产业协作水平。围绕数字文化、高端文化装备制造、新一代互联网信息技术等产业发展趋势，积极引导外资参与集群建设，吸引海外知名大学、研发机构、跨国公司在集群核心区设立区域性研发中心，提高外资利用质量。支持工艺美术、陶瓷创意等集群企业主动参与"一带一路"建设，推动景德镇陶瓷、文港毛笔、新余夏布、余江雕刻等赣鄱文创精品"走出去"，提升赣鄱文化影响力和知名度。

江西文化产业新兴业态发展态势分析及建议

江西省社会科学院课题组 *

摘要：文化与科技深度融合，促进传统文化产业转型升级，催生文化产业新兴业态，成为我国文化产业新生力量。江西文化产业新兴业态发展势头强劲，在文化产业总量中占比逐年提升，部分文化产业新兴业态行业小类在全国也具有竞争力。面对文化产业发展新形势，江西文化产业新兴业态发展仍然面临诸多问题与挑战。破解发展难题，还需驾驭好驱动文化产业新兴业态发展的政策、创新、资本三驾马车，加强政府的政策设计、规划引导、财税扶持与数据治理，着力提升文化市场主体的创新力与创造力，加快构建高效的文化金融服务体系，为文化强省建设提供强大动能。

关键词：文化科技　新兴业态　产业政策

文化与科技融合发展，催生文化产业新兴业态，成为文化产业创新发展的新引擎。江西应把握文化产业变革新趋势，积极破解文化产业新兴业态发展面临的难题，强化政策与规划引导，提升文化市场主体的创新力与创造力，构建高效文化金融服务体系，助力文化强省建设。

---

* 课题组成员：孙育平，江西省社会科学院农业农村发展研究所所长，研究员；王舒婷，江西省社会科学院农业农村发展研究所助理研究员。

一、新兴业态成为文化产业新增长点

随着互联网、云计算、大数据、5G、人工智能、智能移动终端等现代信息技术的发展和普及，传统文化产业加速网络化、数字化与智能化转型，同时文化新产业、新业态、新模式不断涌现，对传统文化产业与市场产生深远影响。

（一）文化产业新兴业态发展特征

文化产业新兴业态是在现代科学技术推动下出现的，以数字化内容、数字化生产和网络化传播为主的一种新的文化产业业态。文化产业新兴业态是一个动态的概念，它的内涵和外延都随着产业实践的不断丰富而逐步建立和完善。国家统计局提出，文化产业新兴业态特征较为明显的业态有 16 个行业小类，包括：广播电视集成播控，互联网搜索服务，互联网其他信息服务，数字出版，其他文化艺术业，动漫、游戏数字内容服务，互联网游戏服务，多媒体、游戏动漫和数字出版软件开发，增值电信文化服务，其他文化数字内容服务，互联网广告服务，互联网文化娱乐平台，版权和文化软件服务，娱乐用智能无人飞行器制造，可穿戴智能文化设备制造和其他智能文化消费设备制造。16 个行业小类可以被分为两大类，分别为消费牵引型与技术驱动型。

从分类情况看，文化产业新兴业态具有以下特点：第一，文化产业新兴业态的发展与科技进步紧密相连。第二，文化产业新兴业态在多样化的基础上实现与科技深度融合。文化产业新兴业态是在原有业态自我扩张和融合其他产业的基础上形成的，且文化与科技融合步伐越来越快，产业业态不断出新，出现相互融合的态势。第三，创意与创新是文化产业新兴业态发展的核心要素。第四，文化产业新兴业态呈现集群化发展趋势。文化产业新兴业态利用集群化发展所独有的专业化分工与协作，形成产业基地或园区，如动漫之都、影视产业基地、出版物交易中心等。

（二）新兴业态对传统文化产业的冲击影响

新兴业态的出现对传统文化产业产生深远影响。第一，信息和通讯技术增加了文化创意内容产业化的深度，内容创意层出不穷，成为新兴业态发展的根本，驱动文化消费不断升级，并进一步推动了文化生产技术创新。第二，在新一代信息和通讯技术的加持下，文化生产主体大众化，文化消费主体个性化，文化产品服务精准化，最后形成了文化生产主体与消费个体共生发展的生态体系。第三，在新一代信息和通讯技术的强力加持下，新兴技术创新与文化内容创意融合成为文化产业发展的重要增长极，并将有力推动文化产业的高质量快速发展。第四，信息和通讯技术能够通过数字平台形成组织优势，整合相关资源，优化资源配置，提高生产效能。第五，科技的深度介入重构了文化产业组织体系，创新了文化产业盈利模式，提升了文化产业价值。第六，信息和通讯技术能够打破各种壁垒，通过文化要素进行跨行业、跨地区的文化融合，实现文化载体的多元化、文化业态的多样化，提升了其专业化、集约化程度。

（三）新兴业态对文化产业竞争力的提升

根据对全国 6.5 万家规上文化及相关产业企业的调查，2021 年，文化产业新兴业态特征较为明显的 16 个行业小类实现营业收入 3.96 万亿元，比上年增长 18.9%，两年平均增长 20.5%，高于全部规上文化及相关产业企业 11.6 个百分点。[①] 这表明新兴业态对文化产业竞争力有了显著的提升。其中，内容消费是驱动文化产业持续增长的重要引擎。无论是网络游戏、网络文学、网络影视，还是网络娱乐项目，几乎所有的网络应用软件和平台都极为重视内容创意，使之尽可能地契合用户的需要，内容创意和应用已经成为文化消费最大的增长点。在新的历史时期，文化产业高质量发展需要以优质的内容来

---

① 国家统计局. 2021 年全国规上文化及相关产业企业营业收入增长 16%［EB/OL］. 新浪财经，2022-01-30.

满足广大人民群众多样化的精神需求，内容创意在文化消费升级的大背景下，将拥有更为广阔的发展前景，并进一步促进文化产业竞争力的提升。

（四）区域文化产业受到的影响及转型趋势

文化产业发展水平与区域经济基础、开放程度及人文环境紧密关联。新兴业态发展的产业特性，决定区域文化产业新兴业态发展的不同特点与趋势。表现为：一是新兴业态发展加快了区域文化产业的数字化转型，新兴业态占比日益提高。二是文化产业新兴业态头部效应明显，阿里、腾讯、百度、字节跳动、哔哩哔哩等头部企业对全国"互联网＋文化"产业格局影响深远。三是得到国内外资本市场的青睐，尤其是私募、天使、风投、基金等投资机构趋之若鹜。四是地方党委、政府在引导新兴业态发展上发挥重要作用，如杭州、成都、长沙、西安等地文化产业新兴业态蓬勃发展，均得益于政府的前瞻性谋划和布局。五是区域发展特点鲜明，北京与东部沿海省市发展势头强劲、实力雄厚，中西部部分省市成长性较好，呈赶超之势。六是区域发展模式存在差异，东部各省往往以双核心模式推进，如广东的广州、深圳，浙江的杭州、宁波，江苏的南京、苏州，而中西部地区则是省会城市集聚效应明显，如长沙、武汉、成都与西安等。

二、江西文化产业新兴业态发展态势

近年来，江西文化产业新兴业态发展态势良好，发展规模不断扩大，增速较快，为经济社会高质量跨越式发展提供了强劲助力。

（一）发展规模不断扩大

2021 年，江西文化产业新兴业态特征较为明显的 16 个行业小类完成营业收入 880.48 亿元，比上年增长 16.8%；两年平均增长 34.8%，比全国高 14.3 个百分点，高于全省规上文化产业两年平均增速 19.9 个百分点；占文化企业营业收入的比重为 29.7%，比上年提高 1.6 个百分点。在新冠肺炎疫情影响之下，2021 年，江西文化产业新兴业态营业收入仍能保持稳定成长，表明行业发展基本态势较好。

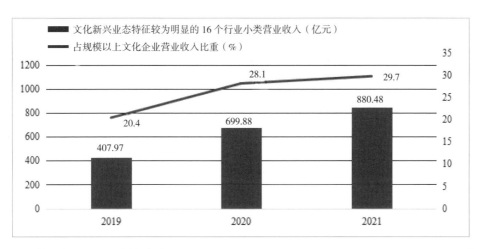

数据来源：江西省统计局。

图 1 2019—2021 年江西文化产业新兴业态营收及占比

（二）吸纳就业作用显著增强

2021 年，江西文化产业新兴业态特征较为明显的 16 个行业小类规上法人单位数 209 个，较 2020 年增加了 21 个，增长 11.17%。规上法人单位数量的快速增加有利于促进就业，2021 年吸纳就业 5.31 万人（见表 1），增长 16.09%。其中，其他智能文化消费设备制造就业人数 1.45 万人，增长 93.84%；互联网广告服务就业人数 0.18 万人，增长 7.43%。上述统计表明新兴业态在缓解新冠肺炎疫情冲击中发挥了一定作用，凸显了就业保障的作用。

表 1 2019—2021 年江西文化产业新兴业态规上法人单位及从业人数

年份	2019	2020	2021
法人单位数（个）	139	188	209
从业人员数（人）	59813	45780	53149

数据来源：江西省统计局。

（三）部分新兴业态行业小类增长强劲

2021 年，动漫、游戏及数字内容服务行业营收同比实现 302.5% 的指数级增长，达到 3.79 亿元；互联网广告业务营收同比实现 77.1% 的增长，达到 95.22 亿元；多媒体、游戏动漫和数字出版软件行业营收同比实现 27% 的增长，达到 5.07 亿元；互联网搜索服务营收同比增长 33.1%，达到 8.23 亿元；娱乐用智能无人飞行器制造营收同比增长 52.1%，达到 3.14 亿元；其他智能文化消费设备制造营收同比增长 63.9%，达到 283.11 亿元。互联网游戏服务及可穿戴智能文化设备制造行业保持稳定发展。

（四）骨干与龙头企业稳步成长

"互联网 + 文化"企业快速成长。2021 年，全国互联网企业百强榜单，中部地区有 5 家互联网企业上榜，湖南 2 家（快乐阳光、拓维信息），湖北 2 家（鱼乐网络、微派网络），江西 1 家（巨网科技）。前三为阿里巴巴、腾讯与百度（见表 2）。① 进入江西文化企业 20 强的中至数据集团，凭借在企业规模效益、创新研发能力、社会责任贡献等方面的优秀表现，入选中国电子信息行业联合会"2021 年度软件与信息技术服务竞争力百强企业"榜单，是江西唯一入选企业。

表 2　2021 年互联网综合实力百强前三及中部地区企业

排名	公司名称	主要业务与品牌	属地
1	阿里巴巴（中国）有限公司	淘宝、天猫、阿里云、高德	浙江省
2	深圳腾讯计算机系统有限公司	微信、腾讯视频、腾讯云、腾讯会议	广东省
3	百度公司	百度搜索、百度智能云、小度、APOLLO 自动驾驶开放平台	北京市
26	湖南快乐阳光互动娱乐传媒有限公司	芒果 TV、芒果 TV 国际 APP、小芒 APP	湖南省

---

① 中国互联网协会 . 中国互联网企业综合实力指数（2021）［EB/OL］. IT 之家，2021–11–29.

续表

排名	公司名称	主要业务与品牌	属地
30	武汉斗鱼鱼乐网络科技有限公司	斗鱼直播	湖北省
51	江西巨网科技有限公司	巨网	江西省
61	武汉微派网络科技有限公司	贪吃蛇大作战、会玩、贪吃蛇进化论、坦克无敌	湖北省
89	拓维信息系统股份有限公司	湘江鲲鹏、在线学习中心、麓山妙笔、云宝贝	湖南省

数据来源：中国互联网协会《中国互联网企业综合实力指数（2021）》。

传统文化企业加快数字化转型，成效显著。江西二十一世纪出版社在全国少儿出版社中排名前十。该出版社注重推动出版物的数字化转型，如在喜马拉雅 FM 的主播后台在线音频，虽然专辑数量不多，但由于精选的引进版本少儿图书，吸引了大量收听受众，成为五星级畅销儿童读物，在线收听粉丝暴涨，在全国出版系统喜马拉雅 FM 在线音频的粉丝量遥遥领先，成为传统出版企业与新兴媒体跨界融合发展的典范。①

三、江西文化产业新兴业态发展面临的挑战

对比建设更具创造力、创新力、竞争力、影响力的文化强省要求，以及与文化产业先进省市比较，江西仍然存在一定差距。

（一）产业规模较小，空间布局不优

江西文化产业新兴业态整体规模小、行业发展不够稳定、产业空间布局不优，文化与科技融合的产业带动效应尚未有效发挥。

一是发展规模仍然偏小。尽管近年来江西文化产业新兴业态发展增速可观，但由于产业基数较低，行业营收只有全国总营收的 2.22%，在全省文化

---

① 栗军芬.出版社在线音频现状调查分析及对策［J］.智库时代，2019（34）：283-285.

产业总营收中占比也较小，只占到 1/3 左右的比重，应交增值税额占比只有 1/5，在全省文化产业营收与税额中占比不高。

二是部分新兴业态出现波动。从 2021 年统计快报看，江西互联网其他服务行业出现较大幅度的营收下降，数字出版业成长缓慢；互联网游戏服务业也出现一定的滑坡，营业利润出现较大幅度下滑，呈现负增长；多媒体、游戏动漫数字出版软件开发虽然营收实现正增长，但营业利润却呈现负增长。

三是产业空间布局不优。南昌市作为全省经济文化中心和高新技术产业集聚的省会城市，理应成为文化产业新兴业态集聚集群发展首选之地，但在"2021 年中国城市竞争力指数"榜单中南昌市排名在 37 位，没有展现应有的发展水平和城市竞争能力。从近两年江西设区市文化产业营收在全省的排位看，南昌市落后于吉安市，仅仅略高于九江市、上饶市及赣州市。而武汉市文化产业增加值占全省过半，西安市文化产业增加值占到全省的 60% 以上，充分体现了省会城市文化中心建设的产业集聚、辐射与带动作用。

（二）文化产业新兴业态竞争力不强

一是缺乏骨干龙头企业和知名品牌。近年来，江西文化产业新兴业态增速尽管不慢，但尚未形成强劲发展势头。具有优势的传统文化产业，如出版传媒、广电、文演、文化用品制造、文旅等领域，虽然数字化转型已经取得初步成效，但总体上步伐不快，场景应用的水平有待提高，"文化 +"融合发展有待加强。在新媒体产业发展方面，缺少在国内有影响力的领军企业，巨网科技、中至数据虽然都入选过"中国互联网百强"名单，互联网广告投放业绩突出，但在文化产业新兴业态发展上，还需要加快创新发展的步伐，在文化产业模式创新上引领全省数字文化产业发展。仟得文化、螃蟹王国等数字文化企业，虽然市场业务发展较快，但优势体现在承接"互联网 + 文化"长尾效应产业上，在开发与拓展具有本土文化产业品牌效应的新模式、新业态方面显得不足。

二是内容创意产业实力不济。尽管近年江西文化内容产业、文化服务业增加值比重逐年提高，文化与科技、旅游、商业、金融融合稳步推进，但文化原创能力较弱，本土文化融入不足，产品科技含量低，创新创造动能不强，降低了产业自身影响力与产品市场竞争力。如独具国潮文化引领力与号召力的景德镇陶瓷与城市品牌，通过推进景德镇国家陶瓷文化传承创新试验区建设，品牌效应日益显现，也带动了观光旅游业的快速发展。但不难发现，与景德镇陶瓷文化深层次联结的文化 IP 创意却较少，转化为网红的动漫、游戏、网络影视、网络音乐、微小说就更加少见，现有的景德镇陶瓷文化产品网络影响力也差强人意。"滕王阁""海昏侯""御窑""八大山人""上清宫""白鹿洞""大洋洲青铜器"等文化创意也明显不足，仍然停留在观光旅游的受众传播阶段，亟待文化 IP 来加大历史文化资源的挖掘与转化力度，把"赣文化"标志性符号推介全球，转化为市场影响力。

三是优长产业没有做大做强。以动漫产业为例，江西曾经有过高速成长期，但在数字经济时代，没有很好地把数字场景应用与动漫产业结合，尤其是没有把地方文化资源 IP 开发与动漫产业结合，造成在数字经济快速成长的新时代，全省动漫产业处于相对被动局面。江西在游戏与网游行业不乏龙头企业，如贪玩信息技术公司等，由于受到行业发展市场监管较严影响，尽管市场成长性较好，但政策风险相伴，市场前景并不明朗，亟待网游公司加快转型，在发展跨界业务上争取更大的市场空间。江西 VR 产业具有布局早、要素配套较为齐备、产业集聚度较高的优势，但与文化创意产业的结合度不高，没有充分发挥占位优势和技术优势，致使产业融合发展互动不足，乘数效应难以体现。

（三）产业政策有待完善

文化产业新兴业态成长壮大，地方党委、政府的产业政策扶持与引导激励作用明显。成都建设"创意之都"，长沙打造"媒体艺术之都"，西安荣获"东亚文化之都"，都是得益于地方党委、政府的前瞻性布局和政策设计，为文化产业新兴业态健康快速发展营造了适宜的土壤与环境。目前来看，江西文化产业发展势头强劲，与党委、政府的高度重视和积极推进紧密相关。但文化产业新兴业态发展相对不足，反映产业政策配套与促进发展的举措有一定缺位。已经出台的《江西"十四五"文化与旅游发展规划》以及《关于深入推进数字经济　做优做强"一号发展工程"的意见》，对数字文化产业的规划引导显得笼统，相应的要素配置与财政金融举措也没有跟上。由于江西数字文化产业发展的整体效应没有形成，数字文化企业普遍存在引进人才难、融资难等问题，导致市场要素配置不充分、资源利用不优，发展成效也难如人意。如一些主题文化创意产业园区人气始终不旺，某些特色文化旅游街区经营旺季不旺、淡季无客流，一些城市美食"夜市"时隐时现等。

四、促进江西文化产业新兴业态发展的建议

驾驭好驱动文化产业新兴业态发展的政策、创新、资本三驾马车，加强政府的政策设计、规划引导、财税扶持与数据治理，着力提升文化市场主体的创新力与创造力，加快构建高效的文化金融服务体系，为文化强省建设提供强大助力。

（一）加强政府规划引导与市场维护

1.加强政策配套与规划引导

谋划布局江西文化产业新兴业态发展，关键要有整体思路与战略谋划。发挥省双"一号工程"促进机制与作用，推进江西文化产业新兴业态发展的专项行动。落实细化《江西省"十四五"文化和旅游发展规划》《关于深入推进数字经济　做优做强"一号发展工程"的意见》，制定针对文化产业新兴业态发展的细则和实施意见，明确"十四五"时期文化产业新兴业态发展的基本原则与战略思路，明确产业布局、产业重点、龙头与骨干企业、重点项目、发展平台等，推动文化产业新兴业态规模化、专业化、品牌化发展，不断提升在全省文化产业中占比和影响力。优化产业布局，围绕打造全省文化产业

核心增长极战略目标，建议编制南昌市全力建设数字文化发展核心增长极"三年行动计划"，突出要素配置、技术研发、政策集成、资本供给与职业教培等产业功能，辐射带动全省文化产业新兴业态的快速发展。进一步落实《关于促进特色文化街区建设的指导意见》等文件，促进文化与旅游、文化与消费、文化与城市更新紧密结合。省主管部门应组织编印《文化产业新兴业态发展政策与资料汇编》，作为产业管理部门和文化企业开展经营管理的政策指南。

2. 强化要素支撑与人才供给保障

培育文化产业新兴业态关键要有人才支撑。其一，要强化职业教培。义务教育阶段就要普及对科技与文化融合发展的认知，培养数字经济与文化创意产业的潜在从业群体。加强高等教育阶段对文化创意产业人才的系统化培养，结合现代文化产业发展特点和趋势，开设文化创意、文化科技、文化金融等专业学科，着力培育"产学研创用"复合型人才，满足产业发展人才所需。其二，建立文化产业发展联盟。由主管部门牵头组建，成员单位包括行业协会、龙头文化企业、高校、科研院所及金融机构，为江西文化产业高质量发展提供全方位的产业协作和智力服务。建议联盟下设"数字文化产业促进会"，以开展专项活动。其三，重视文化人才引进和培养。对文化产业策划、创意、研发、管理等领域高端人才，要制定"江西省文化产业高层次创新创业人才引进计划"，明确引进和培育目标。要创新引才机制，以"人才绿卡"等方式，柔性引进高层次文化产业人才。支持大型文化企业开办文化职业学院和培训机构，如中至集团规划建设的南昌网信职业学院，将加快文化产业技能型人才培养。定制"赣漂""昌漂""景漂"人才政策，吸引外来文化产业人才安心落户、大学毕业生留赣创新创业。

3. 营造文化产业发展良好环境

网络化、数字化、智能化带来文化产业及其业态的巨变，维护文化产业市场健康发展秩序势在必行。党委、政府要关注文化产业发展的前沿动态，关注文化新兴业态的价值导向、伦理与法律等问题。要突破传统文化产业管理方式，充分运用现代科技手段，如云计算、大数据、5G、AI、区块链等技术，对文化产业新兴业态进行更为精细化的网格管理，既保护文化企业知识产权与创新活力，推动产业发展进步，同时又营造公平公正的市场竞争环境，促使文化企业紧守责任底线，维护社会良好风气与道德，实现社会效益与经济效益的双赢。

（二）提升文化企业创新力与竞争力

1. 借力平台经济，共促"互联网＋文化"产业发展

一是着力培养"互联网＋文化"龙头企业。重点扶持在文化产业与"互联网＋"产业领域取得市场优势地位的企业，如入选全国文化产业30强、江西文化产业20强名单企业，江西出版传媒集团、巨网科技有限公司、中至数据集团等。传统文化企业要加快布局多元化发展的文化产业新业态、新模式领域；科技型互联网文化企业要加强与国内头部企业合作，如对接抖音的"孵化"计划，搭建超级流量平台端口；加强对具有成长性好的文化产业新兴业态企业的扶持，如游戏、动漫、网络信息服务等"瞪羚"企业，要引导业务发展模式创新，拓展本土文创、VR游戏、互联网信息服务、ACGN融合业态等。二是加强网络文化创新发展基地建设。对建设标准较高、商业模式较新、运营管理到位、品牌活动有成效的省级特色文化街区，列出重点培育名单，促进文旅商融合发展。扶持上饶高铁经济试验区文娱创意中心、中至数据集团和吉安螃蟹王国等集聚类、单体类示范基地，并配套以基地建设资金的政府奖励。三是以项目招商做大网络文化经济平台。坚持"项目为王"，加大产业链项目的策划包装和招商引资力度，积极筹划在北京、深圳等地举办"江西文化产业招商推介会"，引进一批头部、领军文化和旅游企业，抢占产业发展"制高点"。组团参加深圳文博会、"长三角"文博会，扩大江西文创产品的品牌与市场影响力。加快推进玖珑文化创意谷项目、江西展演中心改造提升等重点项目建设，发挥龙头企业示范引领和重大文化项目的战略支撑作用。

2. 构建文化产业大数据系统，推动特色文化产业集群发展

一是推进文化产业大数据体系建设。紧盯国家文化数字化战略时间节点和主要内容，建议尽快出台"江西省文化大数据体系建设实施方案"，抓紧建设"江西文化及文化产业数据库"，构建全省文化产业数据收集、处理、统计、核算、分析应用等完备体系。二是加快文化产业数字化转型基地建设。出台《江西省文化产业数字化转型实施意见》，以指导文化产业及企业的数字化转型。积极发挥南昌高新区国家级文化和科技融合示范基地、江西国家数字出版基地等国家级平台辐射带动作用，聚焦互联网信息服务、文化智造、动漫游戏、文化旅游、创意设计等领域，培育一批特色鲜明、产业关联度大、创新能力强、具有核心竞争力的文化科技企业。三是推动特色文化产业集聚发展。省级文化产业园区应比照享受同级产业集聚区的优惠政策。支持省内大型文化企业兼并重组，培育一批竞争力强的数字文化龙头企业，鼓励中小微企业实现特色化、精准化发展。通过项目上升下延，打造文化产业生态链，提升文化产业附加值。四是推动文化产业新兴业态相互融合发展。在推进动漫、游戏、电竞、VR、文化智能装备制造发展同时，以 ACGN 文化业态融合模式，促进新兴业态之间融合发展，如动漫产业与网游的结合，动漫、游戏与 VR 应用结合，"电竞 +"与文创、科技、旅游、娱乐等融合创新发展，文化智能用品制造与本土文化创意、旅游业结合等。

3. 加快文化资源与企业数字化转型，提升"赣品""赣文化"影响力

一是打造赣鄱特色数字文化 IP 产品。围绕江西丰富的"红、古、绿"三色文化资源，加大数字文化创意产品开发与品牌营销。如江西特色文创品牌"天工开物"，通过研发文创新品，在省内 5A 级景区、美博展馆以及昌北机场等区域开设文创店，产销两旺，为全省文创产业发展树立了典型。陶瓷文化创意以景德镇陶溪川设计资源为依托，加强工匠精神、陶瓷美学与景德镇城市品牌的文化创意，推出系列具有国潮属性的文创产品。动漫、网游、影视、音频、网络文学等生产与服务行业，要与本土历史文化资源创意开发紧密结合，形成良性互动的产业发展模式。演艺业应充分利用"5G+AR"等先进技术，将文化资源与科技融合，让历史人物和故事影像重生，唤醒消费者尤其是年

轻消费群体的历史记忆和文化认同，打造江西特色文化IP新形象，促进智慧文化产业发展。

二是推动文化企业"走出去"。既要走出省门，还要走出国门，让赣文化走向世界。组织文化企业积极参加大型文化产业博览交易展会，通过展会交流会等形式，把具有江西文化元素的文创产品传播出去，引发受众的兴趣与共鸣。如在第十七届中国（深圳）国际文化产业博览交易会上江西馆成为网红打卡地，展品"样式雷——紫禁城太和殿木结构模型"被深圳晚报评为文博会"十宝"展品之一，中宣部已将其纳入国家版本馆珍藏，还有2件展品荣获"中国工艺美术文化创意大赛"金奖。

三是加快传统文化企业数字化转型。加快文化与科技的深度融合发展。如江西出版传媒、广电传媒、报业传媒与教育传媒等优势产业，要加强数字化转型的战略部署，加快互联网线上新兴媒体的资源开发与网络销售。传统产业形态的观光旅游业，要通过云计算、大数据、AI、5G、VR等技术应用加快转型升级，促进与文化创意产业的结合，形成文化消费新模式。新兴业态也要积极融入传统文化业态，利用传统文化业态形成的产业体系和渠道优势，提升文化产业整体市场竞争力。

（三）构建高效文化金融服务体系

1. 激发资本活力

一是充分吸纳风投资本对文化产业新兴业态的投资。文化企业应运用股权融资等方式，吸引风投、PE的投入。风投与PE不仅带来资金，而且会跟进优质资源与合作伙伴，优化企业组织结构与经营体系。文化企业多轮融资后期，要对接好企业上市"映山红行动"，按照"小升规、规转股、股上市、再融资"的路径要求，不断发展壮大。二是鼓励龙头文化企业组建投资机构。江西出版传媒、广电传媒、演艺发展、报业传媒和教育传媒集团等，有技术资产积累与人才储备，也有完备的产业体系，应把握数字化转型战略机遇，创设"三新"文化业态投融机构，助力企业转型和多元化发展。三是设立细分的文化产业发展基金。如"游戏产业发展基金""电子竞技产业发展基金""动漫产业发展基金""VR/AR/MR/XR 产业促进基金""ACGN 产业发展基金"等，强化政府财政金融扶持的着力点，推广和发展数字内容产业、数字内容传播，取得更为直接的产业促进作用。四是增强"文企贷"功能及扩大覆盖面。推动省文投公司与省文投基金聚焦文化产业新业态、新模式，选择潜力行业、重大项目，引导基金投早、投小、投基地平台。撬动社会资本参与设立子基金，孵化和储备一批有竞争力的文化市场主体，培育江西特色文化品牌。

2. 加强金融扶持

一是加快文化金融新模式的探索。在景德镇市珠山区（陶溪川文创街区）、南昌市红谷滩区慧谷产业园、上饶高铁经济试验区及余江雕刻文化产业园建设文化金融服务基地和创新试验平台，采用"政府 + 企业 + 金融机构"等多方联动方式，通过省、市、区三方合力，聚焦文创企业生命周期特点和金融服务需求，整合三级金融机构服务资源及社会资源，助力产业与金融需求实现双向精准联动与融合。升级红谷滩区基层文化金融综合服务功能，不断完善文化产融结合的生态圈，为江西文化产业新兴业态发展和提质升级提供新动能，成为全省的先行试验区和样板。二是推进文化金融合作示范区试点建设。进一步落实《关于加快推进江西省文化与金融合作示范区发展的实施意见》，选择金融体系完备、文化业态成熟的县（市、区），试点建设文化金融合作示范区。加快江西省文化产业投资有限公司与文化金融服务中心建设，探索适应江西文化产业发展特点和需求的多元化、多层次、多渠道的投融资金融服务体系。三是促进文化企业、项目与金融的精准对接。定期举办政银企对接会议，推动金融机构与文化重点企业、重点项目精准对接，拓宽文化产业融资渠道。推动商业银行设立特色文化支行，深化文化金融合作，形成文化金融互动发展的良好氛围。

3. 完善激励机制

设立政府专项奖励，对动漫、游戏、影视、VR/AR/MR、网络服务等领域做出突出贡献的专业人士给予政府奖励；形成针对网络游戏、动漫、影像、音乐等文化产业领域的优秀企业和个体的奖励制度，奖补额度可视企业营业收入、就业人数及营业利润等增长情况按比例执行；设立服务贸易专项奖，鼓励网游、动漫、影音、网络文学等文化产品出口。制定文化产业新兴业态企业税收优惠政策，可参照高新技术企业减免所得税标准执行，以政府奖补方式，在一定期限内贴补文化产业新兴业态企业所得税及创业团队个人所得税。

江西传统村落文旅产融合发展现状、问题与对策研究

江西省社会科学院课题组 *

摘要：传统村落是中国农耕文明和传统文化的重要载体，具有深厚的历史文化价值和潜在的经济价值。江西传统村落数量多、质量优、底蕴深厚，凝结着区域发展的历史记忆，蕴含着丰富的历史文化内涵，是江西重要的文化资源。江西基于传统村落活化主要是通过文旅融合来实现，存在文旅融合水平较低、文化内涵挖掘不深、旅游产品同质化、投资渠道不畅、运营水平低等问题。为此，本文建议在文旅融合基础上，进一步引入"产"的概念，强化产业赋能，强调"以用促保"。同时，积极开展活化实践，构建以村民为主体的多元共建共享模式，充分发挥传统村落在乡村振兴和文化强省建设中的引领示范作用，为中国传统村落保护发展提供江西经验、贡献江西智慧。

关键词：传统村落　文化资源　活化利用　文旅产融合

---

*课题组成员：王成饶，中共江西省委宣传部一级巡视员；吴晓荣，江西省社会科学院历史研究所所长、研究员；刘佳佳，江西省社会科学院历史研究所助理研究员；王涛，江西省社会科学院历史研究所副研究员；刘芝华，江西省社会科学院历史研究所副研究员；钟志翔，江西省社会科学院文学与文化研究所助理研究员；傅戈，中共江西省委宣传部文化产业处三级主任科员。

党的十八大以来，习近平总书记多次强调，建设美丽乡村，"不能大拆大建，特别是古村落要保护好"。习近平总书记还特别重视对中华优秀传统文化的传承与创新，强调"要系统梳理传统文化资源，让收藏在禁宫里的文物、陈列在广阔大地上的遗产、书写在古籍里的文字都活起来"。此后，传统村落这一"陈列在广阔大地上的遗产"的保护活化问题，尤其是如何"以用促保"，在传统静态保护的基础上，进一步实现传统村落的活态传承、创新与再造、可持续发展，成为各级党委、政府和学术界更加关注的问题。本文以江西传统村落为研究对象，围绕江西传统村落活化利用现状、面临的困境与存在的问题展开调研与深入分析，在借鉴国内外经验基础上，将文旅产融合作为传统村落活化的选择路径之一，就江西传统村落文旅产融合发展提出思考与建议。

一、江西传统村落资源禀赋

江西是传统村落资源大省，无论是村落的类型、数量，还是民居建筑的典型特征及村落格局的完整性，均位居全国前列，尤其天井式民居作为中国民居的南派代表更是影响深远。20世纪80年代末90年代初，江西抚州流坑作为中国农业社会的典型样态为世人瞩目，被誉为"中国古代文明缩影""千古一村"。江西传统村落资源保护挖掘由此拉开序幕。在国家保护古村的政策推动下，江西传统村落资源的历史文化价值，以及在乡村振兴背景下乡村旅游业发展中所具有的经济社会价值进一步凸显并被社会广泛认知。

（一）江西传统村落基本情况

1. 村落类型多样，民居独具特色

江西传统村落以抚河、饶河流域以及吉泰盆地古村落群为代表，绝大多数位于江河湖沼的平原区或河谷地带，依山傍水，枕山面屏，生态环境一流。不同于云南等西南片区的民族特色型传统村落，它以传统风貌型和名胜史迹型为主。同时迥异于以四合院为代表，拥有大尺度街巷的北方传统村落，江

西传统村落具有典型的江南特色，以天井式民居为代表，具有深屋窄巷错落有致的格局特征。根据传统村落的功能特征以及历史风貌特色，江西传统村落既有大量农耕型的传统村落，也有如金溪浒湾村和竹桥村的工贸型传统村落；既有众多的红色革命史迹型传统村落，也有如晏殊故里进贤晏家村的名人故里型村落，类型多样。

2. 传统村落数量位次靠前，历史文化名村名列前茅

2012 年至 2019 年，全国先后开展 5 次"中国传统村落"评选，共有 6819 个村庄被列入"中国传统村落保护名录"。其中，江西有 343 个传统村落入选，名列全国第 8 位（见表 1）。相比"中国传统村落"评选，"中国历史文化名镇（村）"更强调文物保护及其重大历史价值或革命纪念意义，在历次"中国历史文化名镇（村）"评选中，江西共有 37 个村落入选，名列全国第 4 位（见表 2）。与"中国传统村落"相比，江西的"中国历史文化名村"位次更加靠前。此外，江西还评选出省级传统村落 348 个，省委组织部、省委宣传部、省委党史研究室、省农业农村厅四部门还联合发布了 3 批共 210 个省级红色名村名单。

表 1　中国传统村落数量前十省份一览表

排名	省份	数量（个）
1	贵州	724
2	云南	708
3	湖南	658
4	浙江	636
5	山西	550
6	福建	494
7	安徽	400
8	江西	343
9	四川	333
10	广西	280

资料来源：据住建部等部门联合公布的第一至第五批中国传统村落名单编制。

表 2 中国历史文化名村数量前十省份一览表

排名	省份	数量（个）
1	山西	96
2	福建	57
3	浙江	44
4	江西	37
5	河北	32
6	广西	29
7	广东	25
8	湖南	25
9	安徽	24
10	贵州	16

资源来源：据住建部等部门联合公布的第一至第七批中国历史文化名镇（村）名单编制。

3. 区域集聚程度较高，集中连片态势明显

江西传统村落分布集中，集中连片特征明显，主要分布于赣中及赣东北：中部抚州市、吉安市高度集聚，赣东北婺源县、浮梁县有较高集聚度，其他区域散点分布（见表3）。2020年，全国评选的10个集中连片保护利用示范市，抚州市位列其中。2022年，瑞金市、吉水县同时入选全国传统村落集中连片保护利用示范县（市、区）。

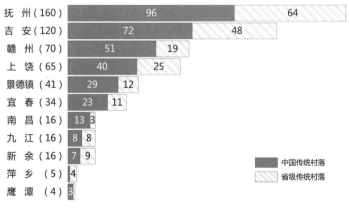

图 1 江西各设区市传统村落数量排名

资料来源：据住建部等部门和江西省住建厅公布的第一至第五批中国传统村落及第一、第二批省级传统村落名单编制。

（二）丰富多元的文化资源

1. 聚落特色兼收并蓄，建筑风格多元并存

江西位于华中、华南的过渡区域，历史上繁荣的过境贸易以及移民文化在此融合，又不断外扩，在传统村落聚落特色方面显示兼收并蓄的特点，形成重风水、重宗法、重教育、重雕饰的文化特征，[①] 同时存在赣派建筑、徽派建筑、客家围屋三大类型民居建筑。赣派建筑青砖灰瓦，以天井院民居为主，庐陵文化和临川文化是典型代表；赣东北及环鄱阳湖地区又受徽州文化影响，建筑粉墙黛瓦、典雅素淡；赣南地区村民聚族而居，民居四面围合、鳞次栉比，是客家文化的聚集地。这些风格综合汇聚，形成江西传统村落独特而多元的人文与生态景观。[②]

2. 村落格局完整，古建遗存丰富

江西传统建筑登记挂牌 2 万余栋，传统村落内有 1.7 万余栋，占比高达 85%。其中，国保单位 49 处，省保 175 处，市县保 1399 处，不可移动文物 2779 处，挂牌历史建筑 6004 处。高安市贾家村现存传统建筑最多的"中国传统村落"，达到 518 栋。从建造年代来看，宋代以来的建筑均有保存，尤以明清建筑数量最多、分布广且保存最为完整。这些村落建筑充分展示了自然山水环境、村落生态景观、古村落格局肌理、古建筑构件以及以宗祠庙宇为代表的公共仪式空间等传统村落的完整格局。以抚州市乐安县流坑村为例，该村始建于五代南唐，现存村庄的整体布局系明万历年间规划、营造。整个村落沿乌江展开，垂直乌江布置七条东西向巷道，并与村西龙湖旁一条南北向的竖巷相连，形成"七横一纵"的街巷格局。村中明清古建 500 余栋，无论

---

① 曹国庆 . 赣文化视野下的明清江西民居［M］// 文化探步 . 文物出版社，2010：243-248.

② 康勇卫 . 乡村建筑遗迹类旅游资源研究——以江西省为例［M］. 华中科技大学出版社，2021：40.

是楼阁、厅堂、书院、戏台、牌坊等，还是民居、官厅、店铺、水井、桥梁、古墓、古塔遗址等中国古代建筑，在这里均有分布。

3. 非遗活态传承，民俗五彩缤纷

江西传统村落保存有国家级非物质文化遗产46项，省级非物质文化遗产283项。国际国内知名度较高的陶瓷文化、客家文化、傩文化、弋阳腔等，在上饶、景德镇、赣州等地的传统村落中得以活态传承，至今薪火不息。以傩文化为例，江西傩舞民俗活动活跃于婺源县至萍乡市半月地带，近25个县有傩事活动。几乎所有的傩仪类型，在江西都可以找到，并且各具特色。在江西的传统村落里，客家擂茶、赣地傩舞、手工古瓷、新余夏布等传承数百年的民俗与技艺，既保留了传统农业文明的气息与韵味，又体现了历史与现代的交相融合。

（三）悠久厚重的历史文化价值

1. 反映了千年辉煌的发展历程

江西传统村落具有鲜明的时代特征，反映了区域发展进程。江西入选的343个"中国传统村落"中，最早建村的是新余市分宜县防里村，始于汉代。这与江西境内最早出现人类活动的地区一致。唐中后期以来，国家经济中心和政治中心不断南移，中原人口大量南迁，其中相当一部分进入江西境内，江西全境开发进程加快，造就了宋代江西的辉煌历史。从江西的"中国传统村落"建村年代看，集中在唐宋时期的有192个，占比高达56%，集中反映了唐代江西的大开发和宋代江西的辉煌历史（见表3）。

表3 江西"中国传统村落"建村朝代表

朝代	唐以前	唐	宋	元	明	清
数量（个）	4	65	127	36	81	30

注：贵溪市车家村得名时间待考，暂以其所属文坊镇专名得名时间统计；龙南市燕翼围为国家级文保单位，以其所在的杨村建村年代统计。资料来源：据江西省各市县地名志整理统计。

2. 展示了丰富多彩的赣鄱文化

江西传统村落历经千年风雨沧桑，形成了深厚的历史文化积淀，承载着丰富多元的地域文化。千年不息的陶瓷文化，遍布乡野的书院文化，古朴神奇的傩文化，以及异彩纷呈的戏曲文化等，在漫长的历史进程中不断滋养并形塑着江西独具特色的乡村风貌。无论是吉安市渼陂、陂下、钓源等村反映的庐陵文化，还是抚州市浒湾村、竹桥村等反映的临川文化，以及赣州市燕翼围反映的客家文化，传统村落作为地域文化名片，均展示了赣鄱文化的根深脉络和骨骼肌理。传统村落孕育和滋养了欧阳修（同宗后裔吉水县钓源村）、王安石（东乡区上池村）、杨万里（吉水县湴塘村）、宋应星（奉新县牌楼村）中华文化巨人，彰显了江西传统村落深厚的历史人文底蕴。

3. 承载了古老厚重的中华农业文明

无论是传统聚族而居以宗祠为中心的村落形态、聚落选址，还是稻作等农作物生产，江西传统村落无不镌刻着丰富的农耕文化印记。从宋代的《禾谱》《农器谱》，再到明末的《天工开物》，彰显了江西发达的农耕文明与农业生产技术。在农耕稻作、耕读致仕之外，江西本地丰富的名产特产也孕育了"一个包袱一把伞"的江右商帮。北宋时江西的茶叶、粮食、纸张等商品的输出量均居全国首位。宋末元初，随着景德镇瓷业的声名鹊起，江西瓷器输出量在全国独占鳌头。明清时期，进贤毛笔、广昌白莲、南丰蜜橘、樟树药材、铅山造纸、宜黄夏布等江西物产跟随江右商帮走向全国。

二、传统村落文旅产融合的理论基础与实践探索

作为传统村落的一种活化途径，目前对文旅产融合发展的必要性及可行性问题，从理论、政策与实践层面均有一些思考与探索，但尚未形成普遍认同。尽管如此，这些理论走势、政策演化与实践经验，仍可以为江西传统村落的文旅产融合发展提供参照。

（一）活化利用体现当前理论趋向

1. 对传统村落保护问题的反思

各级党委、政府和学术界都普遍认识到传统村落的价值，以及传统村落保护的重要性及紧迫性，但如何保护传统村落，尤其是长期以来保护过程中出现的新情况新问题，引起不少学者的反思。有学者指出传统村落保护在资金方面存在关键的问题。经济上最为贫穷的乡村，却要负担最为昂贵的保护；而在很长时期，资金主要靠政府支撑保障，并主要投入于保护而非用于发展，因此引起了保存与发展的矛盾，揭示了政府支撑模式的不可持续性。[①] 又有学者指出部分法律制度阻碍了传统村落的可持续保护，例如《文物保护法》不允许不可移动文物的重修重建，将导致传统村落的木质建筑保护面临现实难题，而且长期看恰恰导致文物消灭。[②] 这些见解有相当的现实关切，引起了对传统村落保护方式的重新审思。

2. 从静态保护到活化利用

长期以来，传统村落的保护侧重于一种静态保护。有学者提出应在保护的前提下，实现对传统村落的合理利用，认为传统村落保护的目的及要求是保持其可持续性，但静态保护达不到这一点；且传统村落是现代村民生产生活的一部分，不仅是作为历史陈迹的遗产，不能人为将二者割裂。只有充满活力的村落才有保护的必要，只有活化才是可持续的保护。故而要选择活化利用之路，将保护与发展有效结合起来，由此揭明传统村落活化的必要性与正当性。[③] 中国首届古村大会（2015）即以"保护与活化"为主题，正体现了从保护向活化的过渡，凝聚了学者与实践者的共识。

---

① 胡彬彬.我国传统村落及其文化遗存现状与保护思考［N］.光明日报，2012-1-15（7）；高小康.非遗活态传承的悖论：保存与发展［J］.文化遗产，2016（5）.

② 吴必虎.基于乡村旅游的传统村落保护与活化［J］.社会科学家，2016（2）.

③ 喻学才.遗产活化：保护与利用的双赢之路［J］.建筑与文化，2010（5）；冯骥才.传统村落的困境与出路——兼谈传统村落是另一类文化遗产［J］.传统村落，2013（1）；胡彬彬.先保护，后利用［J］.民族论坛，2014（6）；王美、陈兴贵.传统村落整体活化理论分析［J］.云南民族大学学报，2020（6）.

3. 以产业发展实现活化利用

传统村落的衰败源于原有生产功能和经济意义的丧失，而只有建立了新的经济生产关系，村落的活力才有可能恢复。基于这一深层逻辑，要构建新的经济生产关系，把传统村落作为一种生产空间、经济空间保留下来，形成一种新的经济功能。传统村落活化的本质是让村落恢复、再生经济生产功能。其具体方式是着眼于村民、农业、经济、旅游、景观、文化、机制等维度，立足于传统村落的自身优势而恢复其经济适应性，实现物质活化、精神活化、产业活化与机制活化。① 产业支撑活化，活化支撑保护，产业、活化、保护的关系理清理顺，才有望实现传统村落重光永续的目标。

（二）以用促保的政策支持明朗化

1. 从强调静态保护到以用促保

长期以来，从国家层面到地方均强调以静态保护为主。党的十八大以来，随着各地保护过程中出现的实际问题，以及实践经验的积累，"保护促利用、利用强保护"逐渐成为共识。2014 年出台的《关于切实加强中国传统村落保护的指导意见》，提出"合理利用文化遗产"的主要任务，将"挖掘经济价值，发展传统特色产业和旅游"作为其中的内容之一。2021 年 9 月，中共中央办公厅、国务院办公厅出台《关于在城乡建设中加强历史文化保护传承的意见》，提出推进历史文化遗产活化利用的意见，明确要求"以用促保"，探索产业发展。以上均为传统村落的文旅产融合发展奠定了政策基础。

2. 活化利用的政策指导日益深细化

传统村落基于自身得天独厚的历史文化底蕴，与文化产业的融合有先天优势和广阔前景，日益引起中央与地方的关注。《关于切实加强中国传统村落

① 罗德胤，王璐娟，周丽雅 . 传统村落的出路［J］. 城市环境设计，2015（2）；吴必虎 . 基于乡村旅游的传统村落保护与活化［J］. 社会科学家，2016（2）；刘馨秋，王思明 . 农业遗产视角下传统村落的类型划分及发展思路探索［J］. 中国农业大学学报，2019（2）；王美，陈兴贵 . 传统村落"整体活化"理论分析［J］. 云南民族大学学报，2020（6）.

保护的指导意见》（2014），已涉及挖掘传统村落的多重价值，以及开展研学、旅游，发展传统特色产业等内容。2022年，文化和旅游部、教育部、自然资源部、农业农村部、国家乡村振兴局、国家开发银行联合印发《关于推动文化产业赋能乡村振兴的意见》，提出"文化引领、产业带动"的基本原则，且进一步明确创意设计、演出产业、音乐产业、美术产业、手工艺、数字文化、其他文化产业、文旅融合等8个赋能乡村振兴的重点领域，并在每一个领域都提出具体发展思路，体现了专门化、深细化的政策指导，必将进一步推动乡村尤其是传统村落的文旅产融合发展。

（三）国内外传统村落活化的经验参考

国内外在非遗活化、传统村落活化方面有不少成功案例，本文针对江西传统村落活化的现状与未来，着重介绍几种可供参考的活化模式。

1. 地方创生模式

日本率先提出地方创生的概念，中国台湾随后推出"设计翻转、地方创生"计划。其要点是提炼地方特色、发掘资源优势、复兴特色产业、形成地域品牌，强调在地性、内生性，寻求城乡互动、地域联动，实现"一乡一品""由下而上""民众参与""发掘地方文化"等理念，以期文化延续再生、产业永续经营、乡村持续生活。如日本德岛县上胜町，建成全球知名环保主题旅游小镇，并立足生态环保特色，推出"彩叶经济"，依季节性培植植物，用树叶和花朵作为高级料理的装饰物，取得可观效益。

2. 艺术创作＋传统村落模式

艺术创作在传统村落中，能提升主题、地景、建筑、产品、工艺等各方面的美感、品位与价值。如荷兰的羊角村被建造成别具风情的童话小镇；法国阿尔萨斯地区被打造为欧洲最大的生态露天博物馆，再现了古村的风貌与生活。浙江松阳县以原生态田园风光、本真乡村风情、古朴沧桑的历史文化为基础，以摄影写生等艺术创作为媒介，推出艺术创作线路，引进签约艺术家，建成一批"民宿村""画家村""摄影村"等艺术集聚片区，带动旅游、民宿、文创经济，以艺术创作助推传统村落活化。

3. 公司飞地 + 传统村落模式

此模式在改善通讯、交通、基础设施、生活服务等方面筑牢基础，利用自身有底蕴、有个性的文化优势，以及租金便宜的价格优势，吸引IT、创意公司的长短期租客，接待公司团建、培训人员、创客、游客，实现文化效益与经济效益的互惠双赢。如日本神山町村以自然环境、网络设施、创新氛围、生活配套为基础，改造闲置民居为办公场所及社交活动场所，聚集以IT、影视、创意产业为代表的企业或卫星办公室，让一度沉寂的古村活起来。

4. 科创 + 传统村落模式

浙江嘉兴乌镇是传统名镇（村），原以文化旅游蜚声海内外。自2014年中国国家互联网信息办公室和浙江省人民政府在此举办世界互联网大会，乌镇致力于推动产业发展与互联网科技的深度融合，培育优质"互联网 +"创业项目，进行"科创 +"模式的革新。昆山尚明甸村，依托湿地生态和昆山打造国家一流产业科创中心的优势，在诗意舒适的田园风光中建造科创园区，吸引高端科技公司，布局高端餐饮、休闲书店、精品咖啡、无人超市等配套设施，形成"乡村 + 科创 + 生活"的融合发展模式。

（四）江西传统村落保护活化的探索实践

21世纪初，在江西少数地区如婺源县，已开始从旅游开发的角度，对传统村落进行活化。中国传统村落申报工作启动，江西对传统村落的保护利用进行通盘考虑，通过政策支持、资金投入对传统村落进行资源盘查、建筑修缮，以及"旅游 + 产业"的探索。总体来看，江西有少数传统村落活化较为成功。

1. 政策探索较积极

江西省委、省政府高度重视传统村落的保护利用。2021年8月，省委书记易炼红在宜丰县调研时指出，我们一定要保护好古村原生态、原建筑、原文化，留住历史记忆，传承好文脉。11月，省长叶建春在金溪县有关调研时指出，要立足特色、独辟蹊径，既要有古貌古色，守望文化之根、留住古村之魂，又要引入现代元素，推动文化融合、提升品质品位。江西在传统村落保护利用的政策探索方面也走在全国前列。2016 年，颁布全国首个省级传统村落保护地方性法规《江西省传统村落保护条例》，提出鼓励对传统村落内的历史文化资源进行合理开发利用，以及在传统村落设立摄影绘画、乡村体验游、农业生态游、文化创意产业等基地的意见。2020 年，编制《江西省传统村落整体保护规划》，提出建构"三核—九片—多点"的整体保护格局，以及重点发展、嵌入发展、融合发展、活化传承等四种发展思路，对全省传统村落的保护利用进行整体性、系统性规划指导。

2. 实践个案有亮点

江西部分传统村落活化发展取得明显成效，在全国具有一定知名度。婺源县依托区域内优美的自然风光和精美的徽派建筑，把江湾、篁岭、李坑、延村等 13 个传统村落开发成景区，将传统建筑改造成民宿或者参观点，较成功地通过"文化 + 旅游"进行引流、变现，传统村落的生机得以延续，被誉为"中国最美乡村"。从 2021 年的收入来看，婺源县 28 个传统村落总收入达 3.3亿元，占全省传统村落总收入的 68.8%。其中篁岭村收入约 1.7 亿元，占该县传统村落总收入一半以上，是全省传统村落总收入的 35.4%。金溪县较好地破除融资与社会资金进入障碍，在 2020 年成功撬动 15 亿多元的社会资金投入，其后龚、竹桥、游垫等村，文旅与研学、科技的结合较有亮点。

3. 整体发展待提升

江西传统村落活化利用比例整体不高，产业发展效益较低。江西在 547个省级以上传统村落中，从传统建筑的活化利用（民宿、农家乐、文创、展览馆等形式）角度来看，江西有 167 个传统村落进行了活化探索，占比30.53%；而采取观光、民宿、康养、文创、特色产业等方式进行活化利用的传统村落有 309 个，占比 56.48%。但大多传统村落尚未找到成功模式，全省仍有 350 个传统村落经济、社会力量薄弱，生态优势和历史文化资源未得到充分利用。如乐安县流坑村、安义县古村群、宜丰县天宝村、青原区渼陂村，有底蕴、有颜值，有的还有区位优势，但人流、商流都不多，产业发展还不够充分，活化利用程度与深厚历史文化底蕴极不相称。

三、江西传统村落文旅融合存在的问题与不足

江西传统村落的开发利用，目前仍以旅游业为主，处于文旅融合发展阶段，"文旅产"融合尚处于起步期。在江西文旅融合发展实践中，传统村落的开发利用存在文创产品不足、附加值低、文化产业弱化等问题。而旅游业季节性明显，且受到区位、交通、天气等诸多因素影响，收益具有很强的不确定性。加之传统村落开发者缺乏高水平的文化资源挖掘团队，传统村落文旅融合水平较低，收益不足以承载高额投资，文旅融合发展路径受阻，亟需融入其他产业以增强发展后劲。从文旅产融合发展视角审视江西的传统村落开发利用，除面临村落空心化、建筑产权分散、建设用地指标有限、过度商业化和可持续发展能力不足等共性问题外，还存在以下问题。

（一）开发理念相对落后

在依托力量上，对传统村落内生力量关注不够，村民的主体地位不够突出，村集体经济发展不充分，村民自治组织未能充分发挥作用，从而导致可持续发展能力欠缺。在项目选择上，集中在旅游产业，往往是投资量较大的项目，依托传统村落自身资源优势的传统产业深挖不足，与村民生活息息相关的小产业被忽视。在受益主体上，对村民关照不足，大多数传统村落的开发村民并非最终受益者，甚至村民因为传统村落开发利用而搬离原有生活空间，村落开发涉及各方未能形成合理有效的利益联结机制。

（二）资源利用不够深入

在文化资源利用深度上，传统村落乡土文化资源和自然资源缺乏系统挖掘，已经完成的传统村落档案社会利用率不高，传统村落民俗等丰富的非物质文化遗产资源利用不足，传统村落资源在开发利用中的支撑作用不明显。

在村落特质认知上，传统村落个案研究有待展开，传统村落的独特性无法彰显，一定程度上加剧了传统村落开发同质化。在文化解读深度上，对传统村落传统建筑用材、结构、雕饰、空间布局背后的生态、科学、艺术、文化等价值缺乏深度的解读，基于传统村落的文化创意产业、美术产业等缺乏文化支撑。

（三）运营水平亟待提升

在开发模式上，现有开发多是脱离乡村日常生活，把传统村落单纯变为景区，整体缺乏乡村生活气息，降低了传统村落的内在吸引力。在收入来源上，运营收入主要源于门票，基于传统村落的衍生产品开发不足，附加值不高。在产品内容上，互动性项目植入性较强，缺乏与当地文化传统的关联；展示传统村落内涵的村史馆等缺乏实质性内容，对当地生活形态的提炼不足，缺乏沉浸式体验内容；已有文创产品传统村落特色不明显，地方文化内涵缺失。

（四）产业协同尚未形成

首先，基于传统村落独特优势和共性资源基础的产业尚未形成，传统村落的开发利用局限于单个村落，区域层面的资源整合、互动与宏观发展引导不足，传统村落之间缺乏产业联系，不同村落产业之间的联动效应不强。其次，传统村落缺乏龙头企业，现有产业辐射范围不广、带动性不强，与周边产业协同不够。最后，开发利用主要依靠政府，市场主体参与相对不充分，产业集聚度不高，产业之间缺乏协同基础。

（五）产业发展水平较低

在产业结构上，当前传统村落的开发利用主要集中在旅游业、农业上，文化产业、生态产业发展不足，产业相对单一，产业融合度不高。在产业业态上，现有的农业以种植业为主，旅游业以观光游为主，生态农业、智慧农业、休闲农业、观光农业有待发展，体验游、文化艺术研学游等新业态有待拓展。在产业链延伸上，现有传统村落产业向上、下游延伸能力不强，缺乏全产业链介入的发展模式，产业链延伸能力有待进一步提升。

四、江西传统村落文旅产融合发展的对策建议

传统村落保护发展是复杂的系统工程，涉及方方面面。就文旅产融合发展而言，应围绕"人、文、景、地、产"等要素，在文化挖掘、产业赋能、内生力量培育、利益联结机制建设、活化实践、政策供给等方面下功夫。

（一）挖掘文化内涵，发挥文化在文旅产融合发展的价值

1. 提升文旅产融合的文化支撑力

开展村落文化资源系统普查和基础数据采集，适时构建传统村落文化资源数据库，为传统村落文旅产融合提供基础数据支撑。组建高水平的传统村落文化资源挖掘团队，发掘传统村落蕴含的赣鄱文化，推出江西传统村落系列研究成果。深度挖掘传统村落手工艺、非物质文化遗产、种质资源、乡村地名文化遗产，深刻揭示传统村落丰富的文化资源和独有的文化特色，提升传统村落的文化吸引力、产业发展潜力和产业发展的文化支撑力。

2. 提升文旅产融合的文化展示力

进一步加强村史馆建设，提升村史馆的展陈水平、叙事能力，发挥村史馆的村落文化凝聚力、认同感和文化景观塑造作用。充分利用地名标志、当地物产、地形水系和人文资源，提炼传统村落文化符号，积极打造传统村落文化标识和旅游文化景观，研发独具特色的传统村落专属文创产品，提升当地居民和外来游客的文化感知能力及现场体验感，延伸旅游产业链。

3. 提升文旅产融合的文化传播力

以数字乡村建设为契机，加大传统村落信息基础设施建设，优先在传统村落启动数字乡村建设试点工作。建设一批传统村落美术写生基地、摄影基地、影视拍摄基地和非物质文化遗产旅游体验基地，进一步打造传统村落文化名片。通过数字博物馆、数字文化馆、非遗体验馆、大型实景演出、民俗表演、自媒体、手工艺创意产品、村歌创作、影视作品、节庆会展等，强化传统村落"文化IP"建设，提升传统村落文化传播力、美誉度和知名度。

（二）融入产业要素，增强传统村落发展后劲

1. 强化产业规划，促进协同错位发展

深入挖掘传统村落的独有特质，进一步提炼和发掘传统村落文化特色、资源禀赋、产业基础和区位优势。在开发利用中强化定位，在村落规划、项目策划、环境艺术、建筑风格、室内装修上强化差异。在省级层面规划传统村落产业协同，统一制定产业发展规划，形成全省传统村落协同错位发展新局面，从而在根本上解决传统村落开发利用同质化问题。

2. 发挥自身优势，突出产业发展重点和特色

结合江西传统村落资源特点和产业基础，着力发展特色粮、油、果、菜、菌、烟叶、中药材、养殖等特色种养产业，打造毛笔、制茶、竹木等特色加工业和油面、酿酒、面包等特色食品产业；充分利用传统村落丰富的文化资源优势，围绕传统村落体现的赣鄱名人文化、客家文化、农耕文化、书院文化、红色文化、陶瓷文化、庐陵文化、临川文化、戏曲文化、中医药文化、商业文化，重点打造有关的文化创意产业，推动文化产业特色村落建设；结合江西生态文明试验区建设，探索不同类别生态产品价值实现路径，打造旅游与康养休闲融合发展的生态旅游开发模式；以数字技术赋能传统村落发展，坚持用现代科技升级改造传统村落现有产业，力争国家文化和科技融合示范基地在区位优势明显、产业聚集度较好的传统村落落户。

3. 明确主体产业，形成产业发展规模效应

分析传统村落地理环境、经济发展状况、人文条件、动植物资源、产业基础，综合考虑区域产业发展、周边产业配套、相关产品开发和农业品牌打造等，根据市场需求，通过挖掘内部产业潜力、外部引进等方式，确定传统村落主体产业。以主体项目为纽带，将分散的小规模经营整合成规模经营，形成规模效应，树立产业品牌，围绕主体产业进行产品转化和上下游产业链延伸。积极引导传统村落产业融入周边现代农业产业园、优势特色产业集群和特色产业强镇产业规划。

（三）集聚多方力量，积极开展传统村落活化实践

1. 组建高水平的活化实践团队

由文旅、住建、文物等部门引导，文化企业参与，发挥高校、科研院所等机构作用，联合爱故乡、古村之友等古村保护领域公益组织和基金会，组建由美术设计、绘画、旅游、规划、建筑、历史、地理、农业农村、文物、文化产业、经济等多学科成员和当地村民、企业经营人才共同参与的高水平的传统村落活化实践团队，为传统村落文旅产融合发展实践提供多元支撑力量。

2. 吸引外出务工人员返乡参与活化实践

通过产业发展、政策引导、基础设施建设、舆论宣传等吸引外出务工人员返乡创业。对于已经返乡创业群体，在资金、政策等方面重点扶持，大力表彰成绩显著、带动性强的回乡创业人员。广泛动员有社会实践经验、乡土情怀的知识群体和商业精英聚焦传统村落发展，鼓励赣商返乡创业，支持企事业单位和政府离退休人员回乡发挥余热，积极引导赣籍学子参与家乡建设。鼓励各类校友会、同乡会、商会、社会组织和公益平台等参与江西传统村落文旅产融合发展实践。

3. 培育和支持市场主体落户传统村落发展

打造传统村落创新创业平台，孵化传统村落产业，引导文化创意产业集聚，积极探索传统村落文化产业园建设，吸引创意设计企业、工作室、小微文化企业、个体创作者、设计师在传统村落落地经营。

（四）激发内生力量，构建多元利益主体共建共享发展模式

1. 激发传统村落内生力量

坚持以村民为主体，把村民作为长期依托的力量，引导村民入股和参与传统村落运营与管理，各方一道共享发展成果。充分发挥村民自治组织和基层党支部的引领作用，壮大传统村落集体经济，增强传统村落自我造血功能，

发掘传统村落活化利用的内生动力。

2. 充分发挥政府引导作用

地方政府在做好基础设施建设的同时，着力做好服务，建构良好营商环境，把握大方向。重点考虑传统村落有关的政策、发展措施是否有利于村民生产生活改善，是否充分考虑当地居民的利益诉求和生产生活需求，是否有利于村落长远发展，投资行为的受益主体是否涵盖农民，投资产生的利益回报能否用于传统村落建设、产业升级和农民生活品质提升。

3. 构建多方利益联结机制

在实际操作层面，由市场主体组织、专业团队策划运营，重视社会企业、社会组织的力量，各主体既各司其职，分工明确，又沟通协作，形成合力，共同构建以村民为主体，政府、社会企业、村集体、社会组织等多方参与的共建共享发展模式。

（五）勇于开拓创新，加大传统村落文旅产融合发展政策供给

1. 开展政策创新试验，破除融合发展的制度性难题

充分利用传统村落集中连片保护利用示范建设、生态产品价值实现机制试点工作和文化产业赋能乡村振兴试点县建设的有利契机，开展政策制度创新试验，释放创新潜能，探索体制机制创新，破解不利于传统村落文旅产融合发展的深层次制约因素。完善"古屋贷"，建议由金融主管部门牵头指导规范古建筑经营权、所有权抵押贷款。畅通社会资本参与合作的渠道，引导社会资金参与传统村落保护开发。统筹使用建设用地指标，为传统村落开发新增建设用地和宅基建设提供用地支持，支持开发条件成熟的传统村落集体用地转为建设用地。

2. 引领传统村落发展，积极开展传统村落标准制定

丰富完善《赣派传统村落保护与利用指南》《传统村落价值核算技术规范》，促进江西传统村落地方标准落地实施；制定"传统村落文化旅游服务管理规范""传统村落火灾防控规范""江西传统村落文旅产融合发展规范""江西传

统村落数字乡村建设标准"等地方标准，在全国率先构建传统村落保护利用标准体系，增强江西在传统村落保护利用和文旅产融合发展领域的话语权和引领示范作用。

3. 发挥顶层设计作用，强化融合发展体制机制建设

组建省级传统村落保护利用平台，筹建江西传统村落保护利用基金会和江西传统村落保护利用促进会，积极培育传统村落有关的社会企业和公益组织，构建省、市、县三级传统村落保护利用社会组织体系。定期召开江西传统村落发展大会，加大传统村落之间的协同交流，加强传统村落与学术界、政府部门、企业界和投融资平台的对接。促进传统村落与城市资源互通、优势互补和融合发展，开展城市社区与传统村落一对一结对活动。加大传统村落产业发展人才培育力度，构建省市、县、镇、村五级文旅产融合发展人才体系，发挥人才在传统村落保护利用中的引领作用。

赣南原中央苏区红色旅游与文化产业协同发展创新探索

江西财经大学课题组 *

摘要：习近平总书记强调，要把红色资源利用好、把红色传统发扬好、把红色基因传承好。近年来，赣州市立足红色资源优势，强化规划引领，深化区域合作，加大政策支持，打造业态精品，全力推动了红色旅游与文化产业的融合发展。专题报告通过探讨红色旅游与文化产业的融合机理，分析红色旅游与文化产业协同发展现状，总结实践经验做法，剖析存在的问题，提出进一步推进赣南原中央苏区红色旅游与文化产业协同发展对策建议，为全省红色旅游与文化产业融合发展提供借鉴参考。

关键词：红色旅游　文化产业　协同发展

　　赣州享有"红色故都、江南宋城、客家摇篮"等美誉，是苏区精神、长征精神的主要发源地。近年来，赣州市认真学习贯彻习近平总书记视察江西

*课题组成员：邹勇文，江西财经大学旅游与城市管理学院院长、教授；陈东军，江西财经大学旅游与城市管理学院教师；汪忠列，江西财经大学旅游与城市管理学院博士研究生；艾晓玉，江西财经大学旅游与城市管理学院副教授；胡海胜，江西财经大学旅游与城市管理学院副院长、教授；陈羽洁，江西财经大学旅游社会学硕士研究生；刘金山，中共赣州市委宣传部文改办副主任；江精，赣州市文广新旅局红色旅游发展科科长。

重要讲话精神，通过规划引领、政策引导和加大融资，为文化和旅游产业协同发展创设发展机遇、提供集聚环境和打造精品 IP 等，有力推动了赣南原中央苏区红色旅游与文化产业协同发展。

一、红色旅游与文化产业的融合机理

文旅融合发展是通过文化升华旅游体验内容，将旅游体验作为文化传播衍生发展的载体，从而实现文化和旅游两大产业的协同发展。红色旅游与文化产业的融合机理，可从两者相互关系、融合的可行性和融合的具体途径等方面来分析。

（一）相互关系

一是红色旅游产业与文化产业有共同的市场边界。旅游行业中存在部分开发利用红色革命文化资源服务于旅游的企业，本质上就是文化产业；而在文化产业中有部分企业以红色文化促进旅游发展的方式，对当地的红色文化资源通过出版、影视、网络、VR 模拟等多媒体方式进行深度开发，同时提供观看、体验和购买等服务，也发挥着一定程度的旅游功能。在科学交叉发展，行业相互渗透的经济飞速发展时代中，两者之间难以分出彼此，相辅相成。

二是红色旅游产业与文化产业相互依赖、相辅相成。从文化与旅游的融合状态分析，大部分红色旅游景点都包含着教育、体验在内的多种文化因素，被赋予了内涵丰富的特色红色文化，成为当地文化的一道亮丽的风景。同时，红色旅游资源的深度挖掘与精神传承，都依靠文化的诠释与拓展。可见，红色旅游产品都是建立在文化的基础上才得以开发、生产和消费。文化属性是一切旅游资源包括红色旅游的本质特征。旅游资源反过来支撑着文化的传承与发展，为文化资源的开发提供切实的载体。

（二）可行性分析

产业边界模糊化降低了产业融合的门槛。产业边界的模糊化为产业融合提供了有利的外部环境，为产业的互相渗透和融合提供发展空间，红色旅游的内容得以向文化产业渗透。例如，湖南省在红色旅游的开发过程中以改革创新的手段，促进红色旅游与文化产业融合发展，打破红色旅游与文化产业的壁垒，使其边界逐渐消失，形成红色旅游与文化产业融合发展的成功典范——"湘潭（韶山）模式"。

市场需求拉动红色旅游与文化产业的融合发展。纵观整个红色旅游行业，广大游客旅游需求变化与体验感受要求的升级，使得传统的"观光瞻仰游"向新型"体验游"的发展趋势变得不可扭转。因此需要更加注重与文化产业的融合，尽可能地增加旅游项目的体验性、趣味性与融合性，达到让游客充分体会其文化内涵目的的同时也起到传承红色文化的作用。

技术创新推动红色旅游与文化产业的融合发展。技术创新是产业融合的原动力与催化剂。纵观国内红色旅游景点，大多数都是在先进技术的支撑下不断发展壮大的。例如，我省凭借技术创新，编印江西红色旅游自驾游手册、江西红色旅游地图和图画攻略等。赣州市运用现代高科技、光电效果在景区陈列馆设立"反'围剿'斗争"体验动漫互动项目，丰富了红色旅游体验，增强了景区的吸引力和感染力。

（三）融合途径

根据 2018 年的《文化及相关产业分类》，文化产业核心领域集中在新闻信息服务、内容创作生产、创意设计服务、文化传播渠道、文化投资运营和文化娱乐休闲服务；文化产业相关领域主要是文化辅助生产和中介服务、文化装备生产和文化消费终端生产。相应地，红色旅游与文化产业的融合可从核心领域和相关领域进行。

红色旅游与文化产业核心领域的融合集中在影视、演艺和娱乐休闲等领域。影视主要包含电视剧、电影、动漫等，红色旅游与影视的融合主要是通过拍摄、播放以红色为题材的影视剧，借助影视剧的热播，使得剧中的红色文化资源能够被更多的人知晓,进而吸引更多的游客前往旅游,如《庐山恋》《红色摇篮》《小兵张嘎》等。红色旅游与动漫产业的融合，主要是将相关英雄人物和红色遗址艺术化为动画或者漫画中的人物形象和场景，扩大红色文化受众面，宣传红色旅游目的地。如兴国打造的 3D 动画《长征先锋》和瑞金创作的漫画《漫画红都》。演艺产业是基础性文化产业，将红色旅游与演艺产业融合发展就成了改变红色旅游发展方式、创新红色旅游产品的重要手段之一。例如，延安在红色旅游发展过程中共创作大戏、小戏 90 余部，歌曲 300 余首，舞蹈和曲艺节目 280 多个，推出了《舞动延安》《延安颂》《延河湾》《兰花花》《山丹丹》《延安保育院》等一批精品文化剧目，既丰富了游客的旅游项目，也可使游客受到革命教育。娱乐休闲比较具有代表性的是网络、游戏和节庆，例如，红色旅游文化节庆活动可以分为历史事件纪念活动、旅游展示和推介活动，可以扩大事件影响力，提高事件知名度和推动红色旅游发展。目前，我省的红色旅游博览会、井冈山杜鹃花会、中国红色旅游文化节和江西红色旅游推介会等节事活动已经成为江西省重要的红色旅游节事品牌。各地可深入挖掘当地红色历史文化，结合自身实际情况，倾力打造一项具有本土文化特色和地域风情的红色旅游文化节事活动。

红色旅游与文化产业相关领域的融合主要表现在文化产品的生产与销售。通过文化产品的生产和销售，一方面展现当地的旅游特色，另一方面实现经济效益，促进当地的旅游经济发展。湖南韶山毛泽东同志故居，在红色旅游和文化产品产业相结合方面，就是一个成功的范例。在游客游览的过程中，导游会在为游客讲解红色景区知识的同时，向其介绍毛泽东同志故居的纪念品。凭借这一独有的方式，一方面能将自身的红色文化资源转化成为产品优势，给当地带来经济效益，另一方面又能够将本土的红色文化资源尽情展现给游客，实现经济效益和社会效益的共赢。

二、赣南原中央苏区红色旅游与文化产业协同发展的现状

（一）红色旅游与文化产业发展概况

1. 发展成效

"红色土地"赣州，是原中央苏区核心区域、中华苏维埃共和国临时中央政府所在地，也是中央红军长征出发地，18 个县（市、区）中有 13 个"全红县"、15 个"老县（市、区）"。根据赣州市文广新旅局数据，赣州现有红色旅游 A 级景区 9 处，其中全国红色旅游经典景区 2 处（宁都县中央苏区反"围剿"旧址及纪念馆、大余县南方红军三年游击战旧址及纪念馆）。2021 年，赣州市红色旅游取得显著成绩，全年接待红色旅游总人次 6348.70 万，同比增长 56.40%；红色旅游总收入 613.50 亿元，同比增长 70.40%。

赣州市区位优势得天独厚，对接承载条件优越，不仅是赣、粤、闽、湘四省边际区域中心，也是内地连接东南沿海发达地区的前沿地带，区位优势明显；且赣粤高速、厦蓉高速、京九铁路、赣韶高速等形成了贯通东西南北的完善交通网络，受文化产业繁荣的珠三角城市群辐射。赣州市文化资源丰富独特，拥有底蕴深厚的客家文化资源如客家围屋、赣南采茶戏；光辉灿烂的红色文化资源如中华苏维埃共和国临时中央政府旧址群、寻乌调查旧址；丰富多彩的旅游文化资源如宋代城墙、三百山、陡水湖。这为文化产业的繁荣发展奠定了资源基础。

基于优越区位条件及良好资源基础，赣州市文化产业取得亮眼成绩。2021 年，全市规模以上文化及相关产业企业营业收入 381.33 亿元，同比增长 24.8%。全市已形成以文化创意、印刷包装、广播影视视听设备制造、玩具制造为主力军的文化产业结构，打造了 1 个国家印刷包装产业基地，15 个省级文化产业示范基地。根据赣州市统计局数据，2018 年，赣州市拥有规上文化企业法人单位 196 个，到 2021 年增长为 260 个，年均增长率为 9.88%；2018 年规上文化企业资产总计 211.74 亿元，2021 年为 430.41 亿元，年均增长率为

26.68%;2018 年规上文化企业营业收入为 220.48 亿元, 2021 年为 381.33 亿元, 年均增长率为 20.04%, 赣州市文化产业整体呈现平稳增长状态（见图 1）。

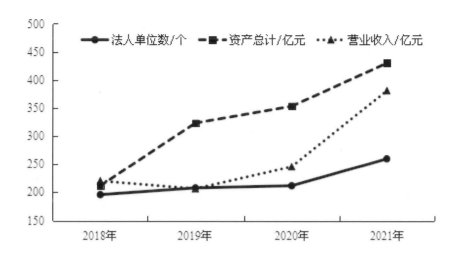

图 1　2018—2021 年赣州市规上文化企业主要指标

数据来源：赣州市统计局。

2. 发展特点

赣州市红色旅游发展在资源禀赋、区域发展、产品类型等方面特征显著。①在资源方面，赣州市红色资源丰富。据不完全统计，全市拥有红色标语 3350 条、革命文物保护单位 389 处 472 个点，其中全国重点文物保护单位 12 处 67 个点，省级文物保护单位 113 处 140 个点，国家级爱国主义教育基地 5 个。全市现有 341 处革命旧居旧址开辟为红色旅游景点。丰富的革命文物资源为红色旅游奠定良好基础。②在区域发展方面，瑞金市集合了众多优质红色文化资源，并凭借独特的区位优势，连续创下国家历史文化名城、国家 5A 级旅游景区等"国字号"品牌，获得了全国红色旅游经典景区、全国十大红色景区、中国县域旅游竞争力百强县市（2016—2021 年）等荣誉。③在产品打造方面，赣州市在开展红色旅游资源普查的基础上，加大对红色资源精神内涵及故事挖掘。赣州市基于红色文化脉络梳理形成丰富红色旅游产品，策划了一批红色旅游项目，如依托赣粤省委旧址群打造的会昌"风景独好小镇"、依托官田兵工厂旧址群打造的兴国"军工小镇"、依托红军长征步道打造的于都祁禄山红军小镇、依托近现代革命历史打造的"方特东方欲晓乐园"。赣州市推出系列红色主题文艺作品，如赣南采茶戏《一个人的长征》《盘山魂》，大型原创音乐剧《闪闪的红星》，兴国山歌剧《苏区干部好作风》，信丰合唱情景音画《赣南游击词》等。赣州市组织系列红色培训研学活动，如陕西大型研学专列团游于都、瑞金，"百趟红色旅游专列进苏区"等。

赣州各县（市、区）文化产业特色明显。其中，中心城区重点发展文化创意板块，建成赣坊 1969 文化创意产业园、宋城壹号文化创意产业园等文化创意产业园区；赣州经开区重点发展印刷包装板块，建有赣州国家印刷包装产业基地，有 31 家企业入驻，2020 年园区总产值约达 35.2 亿元；安远、信丰、于都重点发展广播影视视听设备制造板块，培育的企业有赣州得辉达科技有限公司、朝阳聚声泰（信丰）科技有限公司、江西（天键）电声有限公司等一批重点上市后备企业；龙南、瑞金重点发展玩具制造板块，壮大勤业工业（龙南）有限公司、华隆玩具（龙南）有限公司、江西省佳惠宝实业有限公司等玩具制造骨干企业。

2020 年，赣州市出台《关于推进文化和科技深度融合发展的若干措施》，积极推动文化与科技的融合创新发展。重点推进红色旅游云、智慧旅游、赣南文化云、线上文化娱乐开发等项目建设。目前已完成红色旅游云项目 VR云平台系统及应用设计；在赣州方特东方欲晓乐园建设赣州智慧旅游展示平台，打造"虔州古韵""智慧旅游中心""梦回客家""伟大远征""秀美山水""礼伴赣州"六个板块，构建赣州智慧文旅大脑；赣南文化云上线运行，实现公共文化数字化"立体式"服务；江西开创数码科技有限公司推进纪念长征 85周年红色献礼手游、森林小食堂等线上游戏开发运营，兴国长征动漫 IP《长征先锋》制作，形成丰富的数字文化、创意设计、动漫游戏等新兴业态。

（二）红色旅游与文化产业协同发展现状

1. 发展成效

"十四五"开局之初，赣州市逐步加强统筹旅游与文化产业的协同高质量发展，制定《赣州市旅游产业高质量发展三年行动计划（2021—2023 年）》《赣州市全域旅游发展总体规划（2021—2035 年）》《赣州市"十四五"文化和旅游发展规划》，着力打造一批具有引领性、带动性的文化和旅游项目，推动旅游产业与文化、工业、乡村振兴、教育等领域跨界融合，力求"一业兴百业旺"。2021 年，全市推进 105 个重点文化旅游项目建设，总投资 1259.26 亿元，全年完成投资 278.85 亿元。年内新开工 16 个项目，竣工 19 个项目。

赣州市围绕红色文化特色，结合文化产业的助推作用，积极推进红色旅游与文化产业的协同发展，力求借助两者产业融合效应，建设全国红色文化产业发展的一线城市。赣州市打造了全国首个红色文化主题乐园——方特东方欲晓，并于 2021 年 5 月 28 日开园，开园以来接待游客人数 110 万人次，营业收入约 1.4 亿元。丰富红色旅游文化产业业态，研发制作 VR 漫游、互动体验内容进入红色旅游景区。深挖红色资源，创作红色主题文艺作品。各县（市、区）因地制宜，打造红色文化产业园区，如瑞金市红色文化创意产业园。赣州市红色旅游与文化产业协同效应渐显成效。

2. 融合形式

赣州市红色旅游与文化产业协同发展的成效不仅归功于丰富的红色文化资源及优越的区位优势，也得益于红色文化与相关产业融合形式的创新探索，主要有以下融合形式：

（1）红色文化 + 创作表演。

基于红色文化，创作主题文艺作品。如赣南采茶戏《一个人的长征》《盘山魂》，大型原创音乐剧《闪闪的红星》，兴国山歌剧《苏区干部好作风》，信丰合唱情景音画《赣南游击词》等，丰富红色旅游体验。

（2）红色文化＋工艺美术品制造。

利用红色元素，开发主题文创产品。如《模范兴国》《军工摇篮》《苏区精神》《革命理想高于天》等雕塑摆件，长征 IP《长征先锋》动漫，"小红军""雩嘟嘟""寻乌调查"等文创产品，丰富红色旅游购品。

（3）红色文化＋休闲游览。

以红色旅游为主，辅助性开发其他业态产品。如推动红色旅游与生态旅游、休闲旅游、历史文化旅游、乡村旅游等多种业态融合发展。在突出红色景区（产品）的同时，丰富产品业态，延长产品线，打造瑞金罗汉岩景区、于都屏山景区、石城通天寨等生态旅游产品，石城花海温泉、天沐温泉等温泉产品，于都潭头村、瑞金华屋村等全国乡村旅游重点村，推出瑞金"红军餐"、兴国"四星望月宴"、于都"新长征宴"等红色主题特色菜，形成对红色旅游的补充。

（4）红色文化＋教育培训。

基于红色文化资源，开展红色教育培训。如建设全国知名红色研学教育基地、干部党性教育基地和统一战线共识教育基地，串联市域内代表性红色旅游景点，推介若干条精品红色旅游线路；策划陕西大型研学专列团游于都、瑞金，"百趟红色旅游专列进苏区"等系列活动，积极引入团队来赣开展红色培训、研学活动，拓展红色旅游附加值。

（5）红色文化＋会议展览。

以会议展览模式助推红色旅游。如建成中央苏区历史博物馆、"百年征程江西红"展馆；开展"红土情深·嘉游赣"系列推广活动（广州）暨江西赣州旅游宣传推广及项目招商会、"红色故都·客家摇篮"江西赣州（深圳）旅游推介会、百趟专列进苏区等系列活动；推出长征文化旅游线路，与遵义、延安、桂林举办"红军长征论坛"，举办书画作品巡展、"艺术新长征"红色美术作品联展等；联合遵义市图书馆及其他长征沿线重要节点城市图书馆成立长征之路图书馆联盟。

三、红色旅游与文化产业协同发展经验及存在的问题

（一）主要经验

1. 政策引导，文化先行，为文化和旅游产业协同发展提供"全方位"政策支持

为促进赣南原中央苏区红色旅游与文化产业协同发展，2021 年赣州市结合赣南原中央苏区的实际情况，出台了一系列的发展规划和管理办法，不断完善文旅融合的经济政策支持体系。如出台《赣州市旅游产业高质量发展三年行动计划（2021—2023 年）》《赣州市"十四五"文化和旅游发展规划》等文件，修订完善《赣州市重点文化企业奖励管理办法（试行）》和《赣州市文化产业项目扶持管理办法（试行）》。同时，为支持文旅融合，政府还加强公共文化服务体系建设，积极开展文化进万家、文艺下基层等活动，持续打造好"红色歌曲大家唱"群众文化活动示范点，开展"书香赣州"全民阅读活动。提升村（社区）综合性文化服务中心建设服务效能，促进与新时代文明实践中心共建融合。着力培养文化志愿者和乡土文化人才，扶持和发展一批具有广泛群众基础的民间文化艺术项目。深化国家级客家文化（赣南）生态保护实验区建设，推进非遗进景区、进校园。

2. 规划引领，合理布局，为文化和旅游产业的协同发展提供"走出去、请进来"的发展机遇

赣州市加强红色旅游整体规划、规范管理，确保红色方向不偏。一是建设区域性红色文化旅游中心和粤港澳大湾区生态康养旅游后花园。严格对标省域副中心城市和粤港澳大湾区桥头堡建设 2021 年重点项目清单中涉及牵头的 11 项任务，大力推进安远三百山创建国家 5A 级景区，大余丫山、会昌汉仙岩创建国家级旅游度假区，瑞金、龙南创建国家全域旅游示范区，阳明湖创建省级旅游度假区，加快"江南宋城"创 5A 级景区提升工程建设。实施"引客入赣"升级版项目，围绕粤港澳大湾区重点客源城市，加快推进"初心路""客

家情""阳明游"赣州精品旅游线路建设。在粤港澳大湾区策划举办旅游招商及产品推介会、红色旅游巡回推介会，借助赣深高铁开通契机，积极融入大湾区旅游合作联盟，开展"沿着高速自驾游赣州"活动，将赣州打造成为粤港澳地区自驾旅游目的地。二是深化与长征沿线城市区域合作，共同推出长征文化旅游线路。重点推进长征国家文化公园赣州段建设，基本建成长征国家文化公园赣州段标志性项目。与遵义、延安、桂林连续举办三届"红军长征论坛"，联合举办书画作品巡展、"艺术新长征"红色美术作品联展等，联合遵义市图书馆及其他长征沿线重要节点城市图书馆在遵义市成立了长征之路图书馆联盟。策划了陕西大型研学专列团游于都、瑞金，"百趟红色旅游专列进苏区"等系列活动，并结合"引客入赣"项目实施，积极吸引研学团队来赣开展红色培训、研学活动。

3. 加大融资，同向同行，为文化和旅游产业的协同提供"1+1>2"的集聚环境

赣州市政府着力打造文化和旅游产业协同发展的集聚环境。一是加大了对文化项目的谋划、储备和招商引资力度。将21个文化和旅游产业项目纳入市委、市政府100个招商引资项目中，并牵头策划了100个重点文化旅游项目，邀请携程集团、功夫动漫等知名企业来赣州实地考察，积极举办2021江西赣州（广州）旅游推广暨项目招商会，取得较好成效。2021年，赣州市签约文化和旅游产业项目26个，总投资额268.03亿元，其中50亿元以上项目2个。二是加大了对"文企贷"的宣传推广力度。2021年，新入库文化企业22家，已放款3家共计900万元。三是积极申报省扶持项目。赣州市认真组织申报，7个项目获得省级文化产业扶持资金资助，扶持金额达235万元。章贡区获评"2020年度江西省文化产业重点县（市、区）"，赣州立德电子有限公司、朝阳聚声泰（信丰）科技有限公司获评"2020年度江西省文化企业20强提名企业"，郁孤台历史文化街区被列为首批江西省特色文化街区培育单位。四是实施项目扶持。组织开展2020年重点文化企业和2021年优势文化产业项目评选工作，对7家重点企业和13个项目进行了奖励扶持，推动文化和旅游产业集聚发展。

4. 打造精品，提档升级，为文化和旅游产业的协同提供新的 IP

为加快文化和旅游产业的协同，赣南原中央苏区把文化精品打造成文旅 IP 带动红色旅游发展。一是推出了串联红色旅游相关县市的"初心路"红色精品旅游线路。赣州市策划的"红色摇篮·革命赣南"精品线路入选全国"建党百年百条精品红色旅游线路"。2021 年围绕建党 100 周年，相继组织开展了"红土情深·嘉游赣"系列推广活动（广州）暨江西赣州旅游宣传推广及项目招商会、"红色故都·客家摇篮"江西赣州（深圳）旅游推介会、百趟专列进苏区等系列活动。二是打造红色文艺精品。2021 年赣州市围绕建党 100 周年、苏维埃临时中央政府成立 90 周年、"苏区精神"提出 10 周年以及乡村振兴等主题，打造一批文艺精品，开展"红色旅游年"系列主题活动，进一步唱响"红色故都""共和国摇篮""长征出发地"红色文化旅游品牌，推动赣州成为全省文化文艺精品创作高地。大型赣南采茶戏《一个人的长征》2021 年首次公演获得观众好评。三是推动现有文化产业园区提档升级，助推文旅产业融合。如加快推进省级文化产业园区赣坊 1969 文化创意产业园拓展空间，打造"一园三区"，指导宋城壹号文化创意产业园、南康家居小镇、临港产业园等园区提升文化业态，力争向国家级、省级文化产业园区标准靠近。四是鼓励各县（市、区）因地制宜，打造特色文化产业园区。如建设上犹县观赏文化产业园、章贡区七里窑文化创意产业小镇、于都县服装文化产业园、瑞金市红色文化创意产业园等。

（二）存在问题

1. 文化产业整体平稳增长但产业结构欠佳

赣州市文化产业整体呈现平稳增长状态，但是具体分析其产业结构，结果欠佳。2021 年，文化核心领域的规上文化企业、资产总计、营业收入分别为 137 个、219.07 亿元、49.80 亿元，而文化相关领域的对应数据分别为 123 个、211.34 亿元、33.15 亿元。核心领域和相关领域的主要指标数据相近，说明文化核心领域发展较弱，对相关领域的带动性不强，赣南原中央苏区文化产业发展没有龙头企业，没有形成独特的红色文化IP，还处于发展的初级阶段，相关产业散点分布。产业发展没有发挥区域红色文化的优势，未将其作为核心产业来抓，政策对红色文化产业的帮扶力度不够，"特色不特，优势不优"。不合理的文化产业结构制约文化产业高质量发展，阻碍了红色旅游的宣传和推广。红色文化的消费者是红色旅游的潜在消费者，红色文化产业的发展能显著地带动旅游的开发。但由于赣南原中央苏区的红色文化产业在质与量上皆有不足，影响了红色旅游的进一步发展。

2. 文化公共服务形式多样但对旅游的带动效应不强

赣州市红色资源丰富，文化公共服务部门在保护方面，尽管取得一定经验与成就，但在利用方面，大量红色资源的旅游利用停留在简单展示层面。对故人故事、精神内涵的挖掘与阐释传播不够，活化利用水平不高。赣南原中央苏区的文化公共服务部门（如图书馆、博物馆、文化馆）在考虑红色旅游的"游""学"和"研"上明显不足。没有挖掘图书馆、博物馆、科技馆、文化馆、美术馆等潜在旅游服务价值和功能。体育场馆、工人文化宫、青少年宫、妇女儿童活动中心、老年人活动中心、乡镇（街道）和村（社区）基层综合性文化服务中心、农家（职工）书屋、公共阅报栏（屏）、公共数字文化服务点等本可间接用于旅游服务开发的公共文化设施也很少植入旅游的要素，这间接影响了赣州市红色旅游的整体发展水平。赣州各县（市、区）应充分利用各地丰富的公共文化资源，将其"拧成一股绳，劲往一处使"，形成红色旅游与文化产业集聚发展合力。

3. 红色文化产业集中发展，红色旅游散点分布，两个产业空间联动乏力

赣南原中央苏区的文化企业大多集中在赣州市区，但红色旅游景区分布较广，大多在偏远的乡村，两个产业在空间上无法集聚。很多景区为了真实还原革命年代的艰苦条件，简陋的房舍，毫无装饰。红色文化方面的解说和挖掘也不够，应通过文字、语音、演出、VR技术等文化的表现形式，重现火红年代的革命激情和坚贞不屈的革命斗志。虽然经过多年的努力，现在赣南

原中央苏区的交通条件已经有了巨大的改善,但文化产业所需要的网络、教室、技术、物流等基础设施建设还不足。旅游产业受制于地方偏远,文化产业受制于基础设施,这极大地影响了两个产业的空间联动。

4.红色旅游发展较快但红色旅游文化品牌还未形成

赣南原中央苏区红色文化资源丰富,但创造性转化不够,在众多的红色文化旅游品牌中并不凸显。首先,红色文化品牌号召力不够。品牌的塑造既靠宣传,也靠口碑。"共和国摇篮""苏区干部好作风""长征集结出发地"等红色品牌宣传没有形成合力,对潜在游客的吸引力不强。其次,红色文化的全程体验路径还需探索。奋勇斗争、扎根群众、吃苦耐劳等苏区革命斗争精神显性或隐性地表现不够,让游客感官冲击、全面感受、精神升华的全程红色文化体验路径还未形成。最后,红色文化的全方位集合体验不够。对照传承红色文化、培育和弘扬社会主义核心价值观的基本要求,赣南原中央苏区红色文化旅游虽然做了大量工作,但与当地文化、民俗和自然地理条件的结合不够,还未形成"红色教育在馆内,军事训练在营地,劳动实践在田间,吃饭住宿在农家"的全方位红色文化体验集合。

四、赣南原中央苏区红色旅游与文化产业协同发展的对策

赣州市红色旅游与文化产业的协同发展取得一定成效的同时也存在不足之处。总体而言,红色资源丰富、国家政策利好、社会需求释放,是促进赣州市红色旅游与文化产业协同发展的重要优势,两者的协同发展还有广阔提升空间,其经济、社会效益还有巨大的释放潜力。基于红色旅游与文化产业的融合机理阐释,以及对发展现状、发展经验和存在问题的全面分析,从项目引领、产业循环、空间联动方面对赣州市红色旅游与文化产业的协同发展提出对策建议。

（一）项目引领，促进旅游与公共文化服务协同

1. 强化项目建设

强化红色旅游与文化产业的项目建设，基于各县（市、区）旅游与公共文化服务协同状况，确定核心项目与重点项目。充分发挥各县（市、区）核心项目和重点项目的引领作用，重点关注服务革命老区振兴发展、乡村振兴战略、长征国家文化公园等国家重大战略及城市旅游、旅游度假区、文化和旅游公共服务设施、重点景区基础设施、文化场馆、智慧旅游等重点领域。及时做好项目策划实施、储备调整、验收检查等工作，动态监测项目实施状况，确保项目建设对旅游与公共文化服务的协同促进作用。

2. 健全产业体系

优化配置国有企业，推动国企多元化参与相关项目；实施"龙头培育"计划，采取"一企一策"培育和做强文化和旅游领军企业、骨干企业、品牌企业，发挥国有企业及龙头企业的引领作用，带动全市红色旅游与文化产业的规模化、集团化运营；支持市属国有企业投入文旅产业，鼓励赣州旅投集团以投资或参股的方式开发或经营文旅项目。实施文化产业数字化战略，壮大动漫创作、网络游戏、数字创意、网络视听、数字出版、数字娱乐、线上演播等产业，加快文娱演出、文博会展等传统业态线上线下融合。

（二）文旅循环，夯实红色旅游与文化产业基底

1. 提升旅游体验

做大做强红色旅游产业，提升红色旅游品质。突出新奇感，通过革新创意形式改变传统红色旅游说教方式，提供全新的红色旅游体验，提升红色旅游对于年轻群体的吸引力；突出"情境感"，借助全息投影、裸眼 3D 以及 VR、AR 等技术手段还原历史场景；突出"体验感"，在中华苏维埃共和国临时中央政府所在地、中央红军长征出发地打造实景演艺，依托声、光、电数字多媒体视听技术与舞美、投影运用，融入沉浸式互动，活化历史故事；突

出"共鸣感",强化游客与红色文化联系,唤醒游客红色记忆,引发游客家国情怀的心灵共鸣。

2. 发展文化产业

培育壮大文化市场主体,优先发展文化产业新兴业态。充分发挥现有扶持政策的引导效力,抓好文化市场主体培育工作,积极引进和建设文化传播渠道、文化辅助生产和中介服务、文化消费终端生产等产业,加快培育文化市场主体,健全文化产业体系。深化文化与科技融合创新,加快推进"瑞金VR旅游开发"系列场景还原、"于都VR旅游开发——夜渡于都河(多媒体光影艺术秀)""等你出发红色旅游智慧平台"、手游开发、《长征先锋》动漫制作等项目建设。鼓励支持有条件的企业转型升级,发展数字文化、创意设计、媒体融合、动漫游戏、网络影视、演艺娱乐等新兴文化产业,丰富数字文旅产品供给。

(三)空间联动,打造红色旅游与文化产业集群

1. 改善基础设施,为产业集聚创造良好的运营环境

基于"1+2+N"红色旅游及文化产业发展格局,完善路网结构和配套设施,改善产业集聚区基础条件,促进红色旅游与文化产业集聚的形成和发展;完善基础教育和医疗保健设施,创造良好工作和生活环境,吸引并留住旅游及文化相关人才,满足产业集聚的人才需求。

2. 完善服务体系,为产业集聚搭建健全的平台支持

搭建多层次的融资服务平台,充分吸纳国有资本、社会资本建立文化产业发展资金池,为产业集聚提供多样化的金融支持;搭建以企业为主体、以市场为导向的"产学研"深度融合的技术创新平台,充分探索红色文化在各类文化行业的挖掘、融合;搭建物流服务平台和中介服务平台,为红色文旅企业提供高效的物流服务、成熟的物业管理、法律咨询、资产评估等服务,推动产业集聚区持续健康发展。以赣州国家印刷包装产业基地、省级文化产业园区赣坊1969文化创意产业园、赣州亚太文创产品设计中心等发展平台为

载体，积极培育国家级文化产业示范园区和省级文化产业园区，建设一批省级以上文化产业基地或文创中心，营造文化产业发展氛围，吸引各类资源要素向文化领域聚焦，推进文化主体集群化发展。

3. 创新制度体系，为产业集聚提供有效的制度保障

完善文化和旅游产业链、市直单位联席会议制度，协调解决红色文旅发展的重大问题；完善制度建设，充分发挥法律法规、行业政策、合同协议等正式制度与道德规范、信用环境、社会风尚等非正式制度的约束作用，营造良好市场环境。赣州市及各县（市、区）政府要结合新经济的特征，针对企业过度竞争可能产生的"搭便车""假冒伪劣"等短视行为，通过"外引内联"，引导企业通过合理的优化重组，有效避免企业"散、乱、差"、安全隐患多、科技含量低等问题，以保障产业集聚的健康发展和"红色"良好形象。

4. 强化政策引导，为产业集聚提供必要的财税支持

落实好《关于加快发展文化产业若干政策措施》《关于进一步加快红色旅游发展的实施意见》等文件要求，发挥《赣州市红色旅游区全域旅游专项规划》《赣州市"十四五"文化和旅游发展规划》引领作用；加大在财税方面对红色旅游与文化产业发展的支持力度，在满足基础设施建设资金需求的同时，支持企业创新发展；结合配套的财税支持政策和社会舆论宣传，引导集群内企业向高新化、低碳化方向发展。

海昏侯文化品牌打造研究

江西省社会科学院课题组 *

摘要：南昌汉代海昏侯国遗址具有重要的、独特的历史文化价值，目前正在积极推进品牌建设，并取得了初步成效，主要表现在文化内涵研究、遗址公园建设、立体化传播网络构造、文旅融合、文创产业开发等五个方面，但从国内外博物馆品牌打造大形势下来看，还存在着一定的差距与不足。进一步打响海昏侯文化品牌，应在凝练品牌内涵、提升辨识度，拓展博物馆功能、提升美誉度，建设高标准遗址公园、提升粘连度，优化文创产品、提升忠诚度，构建传播体系、提升认知度，加强文创市场监管、推动可持续发展六个方面发力。

关键词：海昏侯　品牌打造　文化产业

博物馆是一个国家和地区的"金色名片"，文物是传承弘扬中华优秀传统文化的历史根脉。党的十八大以来，以习近平同志为核心的党中央高度重视文博工作，站在中华民族永续发展的历史高度，从留住文化根脉、守住民族之魂的战略高度对做好新时期文博工作作出一系列重要指示和部署。近年来，

* 课题组成员：钟小武，江西省社会科学院党组成员、副院长、研究员；倪爱珍，江西省社会科学院文学与文化研究所所长、研究员；谭雅静，赣南师范大学讲师；刘震，江西省社会科学院文学与文化研究所助理研究员。

江西省委、省政府高度重视推动江西优秀传统文化传承创新，赣鄱文化品牌影响力越来越大。

南昌汉代海昏侯国（以下简称"海昏侯"）考古遗址是南昌新地标、江西新名片，自2020年9月开园以来，引起了国内外的广泛关注。近年来，江西省委、省政府高度重视推进海昏侯遗址公园建设和海昏侯文化品牌打造。2021年10月，江西省委书记易炼红在文化强省建设推进大会上指出，海昏侯遗址是老祖宗给江西留下的宝贵财富，要敢于瞄准一流、高标定位，步步为营、久久为功，扎实推进海昏侯国家考古遗址公园建设，突出文化遗产展示和汉代文化体验，积极创建国家5A级景区和国家考古遗址公园，努力打造"北有兵马俑，南有海昏侯"品牌。如何实现江西省委、省政府提出的目标要求，进一步打响海昏侯文化品牌，打造中华汉文化新高地，构建海昏侯文化IP产业链，为南昌市乃至江西省经济社会发展做出新贡献，是一个亟须研究的重要课题。

一、南昌汉代海昏侯国遗址的独特价值

海昏侯遗址是目前中国发现的面积最大、保存最好、格局最完整、内涵最丰富的典型汉代列侯国都城聚落遗址，发掘的珍贵文物数量之多、品类之全均创中国汉墓考古之最，具有独特的历史文化价值，为海昏侯文化品牌打造奠定了坚实基础。

（一）海昏侯遗址是反映汉代鼎盛时期璀璨文化的百科全书，这是推动海昏侯文化品牌高端化的基础

海昏侯遗址区距南昌市中心城区约30公里，由紫金城城址、海昏侯墓园、贵族和平民墓地为核心的一系列重要遗存构成，错落有致地分布着大小8座墓葬和1座车马坑，共3.6平方公里。主墓前发现的祠堂和厢房均为回廊式建筑，其中厢房东西长约100米、南北宽约30米，具有标准的列侯墓葬形制。海昏侯墓园所揭示的以海昏侯及其夫人墓为中心的祠堂、寝室、便殿、厢房、

墓园墙以及道路和排水系统等各类地面建筑基址，构成了中国迄今为止发现的保存最好、结构最完整、功能布局最清晰、拥有最完备祭祀体系的西汉列侯墓园遗址，清晰地重现了消失两千余年的海昏侯国空间地理，犹如一部反映汉代鼎盛时期璀璨文化的百科全书，为研究西汉侯国建城制度、人文历史、社会经济等提供了全面的历史资料。海昏侯遗址考古发掘工作从2012年开始以来，取得了中国考古史上的多个重大突破。考古发掘成果公布后，立即引起海内外广泛关注，前后收获了"中国考古六大新发现""田野考古奖""全国十大考古新发现""考古资产保护金尊奖"四大荣誉或奖项，而且2015年在"全国十大考古新发现"中以最高票数入选。2019年，西汉海昏侯墓考古发掘还获得了第四届世界考古论坛奖——"重大田野考古发现奖"，争得了世界级荣誉。海昏侯遗址所具有的独一无二、举世瞩目的典型汉代列侯国都城聚落遗址的属性，是高层次打造海昏侯文化品牌、推动相关产业高质量发展的重要基础。

（二）遗址出土了我国考古史上保存最完整、种类最全、数量最多的汉代文物，这是推动海昏侯文化品牌标识化的基础

汉代盛行厚葬之风，历史上汉墓被盗挖甚多，在中国考古史上有汉墓"十室九空"之谓，而海昏侯遗址却保存完好，堪称奇迹。截至目前，遗址共出土各类珍贵文物近2万件（套），其种类之多、数量之大、品质之精，为西汉王侯墓考古所仅见。截至目前，中国勘探或发掘的西汉诸侯王及王后墓共58座、列侯墓20余座，出土文物没有一座超过海昏侯墓。该墓出土的大量工艺精湛的玉器、金银器、鎏金铜器、漆器等，显示了西汉高超的手工艺水平，形象地再现了西汉时期贵族的生活，具有极高的历史价值、艺术价值和科学价值。出土的5000多枚竹简和近百版木牍是中国汉简发现史上的重大发现，内容涉及《论语》《易经》《礼记》等中国古代文化典籍，具有十分重要的科学、历史、文学、艺术价值。特别是出土的绘有孔子及其生平文字的衣镜，是中国迄今发现的最早孔子形象。这次考古还出土了480件马蹄金、麟趾金、饼金、钣金，是中国汉墓考古史上金器保存最完整、种类最全、数量最多的一次发现。博物馆品牌打造和文化产业发展都是"内容为王"，这些独特、优质的内容，为打造海昏侯文化品牌标识奠定了坚实的基础。

（三）海昏侯墓墓主生平极具传奇色彩，这是推动海昏侯文化品牌形象化的基础

海昏侯墓墓主刘贺一生跌宕起伏，是中国历史上唯一一位经历了由王而帝、由帝而民、由民而侯的人物。海昏侯为西汉所封爵位，共传4代，一直延续到东汉。第一代海昏侯为故昌邑王、汉废帝刘贺。刘贺的祖父是汉武帝刘彻，祖母是武帝后期十分宠爱的嫔妃李夫人，李夫人的兄长是西汉名将李广利，而接替他继位的刘病已就是西汉历史上著名的汉宣帝。墓主刘贺的传奇经历，为海昏侯主题的影视剧、游戏产品及其他相关产业的开发，为生动讲述海昏侯故事、汉文化故事提供了无限的创作空间和吸引力，也为打造推广海昏侯文化品牌、推动文旅产业发展提供了丰富资源。

二、海昏侯文化品牌打造的现状

海昏侯管理局立足江西省委、省政府提出的"三四三"目标要求，以"北有兵马俑，南有海昏侯"为口号，积极推进遗址公园建设和品牌打造，2022年正在全力着手创建国家5A级旅游景区和世界文化遗产申报前期工作。

（一）文化内涵挖掘取得初步成效

遗址博物馆品牌打造的基础是出土文物文献，对其文化内涵、历史价值的研究，是后续一切工作的前提。现已成立海昏侯遗址博物馆第一届学术委员会、江西省汉代文化研究基地、北京大学学生社会实践基地等学术机构。围绕海昏侯相关历史文化，目前已出版研究书籍十余部，发表论文500余篇，涉及海昏侯国遗址、海昏侯墓、海昏侯、海昏县、马蹄金、孔子衣镜、文创产品等多个主题，涵盖考古、历史、文学、艺术、旅游等十多个学科。中国秦汉史学会、中国社会科学院历史研究所、哈佛大学等学术及相关管理机构组织了多场关于海昏侯的国际学术研讨会，加州大学伯克利分校、斯坦福大学、中国美术学院等多所大学开展了关于海昏侯的学术讲座，国家级、省级各类基金积极资助关于海昏侯的研究项目，如"海昏侯墓出土器物图像研究""海昏侯刘贺墓出土漆器整理与研究"。海昏侯研究已成为汉文化研究中的一个热点，为海昏侯文化品牌打造提供了坚实的学术基础。

（二）遗址公园建设扎实推进

遗址公园建设以申报世界文化遗产为最高标准，提出"海昏元素、大汉气势、豫章特色、江西韵味、中华文明"五大展示理念，实行"一城携两群、一馆加一区、一心带两组"的空间布局，划分墓葬展示区、紫金城展示区、考古预留/待定区、入口功能区、遗址博物馆区、历史体验与生态休闲区六大功能区，突出文化遗产展示、文化体验、滨湖生态旅游、现代农业、生态观光农业等五大主导产业。遗址公园一期项目主要有遗址博物馆、游客服务中心等，总投资近40亿元。游客服务中心具有文化展示、文化体验、休闲娱乐、餐饮购物等多种功能。博物馆内设立"金色海昏、遇见海昏、书香海昏、丹漆海昏"四个展厅，其中的4D影院、VR体验馆，通过先进科技重现消失了两千余年的海昏侯国，让观众真切领略大汉文化的风采。线上数字馆建设同步展开，2021年金色海昏360°全景线上展厅获评"全国文化遗产云传播优秀项目"。

（三）立体化传播网络初步构建

海昏侯管理局开通了"两微两网"（微信、新浪微博、管理局政务网、遗址博物馆网），依托各类宣传平台，精心策划新闻报道、纪录片等宣传形式，实现立体化传播。墓葬考古发掘采取"公共考古"模式，在关键时间、节点进行电视直播，极大地满足了公众的好奇心、求知欲。海内外很多观众像追电视剧一样"追"海昏侯墓考古，如今连外国人都知道江西曾有一位在位仅27天的皇帝。同时，南昌海昏侯遗址管理局还尝试"边发掘、边展示"的形式，第一时间让广大群众一饱眼福，这在过去考古项目中绝无仅有，在全国掀起了"海昏侯热"。组织各类文化节、研讨会、巡回展、论坛、会展等活动，提升海昏侯文化的知名度和影响力。在央视《百家讲坛》《国宝·发现》《探索发现》等栏目播出《海昏侯》《海昏侯墓考古之谜》等纪录片。2016 年在首都博物馆举办"五色炫曜——南昌汉代海昏侯国考古成果展"，出现一票难求现象。2016 年 10 月开始在江西省博物馆举办《惊世大发现——南昌汉代海昏侯国考古成果展》，使博物馆连续几年成为外地游客必到的打卡地，截至 2020 年 4 月展览结束，共接待参观游客 200 余万人次。积极探索新媒体、新技术、新手段在品牌传播中的应用。以新浪微博 @海昏侯为例，自 2016 年开设账号以来，至今粉丝数已达 140 万，累计阅读量超 10 亿，在海内外产生了广泛影响。

（四）文旅融合成效初显

海昏侯遗址公园坚持以文塑旅、以旅彰文，深入推进文化与旅游的空间融合、业态融合和服务融合，让游客既能触摸厚重历史，又能感受到美好生活。2020 年自开园日至年末约 3 个月，共接待游客 90.07 万人次，其中国庆黄金周为 19.71 万人次；2021 年共接待游客 124.22 万人次，其中国庆黄金周为 11.50 万人次。一是利用节庆、假日开展活动，集聚旅游人气。2021 年春节举办了"赏秦俑雄风，品海昏汉韵——2021 海昏汉文化旅游月暨秦兵马俑展"，开展了秦始皇兵马俑展、汉韵海昏、健步海昏、美味海昏、戏说海昏等系列活动，产生广泛影响，同年入选"2021 全国文化遗产旅游百强案例"。此外，还举行了"牛气冲天过大年""汉装佳人游海昏""首届合家欢汉风运动会"等活动。二是努力打造演艺、研学等项目，丰富旅游内容。游客中心设置编钟剧场，每天进行《钟鸣海昏》编钟表演，用金石丝竹的天籁之音呈现西汉礼乐文化背景下多姿多彩的贵族生活场景以及尘封于海昏故国璀璨的大汉文化，深受观众的喜爱；打造海昏侯汉画像石拓片展、龙文化展示馆，推出汉文化主题餐饮、汉文化主题研学旅游等。

（五）文创产业开发起步较早

海昏侯博物馆从建馆开始，就同步进行文创产品和文创衍生品的开发。目前，文创产品包括清雅海昏、风姿物语、服饰类、汉风清物、萌趣海昏五个系列、160 余款。从产品功能来看，有文具、工艺装饰、日用品、纪念邮币等；从文物元素看，以马蹄金、刘贺形象最多；从销售方式看，主要有博物馆实体商店和淘宝官方文创店；从销售额来看，2020 年自开园日至年末为 50 万元，2021 年为 170 万元。文创衍生品主要有文学作品、影视剧、游戏。"图说海昏侯"丛书 3 卷本（《发现海昏侯》《刘贺证史》《千古悲摧帝王侯——海昏侯刘贺的前世今生》）等输出海外。网络电影《海昏侯传奇之猎天》在 2017 年度浙江省网络电影大赛评选活动中获年度最佳网络大电影三等奖。另有网络电影《海昏侯传奇之藏锋》、越界神游《征战海昏侯国》AR 实景游戏等衍生品。

三、海昏侯文化品牌打造的差距与不足

博物馆是保护和传承人类文明的重要殿堂。近年来，国家出台多项政策文件支持博物馆发展。很多博物馆一改往日的神秘、高冷形象，成为旅游热点、节庆胜地、综艺热门、文创新潮，"到博物馆去"日益成为社会新风尚，博物馆运营也逐渐进入品牌化时代。对标中央和省委、省政府有关工作要求，对照国内外博物馆品牌打造的经验做法，江西在推动海昏侯文化品牌打造中还存在一定的差距与不足。

（一）海昏侯的文化标识还不够明确

博物馆品牌打造基于博物馆文物文献历史价值的独特性，其核心文化内涵的定位是品牌打造的起点。目前，海昏侯管理局对该遗址的文化特色定位是大汉文化及海昏侯历史文化，建设目标是成为大遗址保护的江西样本和江西新名片、中华汉文化新高地，宣传口号是"北有兵马俑，南有海昏侯"。从中可以看出，其意在将海昏侯博物馆的核心文化内涵定位为汉文化。"兵马俑"

毫无疑问已成为秦文化的标识性符号，但要使"海昏侯"在人们心目中成为汉文化的标识性符号，还需充分有力的论证。目前，全国以汉文化为特色的最大主题公园是徐州的汉文化景区，其特色资源是楚王陵、汉兵马俑、汉画像石，突出的就是独特的汉文化。目前，海昏侯出土了大量的文物，很多在全国都具有独特性、唯一性。但打造一种文化品牌必须在文化的标识性上聚焦，不能过散。海昏侯遗址最独特的文化是什么，以什么来代表海昏侯的汉文化标识等目前还不够清晰，品牌打造方向还不够明确。

（二）数字博物馆建设与新技术融合不够

当今时代，数字博物馆建设成为博物馆品牌打造的重要内容，包括数字化管理系统、数字化保护、数字化互动应用等。其中，数字化应用通过 3D 展示、数字魔墙、AR 观影、全息投影、大屏互动、智能导航等技术，实现沉浸式体验，对于文物信息的展示和传播、博物馆影响力的提升甚为重要。近年来，"数字故宫"让文物"活起来"，让博物馆"会说话"，虚拟场景《清明上河图 3.0》、手机 APP《胤禛美人图》、VR4D 沉浸式体验项目《朱棣建构紫禁城》、手游《绘真·妙笔千山》等众多精品项目让全世界的受众都可以感受到故宫的魅力、中国文化的魅力。对照故宫博物院等有关经验做法，海昏侯博物馆的数字化建设目前还处于起步阶段，与各类新技术融合不够，还不能全方位展示文物文献应有的文化内涵和历史价值，吸引受众尤其是年轻群体。

（三）新媒体营销思维利用不够

近年来，博物馆受众呈现出明显的年轻化趋势，主要原因就是很多博物馆充分利用新媒体进行营销，吸引了大批年轻人关注。目前，国内博物馆品牌打造最常见的两种营销方式——跨界营销和事件营销——都是充分利用新媒体进行营销的产物。跨界营销是借助影视、游戏、综艺、社交平台、社区平台等传播博物馆信息，利用明星效应、粉丝经济等提升品牌知名度。故宫博物院近年来推出的纪录片《我在故宫修文物》、综艺节目《上新了·故宫》、H5《穿越故宫来看你》，陕西历史博物馆推出的《古董局中局：无尽藏》解谜日记、苏城博物馆推出的《天下》、敦煌研究院推出的数字创意活动"敦煌诗巾""数字供养人"等均是这方面的出色案例。事件营销是通过策划、组织和利用具有新闻价值、社会影响以及名人效应的人物或事件来吸引受众。2019年，敦煌博物馆携手沸点 Justice 推出以敦煌"飞天"文化为背景的专业滑板，通过制造"敦煌博物馆送王一博的滑板"的新浪微博热搜话题，获得广泛关注，使众筹金额从预期目标的2万元飙升到390多万元。2019年，陕西历史博物馆的"唐妞"与奈雪的茶进行跨界联名，微博话题"唐妞带你喝奈雪"点击量超1700万人次，媒体传播点击量达7000多万人次。以此对照，目前，海昏侯博物馆在新媒体营销思维利用上还不够，文创产品营销主要依托实体店和淘宝网，文创衍生品主要是文学作品和较少的影视作品，影响力还很不够。

（四）文旅融合有待深耕

文博旅游是当今旅游业的热点，到博物馆过年、过节、度假成为新时尚。2019和2020年，全国博物馆举办展览、策划教育活动、参观人次分别约为2.6万个、26万次、11.3亿人次和2.9万个、22.5万次、5.4亿人次。2020年参观人次减少，主要是因为疫情而采取了限流措施。[①] 国内外博物馆都根据自身的特点实行适合自己的特色旅游开发模式，比如美国古根海姆博物馆以精品展览树立品牌，不断推出具有国际影响力的文化展览项目；英国大英博物馆建造了欧洲最大的有顶广场——中央公共空间，使旅游参观与休闲活动紧密融合；美国纽约大都会博物馆充分发挥自己位于纽约市中心的地理位置优势，大力开发旅游购物市场，在馆内建造了5000多平方米的旅游商店。海昏侯遗址公园刚完成一期工程建设，旅游产业目前还处在初级开发阶段，与国内外著名博物馆旅游市场开发程度相比，还存在较大差距。一是博物馆文化内涵挖掘不够，特色不够鲜明。目前主要依托海昏侯遗址出土文物文献的展陈来吸引游客，可持续性不强。二是旅游业态比较单一，目前主要依靠游客对博

---

① 引用《2019年博物馆热升温 全国5354家博物馆办展览2.6万个》，光明网，2019年12月31日发布；《2020年全国博物馆举办2.9万多个展览、接待观众5.4亿人次》，中国新闻网，2021年5月25日发布。

物馆的参观和很少的文化体验，尚未形成旅游产业链。三是与周边旅游景点的联动效应还未发挥，主要依靠自身单打独斗。

（五）文创产品个性化不足

博物馆文创产业是文创产业组成和升级的重要组成部分，是联结博物馆与消费者的新方式。2019 年，清华大学文化经济研究院发布的《新文创消费趋势报告》显示，截止到 2019 年 6 月，阿里平台上 20 多家官方博物馆店铺已有超千万的消费者粉丝，且 90 后占比均超 50%；淘宝、天猫博物馆旗舰店的累计访问量达到 16 亿人次，是全国博物馆线下接待人次的 1.5 倍。这些博物馆网上旗舰店，突出文创产品的个性化，比如故宫博物院的奉旨旅行行李牌和故宫猫系列产品、中国国家博物馆的斗转星移小夜灯、南京六朝博物馆的六朝魔方等，因其独特的文化内涵和创意深受消费者喜爱；注重 IP 授权开发模式的应用，快速提升了品牌知名度，授权方式包括图像授权、影音授权、合作开发、品牌授权、出版授权、联名合作等，比如近年来故宫与农夫山泉、中国工商银行、小米集团、IF 时尚、毛戈平等的联名，敦煌研究院与 Kindle、小米集团、浦发银行等的联名，中国国家博物馆与肯德基、欧莱雅彩妆、派克钢笔等的联名。

从当今文创市场大形势来看，海昏侯文创产品开发存在比较明显的不足。一是缺乏高识别度的品牌产品。文创产品的特色，首先在文化，然后在创意。目前，海昏侯文创产品中，以马蹄金、刘贺形象元素使用最多，这两个元素虽然具备独一性，但文化内涵均不足。二是缺乏准确的市场定位。据业内调研[①]，最受欢迎的三类文创产品为创意美食、饰品配件、家居摆件，受众注重产品的"美、趣、品"多于"价廉"，价格阈值为 300 元。目前，海昏侯文创产品在创意美食、饰品配件、家居摆件方面的开发均不足，在功能、形态、文化内涵等方面的个性化也不够，市场定位不够精准，在满足顾客的差异性

---

① 指甘肃博物馆 2020 年 10 月 17 日发布的《文化文物文创产品消费需求的九大特征——基于全国文博文创受众的实证调研》。

和个性化需求上有所欠缺。三是缺乏系统的营销规划。目前，海昏侯文创产品主要通过"两微两网"进行宣传，销售渠道主要是博物馆实物店，虽也有淘宝店、微信公众号商城，但销量微乎其微。

（六）保障体系有待健全完善

管理体制机制和保障机制不够完善，制约了遗址公园的进一步开发打造。一是遗址公园属地管理体制问题。目前，遗址公园规划范围约 12.03 平方公里，除了一期开园约 2 平方公里外，其余土地权属仍归新建区大塘坪乡、铁河乡，之后的土地征用、流转等工作都要依托当地政府实施，对遗址保护利用、遗址公园建设征迁及管理运营等工作推进存在较大制约。二是遗址公园用地性质调整问题。遗址土地现状多为荒山、荒地、水田、旱地、林地等，以荒山、荒地为主。因自然资源部门土地调查已将遗址的荒山、荒地调为旱地、林地图斑进行管理，造成遗址资源保护展示利用项目实施内容可能与自然资源、林业等部门对旱地、林地有关管理规定不完全相符，影响项目实施。如果按照农用地转建设用地办理调规、报批手续，因涉及遗址展示、整治面积过大，既浪费用地指标也不现实。三是资金筹措不足。遗址公园二期建设项目资金面临困难。用于遗址本体保护展示的项目，主要通过向国家、省申报补助资金来解决，但服务配套基础设施项目的建设基金目前无法落实，影响项目开工。四是专业人才不足。数字博物馆的正常运营维护需要大量专业技术人才，目前该类人才严重缺乏。文创产品目前主要是由文创设计单位、代销单位负责设计运营，自主设计人才、新型营销人才严重不足。

四、进一步打造海昏侯文化品牌的对策建议

根据国家提出的博物馆事业要主动融入国家经济社会发展大局、加强考古成果和历史研究成果的转化与传播的意见精神，借鉴国内外博物馆品牌打造的成功做法，下一步推进海昏侯文化品牌打造，需在凝练品牌内涵、拓展

博物馆功能、建设高标准遗址公园、优化文创产品、构建传播体系、加强文创市场监管六个方面继续努力。

1. 凝练品牌内涵，提升海昏侯文化品牌的辨识度

文化内涵的深入挖掘是做强博物馆品牌的基础，藏品资源标识性的打造是维系博物馆文化品牌生命力的源泉。要加强海昏侯文化品牌内容建设，将海昏侯独有的标识、标语、色系嵌入到生活用品、文娱产品、文化服务产品中去。将海昏侯作为品牌来经营，最为关键的一环是确立海昏侯的核心 IP 文化，通过独特的内容 IP 来增强品牌辨识度。首先要充分挖掘海昏侯国遗址出土文物的学术价值，提炼出符合当今时代精神的海昏侯博物馆文化符号，以确保海昏侯文化品牌内涵的科学性、严谨性。其次在确定好品牌内涵和品牌符号的基础上，通过品牌授权或联合开发等方式委托艺术设计或者文创公司设计并生产出具有高辨识度的文化元素和现代设计感的文化衍生品。在工作中，要推动研究海昏侯历史文物的考古学家、历史学家与深谙市场规律的文创设计企业和销售企业通力合作，使海昏侯文化品牌既有丰富的文化内涵，又有广阔的市场前景。

2. 拓展博物馆功能，提升海昏侯文化品牌的美誉度

现代的博物馆展陈，都具有艺术观赏、历史溯源、科学研究、教育推广等方面的功能，既是公共文化服务和文化旅游发展的前沿阵地与有效载体，也是提升民众精神文化消费和生活幸福感的重要途径。做大海昏侯文化品牌，要在海昏侯博物馆的文化教育服务上拓展知识讲座、研学旅游、学术研讨等教育业务，文博书籍及期刊等出版业务，以及付费展览等讲解服务。要丰富教育内容，以博物馆所储存知识为基础，以兴趣教育和素质教育为出发点，面向未成年人、社区民众、老年群体、专业研究人员及历史文化爱好者等不同人群开发不同教育内容，特别是加强大众文化普及教育。要创新教育形式，大力开展馆校合作、研学旅游、展示互动、讲座沙龙、博物馆课、新书发布、专题展览等方式，构建"互动式、体验式、沉浸式、探索式"的学习场景，形成以海昏侯博物馆素材为内容或主题的针对所有社会群体的泛教育体系。

3. 建设高标准遗址公园，提升海昏侯文化品牌的粘连度

以博物馆IP为主题打造遗址主题公园，形成规模化、系统化、多样化的产业生态，从而带动整个区域文化旅游发展，这是国外很多地方做大博物馆文旅产业的经验做法。如古根海姆博物馆集团在西班牙小城毕尔巴鄂设置分馆，通过产业化运营、举办国际性的文化艺术活动、开发周边产品等方式，不仅吸引了当地艺术家和青年艺术人才，而且每年稳定吸引游客约100万人次，成功地将一个从未成为旅游目的地的衰败工业港口城市，一举打造成为享誉欧洲乃至世界的文化创意和现代商业之都，真正做到了"一座博物馆，振兴一座城"。要借鉴国内外经验做法，依托海昏侯国遗址周边的环境资源，建设沉浸式文化主题遗址公园，形成集"吃、住、行、游、娱、购"为一体的文旅产业链，努力实现海昏侯文化品牌由单一型文物观光向复合型文化旅游转变。比如，可以借鉴迪士尼打造童话梦、环球影城打造大片梦等做法，以海昏侯文化主题串起不同区域的故事线，开发探险梦、汉文化历史还原梦等主题，形成有鲜明标识和独特文化符号的文化遗址公园。要把海昏侯文化内涵的发掘作为产业发展的基础工作，将文化、科技、旅游、动漫、餐饮、地产等多元素叠加，利用自身景区文化元素进行文创衍生品系列开发，同时进行园区产品开发、园区游线开发、园区品牌重塑、园景区住宿开发、园区演艺开发等，实现从单一到多元的融合，让海昏侯文化真正融入到景区的方方面面。

4. 优化文创产品，提升海昏侯文化品牌忠诚度

开发博物馆文创产品、博物馆体验产业以及与博物馆生态相关的文化产业，可以极大丰富海昏侯文化品牌的内涵与外延，提升游客对海昏侯文化品牌的忠诚度。2019年《新文创消费趋势报告》显示，跨界衍生品在整体文创产品的市场份额高达72%，发展文创品牌与其他品牌的跨界产品成为博物馆文化产业发展的主要趋势。要将海昏侯博物馆的创意和内容通过知识产权形

式与其他产业合作，服务于社会各行各业，全方位演绎海昏侯文化品牌。海昏侯博物馆在纵向深耕博物馆业的同时，还要横向探索跨界联名、艺术展览、文学影视等，比如利用海昏侯国遗址出土的马蹄金、玉器等打造彩妆系列、食品系列、科技系列为主的文创产品，也可与其他企业合作，双方共同冠名，在双方的品牌店进行销售，扩大消费者接触范围。要继续加强纪录片、综艺节目、电影、电视等文艺作品的创作拍摄，形成海昏侯系列影视作品，扩大海昏侯文化产品的版图。

5. 构建传播体系，提升海昏侯文化品牌的认知度

多渠道的宣传推广对于海昏侯文化品牌的打造不可或缺。2021 年，中央宣传部、国家发展改革委、文化和旅游部、国家文物局等部委联合发布的《关于推进博物馆改革发展的指导意见》提出，要优化博物馆传播服务，构建线上线下相融合的博物馆传播体系。因此，要充分利用新媒体技术构建博物馆传播体系，加强海昏侯文化品牌的宣传力度。

一是拓宽宣传渠道，重点关注社区话题传播渠道。如果想获得粉丝持续的关注，就需要创建品牌与消费者互动的平台，构建海昏侯社群。要构建海昏侯文化品牌运营社群扩展平台，在各大社交媒体开设海昏侯文化品牌的微博、微信公众号、APP 平台等专属平台，将粉丝变为社群成员，通过营销软文等方式在社群中不断推广文创产品，将线下的关系及社交带入互联网产品及营销中去，并通过用户分享、用户评论、信息反馈等互动方式增强粉丝的参与感、立场感，提升粉丝对品牌黏合度。

二是更新宣传内容，定期举办事件营销传播。在互联网背景下，需通过不同的媒介和传播渠道对海昏侯文化品牌进行传播。要将海昏侯文化内容与年轻人群的传播"痛点"完美契合，通达不同的受众群体，提高受众人群的基数，不断提升品牌影响力。要在互联网媒体的传播受众中形成具有持续性的话题浪潮，通过话题卷入受众。例如日本熊本县的品牌 IP 熊本熊就是利用话题活动"熊本熊失踪事件"和"寻找腮红事件"迅速收获巨大的粉丝量。

三是科技赋能，充分利用新媒体营销。博物馆数字化传播是讲好文物故事、

讲好中国故事的新方式。海昏侯博物馆要在数字化基础上集中上线一批"云直播"、"云展览"、小游戏等多样化数字文化产品，打破时空限制，丰富观众体验，推动博物馆品牌传播；在策展时要主动考虑到云展览的需求，将云展览吸纳为整体策展的一部分，让博物馆和观众之间变成互为传播者和接受者的关系，形成主动型、参与型、贡献型等多重关系，最终生成合作共赢型关系的传播模式。

6. 加强文创市场监管，推动海昏侯文化品牌可持续发展

要加强文旅公司与其他机构的合作。负责文创产业经营的江西省海昏文化旅游发展有限责任公司，要加强与文化创意设计机构合作，提升文创产品的创意含量；要加强与科研单位合作，提升文创产品的科技含量；要加强与高等院校合作，为文创设计提供人才保障。要转变经营管理方式，注重从"文化事业"模式向"文化产业"模式调整，着力培育能够参与文化文物领域文创开发的社会企业、非政府组织、研究机构和个人，培育文化文物单位知识产权第三方评估机构，提升社会力量参与文化文物单位文创开发的整体工作能力。要完善文创开发的合理监管机制，建立事前事中事后监管机制、奖惩机制、文化遗产保护利用黑名单制度、信用记录和退出机制等，保障海昏侯博物馆健康有序发展。

Ⅳ 区域报告

南昌市加快推进 VR 产业发展的思考与建议

中共南昌市委宣传部课题组 *

摘要：自 2016 年南昌市提出打造全国首个城市级 VR① 产业基地以来，南昌 VR 产业迅速崛起，规模日趋壮大，产业生态体系逐步完善，特别是 VR 在文化和旅游等领域应用走在全国前列，先发优势和领先优势较为明显，但南昌 VR 产业发展还存在研发能力不强、企业互动机制不足、产业结构不优等诸多制约因素。贯彻落实省委、省政府关于双"一号工程"的重大决策部署，更好掌握 VR 产业发展"命门"，南昌市应打出优化 VR 产业链布局、释放技术创新动能、打造示范应用标杆、强化服务供给、发挥世界 VR 产业大会品牌效应等"组合拳"，推动 VR 产业高质量发展，在建设江西省数字经济创新引领区，争创国家数字经济创新发展试验区，推进江西省打造数字经济发展新高地上"作示范、勇争先"。

关键词：VR 产业 数字经济 创新发展

随着 VR 关键技术不断突破和新发展阶段生产生活方式的变革，虚拟现

---

* 课题组成员：李松殿，中共南昌市委常委、宣传部部长、新建区委书记；陈焜，中共南昌市委宣传部副部长；王盈心，中共南昌市委宣传部文化产业科科长；和聪贤，江西师范大学苏区振兴研究院副研究员；汪春翔，江西师范大学苏区振兴研究院副教授；姜文清，中共南昌市委宣传部文化产业科科员。
① 为行文及研究需要，本文中 VR 指虚拟现实（VR），增强现实（AR），混合现实（MR）的统称。

实作为新一代信息技术的集大成者，有望成为计算机、智能手机之后的下一代通用技术平台。近年来，南昌市积极抢抓"风口"机遇，VR 产业取得长足发展，产业先发优势逐渐转变为领先优势。2022 年 2 月，中共江西省委、江西省人民政府印发了《关于深入推进数字经济做优做强"一号发展工程"的意见》，提出要发挥南昌省会城市优势，强化创新源、动力源和辐射源作用，建设江西省数字经济创新引领区，争创国家数字经济创新发展试验区。贯彻落实省委、省政府的重大决策部署，南昌市要抢抓发展机遇，建立"绿色通道"，把"作示范、勇争先"目标定位转化为推进南昌 VR 产业长足发展的强大动力，在激发 VR 产业链式效应、释放创新动能、升级基础设施、打造应用标杆、强化服务供给等方面下功夫，努力推动 VR 产业进位突破，加快引领以 VR 产业为重点的数字经济实现高质量跨越式发展。

南昌市 VR 产业与文化产业关联密切。VR 产业链通常包括硬件生产、软件设计、内容服务和融合运用。南昌 VR 产业硬件生产相对集中在 VR 一体机、眼镜和头盔类设备，相关服务、应用集中在文化、旅游和教育培训、工业设计等领域和景区景点、文物博览、教育培训等场景。以上 VR 硬件生产及服务、应用分别对应《文化及相关产业分类（2018 年）》中"可穿戴设备制造""数字内容服务"等行业类别。从行业分类上看，南昌 VR 产业类别大部分符合《文化及相关产业分类（2018）》行业分类，属于文化及相关产业，可列为南昌市文化产业的重要组成部分。

一、南昌市VR产业发展的现状

自 2016 年打响全国城市级 VR 产业基地建设"第一枪"起，南昌市 VR 产业载体逐渐完善，产业规模逐步壮大，产业链日趋成熟，核心技术不断突破，应用场景更加广泛，先发优势和领先优势较为明显。

（一）VR 产业载体逐渐完善

南昌市 VR 产业"一城两园多点"承载体系初步形成。以红谷滩区 VR 科创城为核心区，以高新区"5G+VR"产业示范园和小蓝经开区 VR 产业基地为两翼，以其他县区、开发区为辅助的"一城两园多点"的南昌 VR 产业发展承载体系初步形成。"一城两园"成为南昌 VR 产业重要载体和 VR 企业集聚地（见表1）。其中，红谷滩区 VR 科创城着力打造中国 VR 总部研发和创新应用基地，高新区"5G+VR"产业示范园重点打造 VR 硬件全产业链，小蓝经开区 VR 产业基地重点突破 VR 系统解决方案、内容制作分发及专用芯片等关键配套产业。

表1 2021年"一城两园"纳入 VR 统计云企业

一城两园	VR 重点企业	企业总数（家）
红谷滩区 VR 科创城	华为南昌研究所、阿里数学江西影创研究院、上海乐相、深圳瑞立视、广州玖的、未来新视界、南京睿悦、格灵如科等 VR 相关领域企业。	163
高新区"5G+VR"产业示范园	联创电子、华勤电子、众灿互动、中科伟、欧迈斯微电子、联创电子、华视光电、联决电子、科莱电子等 VR 相关领域企业。	40
小蓝经开区 VR 产业基地	小派科技、泰豪创意、北京耐德佳等 VR 相关领域企业以及华为（江西）智能网联汽车产业创新中心、中国联通虚拟现实基地、中国移动 VR 创意产业园等。	25

资料来源：江西省工业和信息化厅 VR 统计云平台。

（二）VR 产业规模逐步壮大

南昌市 VR 产业已从 1.0 时代迈向高质量发展的 2.0 时代，实现了"实力从小到强、应用从少到多、品牌从无到有"的精彩蝶变。2021 年，南昌市纳入省工信厅 VR 统计云平台的企业共 270 家，其中红谷滩区 163 家、高新区 40 家、小蓝经开区 25 家、其他区域 42 家；全市 VR 规上企业 55 家，其中工业企业 28 家，服务业企业 27 家。同年，南昌市 VR 及相关企业营业收入突破 500 亿元，达到 509.9 亿元，营业收入规模实现同比翻番增长（见表 2）。

表 2　2021 年南昌 VR 产业规模情况

区域	VR 企业数量（家）	VR 营业收入（亿元）
红谷滩区	163	7.86
高新区	40	470
小蓝经开区	25	1
其他区域	42	31.04
南昌（合计）	270	509.9

数据来源：根据南昌市工业与信息化局及各县区产业发展资料整理。

（三）VR 产业链条日趋成熟

华为、阿里、腾讯、微软、高通等 VR 行业的头部企业已在南昌设立分支机构或子公司，形成"龙头引领全链"的好势头。南昌汇聚了高通影创、HTC、科大讯飞、南京睿悦、格灵如科等全国 VR 50 强链主企业，形成了"链主带动延链"的新局面；吸引了省级 VR 制造业创新中心、华为南昌研究所、高通影创联合创新中心、中国移动 VR 创新中心等全国领先的 VR 产业关键技术研发平台落户，形成"创新赋能强链"的大优势；聚拢了北京航空航天大学赵沁平院士、北京理工大学王涌天教授等一批领军人物，华为南昌研究所、紫光智慧教育研究院相继挂牌运营，江西财经大学、九江学院成立了 VR 现代产业学院。其中，江西财经大学建立本硕博一体化培养体系，形成"人才矩阵补链"的原动力。

（四）VR 产业核心技术不断突破

2021 年 5 月，南昌市组织开展"关键技术类"和"企业需求类"重大科研项目"揭榜挂帅"。截至 2021 年底，已有 39 个榜单被揭榜，资助金额 4.79 亿元，取得多项技术成果，填补了国内空白或打破国外垄断。南昌 VR 研究院（省级 VR 创新中心）在超薄 VR 眼镜显示模组、360 度全景影像模组、VR 眼镜影像模组 AA 对准技术等共性技术研究方面达到了国际先进水平，在 VR 光学设备、虚拟场景系统生产和研发等方面形成了特色优势。南昌 VR 研究院还进一步推动 VR 产业与人工智能、云计算、5G 等新兴技术深度融合，建成国内一流 VR 中试线和全景中试线实验室，获得 VR 相关技术专利 40 项，其中发明专利 30 项。

（五）VR 应用场景更加广泛

2019 年，南昌市在全国率先开展了 VR 试点示范应用工作，推进 VR 技术与文旅、教育、医疗、商贸、交通、住建、党建等深度融合。中国联通云 VR 十大应用场景被评为近三年中国虚拟现实产业 15 项重要成果之一；VR 多场景，应急救护、VR 基地教育扩优等多个项目获国家有关部委认可。2020—2021 年，南昌市约有 50 个有特色、有亮点、可复制性强的项目入选江西省 VR 应用示范项目，涉及教育实训、文化旅游、党建宣传、医疗卫生、安防警务、政务服务等多个领域。其中，智能制造 VR+5G 设计与展览公共服务平台等 7 个项目获评江西省第二批 VR 示范应用项目（全省 10 个）。

2021 年 4 月，南昌市举办了以"VR 让世界更精彩——天下英雄城，智慧文旅放异彩"为主题的"VR+ 文旅"应用场景路演推介会。同时还推出了一批优质的 VR 示范应用项目。有让人足不出户就能"穿越时空"，感受红色文化的 VR+ 红色地图；有通过三维可视化供游客游览，为观众带来精度高、交互性强的 VR+ 智慧博物馆等。VR 技术应用已深入大众日常的工作生活中，如 T16 实践的"VR+ 裸眼 3D"应用，给公众带来了全新的感官沉浸式体验；凤凰家园建设的 VR 智慧社区，给居民带来了满满的公共安全感。

二、南昌市VR产业发展面临的挑战

南昌市虽然具备 VR 产业发展的先发优势，发展基础较好，但在研发能力、企业互动、产业布局及平台运营等方面依然面临着诸多制约因素，与创新引领区的要求还有较大差距。

（一）VR 产业研发动能不足

一是核心技术实力还不够强。以 VR 领军企业为主体的产业生态体系尚未形成，核心元器件和系统软件较为薄弱，对国外芯片、传感器的依赖程度较高，相关标准测试认证体系亟待完善。二是研发投入不足。VR 产业是典型的技术密集型产业，一个城市的研发经费总体投入相当程度上决定了该城市 VR 产业技术创新整体程度。以 2020 年为例，相对于北京、上海、深圳、青岛等地，南昌 R&D 人员数量、R&D 经费以及投入强度都不足（见表 3），研发经费甚至不及同为中部省会城市的合肥、长沙的 1/3。南昌市出台了较为优厚的 VR 人才引进政策，但吸引力与北上广深杭等城市相比不具优势，在吸引行业高端人才方面仍显不足。三是拥有核心技术的龙头企业少。华为、阿里等 VR 头部企业的业务总部以及引进的 VR50 强企业的全国总部落地还在积极争取当中。目前已落地在昌的运营机构，大都以办事处、孵化器甚至工作室等形式落地，其科技研发、产品开发等并没有在南昌开展，VR 产业研发生态尚未建立。

表 3　2020 年我国部分城市研发（R&D）投入情况

	R&D 经费（亿元）	R&D 投入强度（%）	R&D 人员（人）
南昌	111.77	1.95	64386
合肥	353.50	3.52	96712
长沙	378.96	3.12	115532
郑州	283.49	2.36	109037
青岛	325.31	2.62	89678
北京	2615.09	6.44	336280
上海	1801.70	4.17	228621
深圳	1510.81	5.46	428515

数据来源：根据各地区 2020 年统计年鉴整理。

（二）VR 企业互动机制不足

一是企业分布较为分散。南昌市各 VR 产业园区物理空间不够集中，分布较为分散，VR 企业分散在各个园区，集聚效应相对不明显。同时，企业之间沟通互动不足，对各自的业务范围不了解，未能形成链条带动机制。二是产业缺乏龙头引领。南昌 VR 产业规模虽然连年翻番，达到数百亿规模，但反映的是所有企业全部营业收入。其实，很多 VR 相关企业特别是硬件制造企业的 VR 业务占比很少。南昌市 VR 企业以中小微企业居多，大部分企业 VR 业务营业收入都在千万元以下。与周边的武汉、上海、长沙、广州等基地相比，龙头企业在数量和规模方面还存在差距，其引领带动作用不明显。

（三）VR 产业结构布局不优

一是 VR 制造业规模还不够大。南昌 VR 产业营收主要集中在关联产业、配套产业等，VR 核心硬件生产企业营收很少，VR 整机品牌、ODM 代工以及核心零部件制造规模都有待提升。南昌市 VR 硬件制造企业中，仅华勤电子、联创电子、小派科技开展了实际业务，市场份额较小。相比而言，2021 年青岛仅歌尔股份一家企业就实现营业收入 782.2 亿元，是南昌 VR 产业全年营业总收入的 1.53 倍。

二是内容制作和分发环节缺乏龙头企业。VR 产业链现有内容与分发环节的企业主要集中在游戏、视频、直播、社交和网络平台等领域。据 2021 年赛迪研究院公布的统计数据，在 VR 产业链的内容制作与分发环节，重点企业分布在北京、上海、深圳等地，南昌市还没有一家龙头企业（见表 4）。

表 4　我国 VR 产业链内容制作与分发环节重点企业

产业链环节		地区	企业	数量（家）
内容制作与分发	游戏	北京	暴风科技、焰火工坊、极维客、魔视互动、超凡视幻、完美世界	6
		上海	Reload	1
		深圳	腾讯、网易、影核互娱	3
		南昌	——	0
内容制作与分发	视频	北京	爱奇艺、优酷、VeerVR、兰亭数字、三目猴科技、冰立方、光线传媒、爱维德亚、东方艾迪普数码、捷成世纪、七维视觉、强氧科技、中科大洋	13
		深圳	看到科技	1
		南昌	——	0
	直播	北京	斗鱼直播	1
		上海	微鲸科技	1
	社交	北京	字节跳动	1
		南昌	——	0
	平台	北京	优酷、爱奇艺、京东、百度、青亭远见、幸福时空	6
		杭州	阿里巴巴	1
		深圳	腾讯	1
		南昌	——	0

资料来源：赛迪研究院《虚拟现实产业发展白皮书（2021 年）》，2021 年 10 月。

三是应用和服务环节布局不足。南昌市 VR 企业大部分企业还处于"四处打单"的初级阶段，推出的产品缺少可以迅速复制的爆款产品，而且项目成本居高不下，企业盈利水平偏低，难以迅速做大做强。除了文化和旅游、教育培训领域应用相对成熟，在影视、游戏、医疗、工业等应用领域布局不足。据 2021 年赛迪研究院统计，在 VR 产业链的应用与服务环节，南昌仅在教育与制造行业各有一家重点企业，在文化、健康、商贸方面均缺乏重点企业（见表 5）。

表 5　我国 VR 产业链应用与服务环节重点企业

产业链环节		地区	企业	数量（家）
应用与服务	制造	北京	联想新视界、航宇荣康	2
		南昌	科骏	1
		上海	曼恒数字	1
	教育	北京	新东方、信恩科技、微视酷、奥鹏远程教育、麦课在线教育	5
		上海	央数文化	1
		南昌	威爱教育	1
		台湾	HTC VIVE ARTS	1
	文化	北京	斗鱼直播	1
		杭州	玄视科技	1
		厦门	任我游	1
		深圳	中视典	1
	健康	北京	幸福互动、触幻科技、Fearless	3
		青岛	海信	1
		上海	医微讯、领溯数字	2
	商贸	北京	京东、无忧我房、思能创智科技、互动视界、锐扬科技	5
		天津	贝壳找房、美屋三六五科技	2
		杭州	阿里巴巴	1
		厦门	指挥家智能科技	1

资料来源：赛迪研究院《虚拟现实产业发展白皮书（2021 年）》，2021 年 10 月。

（四）VR 产业平台运营服务不够

一是产业定位不清晰。"一城两园多点"产业平台功能定位不突显，面临产业同质化、招商盲目化、"有企业无产业"的问题。二是招商运营能力不强。缺乏统一管理、考核、评估，对外招商的普惠性政策标准不一，企业入园门槛低，入园后的效益也缺乏有效监管，亟待统一政策、统一标准、统一管理。三是 VR 企业融资难。缺乏支持 VR 中小企业发展的金融服务平台，很多金融机构对 VR 企业信心不足，VR 园区、VR 企业的融资渠道不畅。

三、南昌市加快推进VR产业发展的对策建议

南昌市要紧紧抓住江西省推进双"一号工程"发展机遇，借鉴其他城市在推进 VR 产业发展方面的成功经验，充分发挥 VR 产业载体、产业链条、应用场景等方面的自身优势，在激发链式效应、释放创新动能、升级基础设施、丰富应用场景、强化要素保障、完善平台体系、办好产业大会等方面重点发力，以南昌 VR 产业大突破推动数字经济大发展。

（一）激发链式效应，壮大 VR 产业主体

一是招大引强 VR 产业硬件制造企业。全面梳理 VR 细分领域龙头企业清单，重点突出 VR 制造业，按照头戴设备、传感器、显示屏、体感设备、通信模块、光学器件等 VR 产业硬件制造企业名单，瞄准全国 VR 50 强企业、国内 VR 十大上市公司、世界 VR 知名企业、VR 行业龙头企业，强化 VR 产业链招商，谋划"点对点"上门招商，主动出击洽谈对接。注重招引以上 VR 领军企业在南昌设立区域总部、业务总部、研发基地、生产基地。重点关注歌尔股份、摩尔线程、光舟半导体、凌宇智控（NOLO）、上海拓旷等企业，加大攻坚力度，尽快使首个硬件制造项目落地。要盯紧华为 VR 眼镜制造，积极争取腾讯收购黑鲨科技后在昌就地开展整机制造业务，全力推进舜宇光学 VR 模组、整机制造项目以及世纪华通 VR 制造业项目落户。

二是培育扶持 VR 本土企业。扶持本土领先的 VR 企业做大做强，实施 VR 企业"映山红行动"计划，争取实现南昌市 VR 企业上市零突破。围绕龙头企业，着力培育一批 VR 产业"专精特新"中小企业。支持本土 VR 企业开展 VR 核心共性关键技术攻关、申报省级技术创新中心等平台，承接国家级

课题及技术攻关项目，申报国家级和省级自然科学奖、技术发明奖、科技进步奖等，实现 VR 本土企业在科技创新方面百花齐放。

三是推进 VR 产业集群发展。依托五大头部链主企业（华为 VR 产业链、阿里数字商贸产业链、世纪华通 XR 游戏产业链、腾讯游戏产业链、浙大研究院 VR/AR 硬件产业链），加快引进一批"专精特新"VR 产业上下游企业，加速构建完整的 VR 全产业生态链。红谷滩 VR 科创城要大力引进国内外 VR 产业头部企业，打造 VR 产业创新引领区；高新区"5G+VR"产业示范园要发挥移动智能终端国家新型工业化产业示范基地优势，打造 VR 产业硬件制造全产业链；小蓝经开区 VR 产业基地要依托华为、百度、移动、联通等头部企业和小派、耐德佳等 VR 50 强企业，重点布局 VR 整机和专用芯片、新型显示、智能传感器、高端元器件制造等业态，打造 VR 产业生态圈。

（二）释放创新动能，筑牢 VR 产业技术底座

一是推动研发创新平台全面升级。积极对接工业和信息化部，对标国家要求，高位推动南昌 VR 研究院申报国家级虚拟现实制造业创新中心工作，力争在 2022 世界 VR 产业大会前取得实质性进展。以南昌 VR 研究院为平台，引进国内外一流人才团队，攻克一批 VR 产业关键共性技术，持续巩固在 VR 光学设备、精密仪器制造、虚拟场景系统生产和研发等方面的特色优势，抢占全国 VR 技术制高点。加快华为南昌研究所、高通影创联合创新中心、浙江大学南昌研究院、中国移动虚拟现实创新中心等研发机构的落地和市场化运营，着力打造"南昌 VR 十大创新平台"。

二是开展技术攻关"揭榜挂帅"活动。根据 VR 产业核心技术目录，开展技术攻关"揭榜挂帅""赛马机制"活动，支持一批 VR 产业共性关键技术项目，引导企业加大科研投入，围绕近眼显示、感知交互等 VR 核心技术开展联合攻关。充分发挥浙江大学研究院、北京理工大学研究院等创新科研平台载体优势，通过开展关键共性技术对接行动，解决企业技术难点和创新堵点。

三是推动创新成果落地转化。依托江西省 VR 产业技术创新战略联盟，着力破解 VR 产业科技成果转化涉及的体制机制、资金、知识产权保护等方面问题，为技术创新和科技成果转化营造良好环境，力争推动创新成果落地转化。

（三）升级基础设施，夯实 VR 产业发展根基

一是推进 5G 基站建设。持续督促运营商 5G 基站建设工作，实现主城区 100% 连续覆盖，县城区域和重点乡镇连片覆盖，实现昌北机场、西客站、南昌站等重要交通枢纽和 1、2、3、4 号线地铁全覆盖，乡级行政区 5G 网络开通率达到 100%，确保各县区的高校、商业综合体、重点写字楼等高流量高密度区域全覆盖。

二是大力建设大数据中心。2021 年，南昌市已建成各类大型数据中心 9 个，具备 1 万个标准机柜部署能力。大力推进中国电信云计算大数据临空基地、江西电信云和大数据中心、中国移动（江西）数据中心、赣鄱数据湖项目的全面建设工作，力争标准机柜部署能力翻番。

三是申报国家级互联网骨干直联点。江西省国家级互联网骨干直联点已明确建在南昌市，初步确定建设总带宽约 1400G。南昌市政府需成立工作小组，协调解决项目立项及建设过程中遇到的用电、机房改造、过江管道建设等困难和问题。定期召开保障协调会，将涉及南昌市的任务事项分工到位，加快落实，尽早打通国家级骨干直联点申报"堵点"。

（四）丰富应用场景，打造 VR 产业示范标杆

一是深化"以虚强实"发展。南昌市应强化 VR 技术在制造业等实体经济行业中的融合应用，抢抓工业互联网创新发展、5G 规模商用、"03 专项"试点示范等机遇，找准突破点，实施智能制造升级工程、企业上云上平台行动和中小企业数字化转型等，推动 VR 设备和技术在研发、设计、检修、培训等环节的应用，进一步提升制造业的数字化、网络化、智能化水平。同时，进一步完善项目调度推进机制，抓好联创电子 VR/AR 激光发射镜头及模组、影创"鸿鹄"MR 眼镜制造自动化产线、小派科技 VR 头显设备研发生产中心

等硬件制造项目投产达产。

二是打造"标杆性"应用场景。把握市场趋势，紧贴群众需求，推出一批"VR+"文化旅游、教育培训、医疗卫生、健康养老等新模式、新业态。南昌应借鉴目前国内一些城市做法，如，上海迪士尼与 VR 品牌 SoReal 合作，将"迪士尼小镇湖畔"变身为 SoReal 超体空间；深圳海事局运营 VR 技术，通过场景模拟、警示教育、实操培训，提高深圳港船舶安全性能和远洋船员操作技能。南昌要鼓励新闻出版、广电机构、影视企业、文化场馆、文博展览、广告传媒、医疗健康等主体参与 VR 内容制作与生产，丰富内容供给和服务，打造更多在全国乃至全球具有引领性的示范应用标杆项目，形成 VR 应用南昌优势和南昌品牌。

三是打造全国职业教育示范标杆。借鉴深圳 VR 产业联合会联手升大教育与河南农业大学展开协作[①]，建立 VR 教育示范基地、VR 教学创新示范实验室，打造 VR 教育改革样板高校的经验。提升南昌国家职业教育 VR 实训基地建设水平，与知名职业培训机构、高校合作，高效完成基础设施建设及课程体系开发，加强与用人单位的合作对接，按需定制培育 VR 专业技能人才，将实训基地打造成全国乃至全球领先的系统化 VR 职业教育示范基地。

（五）强化要素保障，增强持续发展内生动力

一是推出专项政策及行动方案。精准完善产业扶持政策，加大对 VR 技术研发、人才引进、硬件制造、内容开发、系统搭建等方面的支持力度。对现有 VR 头部企业的产业转移项目，重点从土地、税收、房租、装修、人才等方面给予相匹配的支持政策，并确保政策支持力度在中部省会城市领先。对于潜在独角兽和 VR 50 强企业，重点从场景应用试点、示范本地化推广、产业基金孵化培育等方面给予相匹配的支持，并确保政策力度在全国领先。

二是发挥产业基金效能。加快推进江西 VR 产业母基金、世纪华通 XR 产

---

① 深圳 VR 产业联合会联手升大教育与河南农业大学展开"校企研协作"，共建示范基地、推动人才培养，作为成功案例入选《虚拟现实产业发展白皮书（2021 年）》。

业链基金、浙江大学南昌研究院产业投资基金组建，尽快开展子基金及优质标的项目遴选。推动红谷滩区航誉创新发展专项基金、小蓝经开区 VR 产业基金等持续发挥实效，加快 VR 优质企业孵化和发展。积极推进与江西省国控集团、南昌市工控集团联合成立 VR 产业母基金，推进红谷滩区科创投资基金、科创城天使投资基金、高新区 VR 人才基金以及浙大校友会基金、影创科创基金等成立，最大程度发挥基金效能，解决企业融资难问题。

三是创新人才引育工作。编制与完善《南昌市 VR 人才分类认定目录》，对新引进的 VR 产业紧缺急需人才给予"待遇高一格、门槛降一格"的倾斜支持。深化与华为、腾讯等龙头企业，以及浙江大学、北京理工大学等大院大所合作，招引一批知识型、技能型、创新型、实用型复合人才和专家学者，推动人才集聚与产业发展"同频共振"。同时，借鉴青岛崂山招才引智"千山"模式，探索"人才＋技术＋产业＋资本＋服务"方式，将人才项目从单一引进向"科产才"交互转变。此外，深化与省内高校、科研院所合作，利用好国家级 VR 实训基地、软通动力人才实训基地、江西财经大学 VR 现代产业学院等平台，培育一批高端研发人才、应用创新人才、高级管理人才和"双师型"复合人才。

（六）完善平台体系，强化 VR 产业服务供给

一是打造产学研融合平台。全力争取腾讯、舜宇光学等龙头企业入股南昌 VR 研究院，奠定南昌 VR 研究院的行业顶级研发机构地位。充分发挥浙江大学研究院、华为南昌研究所、移动 VR 创新中心等研究机构的作用，引导共性关键技术科研成果市场化、产业化。落地建立双创平台，争取打造十个以上 VR 技术示范应用场景。

二是打造产业创新孵化平台。以中国移动虚拟现实创新中心、南昌虚拟现实研究院股份有限公司等为核心平台，联合华为、阿里、微软等 VR 领域相关企业和浙江大学、北京航空航天大学等高校，组建 VR 产业科技创新联合体。联合体通过借力各类 VR 产业基金市场化专业化规范化操作，推进产业项目引育，打造 VR 产业生态孵化器。

三是壮大 VR 产业战略联盟。广泛吸纳高校、科研院所、中国三大电信运营商、企业、培训机构等作为成员，推动 VR 产业联盟发展壮大。南昌 VR 产业联盟应充分发挥服务功能，定期主办 VR 产业主题沙龙活动，围绕 VR 行业动态、产业发展、前沿技术等主题，进行"线上 + 线下"研讨交流，组织成员单位参加产业展会路演活动，搭建产业互动交流和合作沟通平台。同时，定期编制产业技术趋势发展报告与行业白皮书，为政府和企业提供行业资讯，积极开展相关政策解读和咨询服务工作。

（七）办好产业大会，发挥 VR 产业品牌效应

一是发挥招引补链作用。充分利用世界 VR 产业大会平台招引补链，重点瞄准国内外 VR 头部企业、全国 VR 50 强企业和新型研发机构，主动洽谈对接。聚焦百度、网易影核、网龙普天、领英（Nreal）、枭龙科技、蚁视科技、小鸟看看等有爆发潜力的目标企业，提出订制性的招商政策，快速引进一批重点龙头企业和成长性好的企业落户南昌。

二是发挥成果引进转化作用。优化世界 VR 产业博览会的内容设置，增设全球 VR 新品发布会，做好中国国际通信电子产业大会、VR 应用展、VR 电竞大赛等整体策划及实施，将世界 VR 产业博览会打造成全球 VR 消费类产品展示中心。结合南昌 VR 产业"一城两园"的定位，将世界 VR 产业大会、博览会部分活动放在"两园"举办，推动"两园"产业项目落地。

三是发挥产业辐射作用。秉承国际化、专业化、品牌化、大众化的宗旨，延伸世界 VR 产业大会和博览会主题，借势发力，达到强产业、兴城市、扩影响、树品牌的目标。依托世界 VR 产业大会和博览会，加强与 VR 产业关联企业对接，着力引进一批泛 VR 产业的软件研发、硬件制造企业，如平安硅谷智能产业园、360 安全创新中心、蚂蚁链产业创新产业园、计世高科数字经济产业园、深圳明源云 VR 总部、上海思贤企业总部等，整体壮大南昌 VR 产业集群。

赣州宋城文化与旅游产业融合发展路径研究

中共赣州市委宣传部课题组 *

摘要：文化是一个国家、一个民族的灵魂。推动中华优秀传统文化创造性转化、创新性发展是文化产业的必然发展方向。宋代赣州有着辉煌的历史，海上丝路文明、城市规划文化与名人故事、作品交织辉映，形成了独具特色、底蕴深厚的宋城文化。近年来，赣州市虽多举措推动了宋城文化创新转化，但与丰厚的宋城文化资源相比，在宋城文化与旅游的融合发展上仍然存在一些短板和不足，如文化内涵挖掘不深、融合路径不明等。本文通过分析宋城文旅资源特点与产业发展现状，深入剖析存在的问题，通过深挖赣州宋城文化精髓、拓展空间布局、打造融合业态与产品等多层次探索产业融合路径，力求构建文旅相融的产业体系，以推动赣州宋城文化与旅游产业高质量发展，进一步擦亮国家历史文化名城这块金字招牌。

关键词：赣州　宋城文化　旅游产业　融合路径

---

*课题组成员：许忠华，中共赣州市委常委、宣传部部长；杨运武，中共赣州市委宣传部副部长、二级调研员；郑成功，赣州市社联主席；幸伟，赣州市社联副主席；刘金山，中共赣州市委宣传部文改办副主任；吴强，赣南师范大学讲师；李晓方，赣南师范大学历史文化与旅游学院院长、教授；万幼楠，原赣州市博物馆研究员；黄平芳，赣南师范大学教授；李云彪，赣南师范大学讲师；朱益亮，中共赣州市委宣传部干部。

赣州，古称虔州，地处江西南部，是赣粤闽湘四省通衢之地，是对接海上丝绸之路的重要节点城市，为宋代 36 个大城市之一，历史文化源远流长。赣州古城兴于宋代，至今保存着较为完整的宋城遗址及众多文物，故又被誉为"江南宋城"，赣州也因此于 1994 年被列为国家历史文化名城。

习近平总书记指出，优秀传统文化是一个国家、一个民族传承和发展的根本，如果丢掉了，就割断了精神命脉。我们要善于把弘扬优秀传统文化和发展现实文化有机统一起来，在继承中发展，在发展中继承。因此，如何挖掘利用好宋城文化资源，使之最大限度地创造性转化、创新性发展，构建起宋城文化的保护与传承体系，是赣州市亟待破解的一项重大课题。

一、赣州宋城文化资源情况

（一）辉煌的海上丝路文化

全国真正冠誉宋城者有三：开封、杭州与赣州。开封宋城的文化特质是京师文化，杭州则是"习俗工巧"，而赣州宋城文化的内核是交通商贸。自唐代张九龄开大庾岭驿道，虔州路便成为对接海上丝路贸易的主要通道。至宋祥符九年（1016），虔州更是被下诏作为广南纲运转运，成为官方指定转运站，赣州经济发展由此走向极盛。天禧末年（1021），全国共造船 2916 艘，其中虔州 605 艘，占比 21%，居诸路州之首。熙宁十年（1077），虔州在城（即城区）军商税是 39887.67 贯，在全省排第 1 名，在全国排第 18 名。同时，虔州还是宋代重要的铸币基地、窑瓷和片茶产地。宋代的赣州城，各色人群云集，文人、胡商、僧侣接踵而至，公私货物汇聚，丝绸、香料、瓷器百宝万货，海上丝路文明逐渐成为赣州城鲜明的文化特征。

（二）昌盛的人文教育

在经济的带动下，宋代赣州的人文教育快速繁荣起来。一是名人荟萃。苏轼、黄庭坚、辛弃疾、周敦颐、洪迈、赵抃、戴复古、杨万里、文天祥、岳飞等众多历史名人曾在此留下政功墨迹，这些名人事迹成为赣州重要的人文财富。二是文教兴起。宋代赣州十分重教育，至周敦颐创办濂溪书堂，带领程颐、程颢等弟子潜心讲学，赣州风气为之大变，人皆向学。王安石《虔州学记》记录了当时虔州创办学校的情况。苏轼《南安军学记》称赞说："南安之学，甲于江西。"据《赣州地区志》统计，宋代赣州共有进士292名。三是文学兴盛。宋代江西虔州籍进士中有作品传世者21人，留有诗歌454首、文章25篇。大量外籍名人过往于赣州城，留下纪行唱和诗文数百篇，其中苏轼《虔州八境图》组诗、辛弃疾《菩萨蛮·书江西造口壁》等皆为传世名篇。

（三）众多的历史遗存

宋城历史辉煌如斯，也留下了大量历史文化遗存。如今的赣州老城，既保留了隋唐之前流行的"十"字街城市格局，又保存了宋代的"六街"和明清"三十六条街、七十二条巷"的城市格局，拥有6条省级历史文化街区（见表1）。截至2021年，城区及三江六岸区域，有各级文物保护单位46处，其中全国重点文物保护单位6处（5处为宋代文物）、省级12处、市级28处，已公布挂牌的历史建筑362处、文物普查登记点100余处。赣州有着如此丰富而又集中的历史文化遗产，犹如一座活态的宋城文化博物馆。

表1　赣州宋城文保建筑面积统计表

街区	文保单位 （平方米）	不可移动文物 （平方米）	历史建筑 （平方米）
郁孤台历史文化街区	4331	6760	11455
新赣南路传统风貌区	1600	5281	15025
姚衙前历史文化街区	1014	9198	64514
灶儿巷历史文化街区	3501	0	51429
南市街历史文化街区	484	10292	20686
慈姑岭历史文化街区	3200	4636	22958

数据来源：赣州市文广新旅局。

二、赣州宋城文化与旅游产业融合发展现状

（一）文旅融合规制改革不断深化

中共赣州市委、市政府高度重视文化产业发展，大力实施文化强市战略，不断深化体制机制改革，陆续制定出台了《关于加快文化强市建设的实施意见》《进一步推动文化产业发展的若干措施》《赣州市文化和旅游产业链链长制工作方案》等政策性文件，形成了党委统一领导、党政齐抓共管、宣传部门组织协调、有关部门分工负责、社会力量积极参与的工作机制。近年来，编制了《赣州市"十四五"文化和旅游发展规划》《赣州市全域旅游发展总体规划（2021—2035 年）》《赣州市旅游产业高质量发展三年行动计划（2021—2023 年）》，着力打造形成全市"一核三区三线一网"的文化和旅游业空间布局，提出将宋城文化旅游核心区打造成为全国性宋代古城文化旅游典范、赣州市全域旅游服务中心、文化和旅游产业核心增长极、文旅融合示范区、文旅消费集聚区。这一系列规制都为推进赣州市文旅产业融合和高质量发展提供了支持保障，宋城文旅产业迎来了快速发展的良好时机，发展成效初步显现（见表 2）。

表 2　2017—2021 年宋城文化旅游核心区章贡区旅游业发展概况

指标	2017 年	2018 年	2019 年	2020 年	2021 年
接待旅游人数（万人次）	1033.94	1450.46	1750.61	1787.72	1861.19
旅游收入（亿元）	31.06	183.56	220.05	225.13	246.46

数据来源：章贡区文广新旅局。

（二）文旅产业集群加速构建

赣州市深入实施文化和旅游产业链链长制，强化铸链、补链、延链、强链工作，一批发展后劲足的项目签约落地，一批文化产业重点项目陆续铺开，推动宋城文化产业集聚化、专业化、精细化发展。如通过对宋城文化的挖掘、

保护、利用和提升，打造了集文化创意、旅游体验、商业休闲功能于一体的
江南宋城·郁孤台历史文化旅游区。该旅游区被评为首批国家级夜间文旅消
费集聚区、国家 4A 级旅游景区和省特色文化街区培育单位，业态涵盖生活美
食、青年潮玩、文化创意、休闲娱乐、特色民宿等。截至 2021 年，该旅游区
有商户 120 余家，其中文创店铺 17 家、特色书店 3 家、博物馆 6 家、名人工
作室 6 个、美术馆 3 家，2021 年游客数量达 360 万人次、营业收入 1.35 亿元（见
表 3、表 4）。与中交一公局集团合作，共同打造总投资 25.23 亿元的七鲤古镇
项目，以"宋窑古埠，幸福七鲤"为主题，包含门户文创休闲区、瓷窑文化会
展区和古镇风情度假区三大区域，致力于打造"红三角"绿色经济圈的首席文
化型古镇目的地、赣南首席休憩度假综合体和赣州首个商务文创示范区，项目
已于 2019 年 9 月开工，预计 2023 年 12 月完工。同时，正在打造总投资 10 亿
元的三江六岸及水上游项目，将水西片区打造为水镇创意旅游，水东片区打造
为集新型乡村、文化体验、餐饮购物于一体的乡村度假区，建设水上旅游集散
中心，建造改造码头等，打造成为具有乡愁的三江六岸，项目将于 2023 年完工。

表 3　2017—2021 年江南宋城·郁孤台历史文化旅游区基本情况

年份	旅游客流量（万人）	增长率（%）	营业收入（亿元）	增速（%）
2017 年	140.00	7.60%	0.38	5.20%
2018 年	170.00	21.40%	0.41	7.90%
2019 年	180.00	5.80%	0.48	17.10%
2020 年	362.80	101.60%	1.20	150.00%
2021 年	360.00	−0.01%	1.35	12.50%

数据来源：章贡区文广新旅局、赣州旅投集团。

表 4　江南宋城·郁孤台历史文化街区配套要素统计表

配套要素	旅游餐饮		旅游住宿		旅游购物		娱乐休闲
	文化主题特色餐饮	地方小吃	文化主题特色住宿	个性住宿产品	文化主题系列产品	旅游纪念品和土特产	
项目数	6	11	6	1	10	11	11
经营场所面积（平方米）	4426.83		630.27	3000.00	2084.42	838.30	2858.55

数据来源：章贡区文广新旅局、赣州旅投集团。

（三）文旅产业融合要素日臻完善

赣州市从构建文旅产业体系入手，推动宋城文旅产业融合走深走实。吃的方面，研发了以"虔州八景"为主题的特色菜"虔州八景宴"，打造宋文化主题特色餐饮 6 家、地方特色小吃 11 家。住的方面，新建了格兰云天、沃尔顿、中创沁庐、章江宾馆等一批高标准酒店，打造了铜罗谷森氧民宿、宋城壹号无闩民宿、香樟听泉民宿、宋式词舍民宿等一批特色民宿。行的方面，推动中心城区 A 级景区实现旅游公路全覆盖，开设机场、高铁站、火车站直达景区的旅游直通车，形成便捷通达的旅游交通网络。购的方面，商业网点快速发展，杉杉奥特莱斯、步步高、万象城等大型商业综合体陆续建成；开发首批主题文创产品，打造了"赣州文创"旗舰店、"老城有礼"等地方特产品牌店。娱的方面，赣州大剧院常态化推出精品剧目，赣南采茶歌舞剧团文化惠民演出一周一场，正在推动《长征组歌》驻场演出。

三、赣州市宋城文化和旅游产业融合存在的主要问题

赣州宋城文旅产业融合发展取得初步成效，但与丰厚的宋城文化资源相比，与兄弟市相比，与人民群众的期待相比，还未将资源优势转化为经济发

展动能，发展水平不及兄弟市，未达到人们的期待。仍存在一些短板与不足，制约着宋城文旅产业的进一步发展壮大。

（一）文化挖掘缺乏深广度

文旅融合发展，文化挖掘是首要前提。尽管赣州对宋城文化资源进行了挖掘保护，但深入性、系统性、精细化不够。一方面，对宋城历史文化的基础性研究不够全面和深入。据调查，目前仅有《宋城赣州》《赣南历史建筑研究》《赣州城厢古街道》《赣州古城地名史话》《赣州七里古镇历史与文化》《赣州史话》等少数研究成果，关于宋代赣州史料、文学、文物资料的全面整理工作尚未展开。对宋代赣州社会经济、文人流动、民俗风情等方面的研究成果稀少，没有形成权威性论著，未在学术界产生影响力。现有研究成果难以满足产业转化需求。另一方面，缺少对宋城文化的提炼与转化研究。现有宋城文化产业的饮食、娱乐、文创等项目，仅是直接搬入现代商业业态，尚未转化成文化生产力，还需要解构与提炼的过程。如文化景观的提炼转化方面，除古城墙、郁孤台、八境台等历史遗存外，构建宋城场景还需要大量文化元素作为支撑。宋代社会生活文化的提炼转化方面，宋代的酒肆、商铺、饮食、娱乐、节令等皆可作为产业文化转化，丰富产业业态与产品文化内涵。名人故事的提炼与转化方面，可对赣州本地与过往文人事迹、文学创作背景进行详考，并合理地进行提升与再创作，赋予到赣州宋城的全域产业要素中，构建从景观到产品再到讲解的叙事体系，讲好赣州宋城故事。

（二）文旅产业融合发展不平衡

赣州市文化资源丰富，被誉为"红色故都、客家摇篮、江南宋城"。近年来综合打造红色文化、客家文化、阳明文化、宋城文化四张文化名片，在四大文化中，宋城文旅产业融合发展相对滞后。以 2021 年为例，红色旅游人次为 6348.7 万，占全市旅游总人数的 45.18%；红色旅游收入为 613.5 亿元，占全市旅游总收入的 40.13%；而宋城文化旅游人次和收入分别为 1861.19 万和 246.46 亿元，占全市旅游总人次、收入的比重仅为 13.2% 和 16%。此外，受规划、主体、资金、技术等多方面影响，宋城文旅产业结构不平衡，导致布局不合理，产业大多集中于郁孤台景区，南市街、慈姑岭等历史文化街区，产业发展进程缓慢。八境台、福寿沟、古浮桥等优质遗存资源没有充分利用好，与通天岩、马祖岩景区之间联动不足，配套要素服务也难以跟上。

（三）产业链核心环节缺失

当前，宋城文化旅游以观光型为主，如游古城墙、看福寿沟、爬通天岩、走古浮桥等。景观与产品呈现形式单一，缺少体验式、沉浸式项目，缺少宋城文化主题的用餐环境与美食佳肴，没有足以吸引游客的爆款文创产品。这些都反映出宋城文化与旅游产业融合不够深，导致宋城文旅产业链核心内容缺失，包括文化价值转化、产业集群配套、产品需求等。如产业集群配套方面，缺少诸如杭州市宋城演艺等实力雄厚的文旅市场主体介入运作，对文化饮食、住宿、娱乐等各类市场主体培育不够，没有形成资金、技术、市场等多方面互补，在宋城文旅产业集群发展上乏力。

（四）品牌打造缺乏影响力

赣州虽有千年宋城文化，所拥有的文化资源也弥足珍贵，分量极重，许多宋代文化资源属于国家级甚至世界级。然而，赣州宋城文化产业的影响力显然未与文化资源禀赋相匹配，品牌传达的准确性、可达性不强，品牌美誉度、广誉度不够。特别是与国内其他宋城相比，赣州宋城品牌相形见绌。比如：杭州宋城景区以"建筑为形，文化为魂"为经营理念，仿宋代风格建造，还原了宋代都市风貌，用丰富的演艺形态书写中国故事，符合主流大众的文化需求，年接待游客超过 1000 万人次；其运营主体宋城集团通过打造宋城景区，逐步提升企业核心竞争力和知名度，确立了"宋城""千古情"等品牌，总资产超过 700 亿元，旗下的宋城演艺是全球主题公园集团十强企业，连续十一届获得"全国文化企业三十强"。2021 年，江南宋城历史文化街区原运营主体赣州城投文化发展公司在"宋城"注册商标案中一审败诉，可以说是宣传推广不够、品牌影响力不足的表现之一。

四、推动赣州宋城文旅产业融合发展的建议

推动宋城文旅产业融合发展，一方面，应充分汲取赣州市红色文化、阳明文化、客家文化产业发展的经验，并借鉴杭州宋城演艺、西安唐文化活化等先进做法，取长补短，实现差异化发展。另一方面，要解放思想、开拓创新，深入挖掘提炼赣州宋城独有的文化精髓与价值，多层次、全方位、系统化地将其与旅游产业深度融合。具体来说，可从以海上丝路文化凝聚产业内核、以文物遗存拓展产业空间布局、以宋代生活文化丰富产业业态、以名人故事构建文化叙事体系等方面入手，在研究保护、规划引领、完善要素、宣传推广上发力，使历史文化资源"活化"成文旅资产，宜融尽融、能融则融，形成乘数效应，打造全国独一无二的"江南宋城"。

（一）加强研究保护，筑牢宋城文旅产业融合发展基础

深入贯彻落实中共中央办公厅、国务院办公厅《关于实施中华优秀传统文化传承发展工程的意见》，坚持保护为主、抢救第一、合理利用、加强管理，加大研究力度，推动宋城文化创造性转化、创新性发展。实施宋城文化研究阐释工程。依托赣南师范大学、江西理工大学等高校，把赣州本地高水平的专家和国内有影响力的专家吸纳进来，建立宋城文化研究人才智库，筹建江西省宋史研究会，加大对赣州宋代文化、宋代历史的发掘和研究力度，鼓励多学科介入。通过专家研讨、学术会议、课题发布等多种形式，对宋代赣州历史、文化、文学、建筑、商贸、民俗等方面展开全面考证研究，厘清与还原江南宋城的文化脉络与历史面貌，深挖宋城文化的内涵，进一步夯实产业转化的文化资源基础。加强对宋城文化的史料、文献、实物、图文、口传等搜集、整理、筛选、拍摄和撰写工作，编著《赣州宋代史料集》《赣州宋代文物志》《赣州宋代诗文集注》等，形成一批高质量的研究成果。

（二）加强规划引领，构建宋城文旅产业融合产业体系

科学规划是文旅产业发展的"第一道工序"。要以国家、江西省和赣州市

"十四五"文化和旅游发展规划的实施为契机，加强顶层设计，为宋城文旅产业融合发展布好局、落好子。

优化空间布局。聘请国内一流团队，高水平、高标准编制《宋城文化与旅游产业高质量发展规划》，科学谋划、合理布局，尽快破解宋城文化产业局部发展的难题。可根据宋城文化遗址分布情况，以章贡区厚德路为中心，整合福寿沟、文庙、武庙、光孝寺、慈云塔、夜话亭、魏家大院、南市街等重要宋城文化资源，重点拓展江南宋城东向发展空间。同时，按照"立足三江，联动六岸"的思路，借助水运旅游交通体系、绿道步道体系，全面贯通赣州水东、水西片区。有机串联马祖岩景区、通天岩景区、方特东方欲晓乐园、龙川极地海洋世界、七鲤古镇等重要文旅项目，注重与章水流域、贡水流域以及大庾岭古驿道文化的对接，通过"三江六岸""黄金水道""赣粤运河"等项目打造，形成海上丝路文化旅游风情带。

培育市场主体。采取"一企一策"等方式，支持赣州旅投集团等本土龙头及骨干企业做大做强，充分发挥文旅融合发展引领作用。创新投融资机制，吸引社会资本投资宋城文化产业项目。坚持"项目为王"，加大对宋城文旅产业项目的谋划、储备和招商引资力度，聚焦粤港澳大湾区、长三角、京津冀、闽三角等重点区域，引进一批龙头型、潜力型项目。加快推进赣州"江南宋城""三江六岸"旅游区及水上游、七鲤古镇等重点宋城文旅项目建设，进一步丰富文旅产品供给，更好满足群众的新期待新要求。

丰富融合业态。充分发挥文化旅游的催化和集成功能，深化"文化+"，推动宋城文化与一二三产业跨界融合发展。推动与餐饮、住宿、交通、购物、娱乐、教育、体育、会展、研学等现代服务业深度融合，创新推出带有鲜明宋城文化特色的融合新业态，促进"观光游"向"体验游""景点游"向"全域游"转变。学习杭州、开封等宋城产业发展的成功经验，以丝路文化与赣州名人故事为主题，重点推进演艺与宋城文化的融合。大力发展以文创会展、数字产业等为核心的宋城文化业态，引进影视制作、动漫游戏、文创研发等高科技文化企业，实现科技赋能宋城产业。鼓励宋城壹号、赣坊1969等文化创意产业园发展众创空间、创新工场等新型创业服务平台。鼓励依托宋城文化，开发剧本杀、乐高拼图、名人手办、盲盒、创意食品等文创产品和新业态。深挖宋城名人文化，开发名人IP系列文创产品。实施文化产业数字化战略，推动人工智能、大数据、云计算、区块链、物联网等新一代信息技术在文化创作、生产、传播、消费等各环节的应用，实现传统宋城文化业态的转型升级。深化应用VR、AR、MR技术，发展云演艺、数字艺术、网络视听、电竞动漫等沉浸式体验新业态。

（三）突出文化元素，打造沉浸式宋代雅致生活

文旅产业融合是一种全域、全景、全时、全业的高层次业态，要求全要素、全过程、全方位的服务保障。要从"吃、住、行、游、购、娱"等要素上出新招、再发力，构建"快旅慢游"的宋城文化旅游服务体系，使之有看头、有吃头、有住头、有行头、有买头、有玩头。

在"看"的提升上下功夫。视觉是获得文化信息的最直观感受，身临其境的环境可使游客快速获得沉浸式文化体验。可充分借鉴大唐不夜城的做法，按照"一草一木、一砖一瓦、一街一景"皆是精品的理念，从场景氛围入手，以实施赣州"江南宋城"项目为抓手，紧扣丝路城市主题，借助宋代舆图、风俗画以及苏轼、黄庭坚等众多文人作品对赣州城的描写，精心策划设计，将项目及周边还原成宋代都市原貌，生动再现独具魅力的宋城赣州。

在"吃"的提升上下功夫。饮食是文化消费体验中最重要的内容之一。充分利用宋代食谱、笔记、文学作品等文献，加强对宋城文化菜肴和小吃的研发，植入文化元素，推出一批有故事且具有赣州地域特色的精美菜肴、小吃。依托赣州市七里古窑品牌与制瓷工艺仿制宋代特色器皿，如注碗、盘盏、银瓶、酒缸、酒提、果菜碟、水菜碗等，通过器物讲述宋城文化。

在"住"的提升上下功夫。宋代有非常丰富的旅店文化，或称逆旅、馆驿、邸店、客舍。可打造宋城文化主题特色客栈，从客栈外观、庭院设计、家具小品、装饰字画、入住程序等环节多层次赋予客栈宋代文化内涵，增强游客的新鲜

感和体验感。

在"购"的提升上下功夫。宋代赣州最显著的文化特征就是商业文明，海上丝路贸易的大量商货在赣州城转运。据考证，在虔州商道上流通的货物主要有茶叶、瓷器、丝绸、粤盐、香料、夏布、苎麻、纸张、药材以及各类山珍海味、金银首饰、琥珀、玛瑙等，商贾云集、宝货齐聚。可以海上丝路文化为抓手，通过培育文化创意产业园区、创新工场，引入天工开物园等品牌，鼓励知名企业、团队、大学生创客、民间手工艺人参与设计开发，推出一批具有鲜明宋城文化特色的文旅产品。

在"娱"的提升上下功夫。宋代娱乐文化空前繁荣，有"勾栏瓦肆"专门的演艺场所，出现"百戏分棚"的盛况，民众的娱乐活动也非常丰富，有蹴鞠、马球、灯谜、投壶等20余种民众娱乐活动。充分融合宋代生活娱乐文化，打造深度沉浸式项目，如宋人四雅（点茶、焚香、插花、挂画）体验、宋代人的一天等。积极打造文化演艺项目，如可推出千年宋城、丝路文化等主题的演艺剧目，融合地方文化推出采茶戏、宋城开城仪式、彩妆巡游等演艺形式。充分运用5G、AR、VR等技术，开发一批游客可参与、乐体验的沉浸式娱乐项目，让游客感受到宋城文化的巨大魅力。

此外，也要围绕"商、养、学、闲、情、奇"等做好文章，大力发展宋城文化旅游产业融合新业态，不断满足人民群众日益增长的精神文化需求。

（四）加强宣传推广，擦亮宋城文旅品牌形象

文化旅游经济是"注意力"经济，"一分资源、两分策划、三分打造、四分营销"，要从优化形象、开展活动、合作交流等方面发力，进一步擦亮赣州宋城文旅品牌。

优化形象。立足赣州宋城文化与旅游资源的内涵与核心，邀请国内顶尖团队打造文化IP，塑造有市场价值的宋城文旅品牌形象。重视口碑传播效应，打造一支高质量讲解员队伍，讲好赣州宋城故事。常态化开展宋城文化主题讲座，传播宋城文化，引导各类导游、本地居民和游客成为赣州宋城故事的生动讲述者、自觉传播者。

开展活动。强化节事营销，根据宋代节令与日常习俗，举办宋城新春庙会、灯会、曲艺会、斗花会、暖炉会、马球赛、蹴鞠大赛等文化旅游节庆和特色赛事活动。常态化举办宋城文化学术研讨会，通过学界发出声音、扩大影响，夯实宋城文化产业发展的理论基础。

加强合作。组织开展主要客源省（区、市）和国家（地区）文化旅游大型推介活动，积极加入丝绸之路城市联盟，加强对"一带一路"沿线国家（地区）等重点市场的文化旅游宣传推广，推动组建宋城文旅合作联盟。

明月山文化资源赋能文旅产业集群发展的思考与建议

中共宜春市委宣传部课题组 *

摘要：明月山①富硒温泉饮誉世界，月亮文化意蕴深厚，禅宗文化源远流长，丰富的文化资源赋能文旅产业快速发展，形成了以大健康为主题的文旅产业集群。当前，明月山文旅产业发展面临开发程度不深、产业链整合能力较弱、增长后劲不足、发展环境仍需优化等制约因素。新发展阶段，明月山应着力延伸高端"硒泉禅"产业链、深耕康养产业、打造禅意产业生态，大力发展影视文化、体育文化、中医药文化等业态，提升文旅消费品质，活跃品牌活动社群，做优温泉和月亮文化品牌，通过更具创新的文旅业态、更富创意的文化产品和更具影响力的文化品牌，推动明月山文旅产业集群高质量发展。

关键词：文旅产业集群　文化资源　高质量发展

宜春市充分开发和利用明月山温泉文化、月亮文化等文化资源，做好温

* 课题组成员：方艳茹，中共宜春市委常委、宣传部部长；舒炅，中共宜春市委宣传部副部长；罗星，中共宜春市委宣传部文化和旅游产业科科长；汪春翔，江西师范大学苏区振兴研究院副教授；曾丽，江西师范大学历史文化和旅游学院副教授；金润平，江西师范大学马克思主义学院研究生。

① 本文中"明月山"指明月山管委会辖区，包含明月山、温汤镇和洪江镇等地域范围及其景区景点。

泉文章、唱响月亮文化品牌、打造文旅特色小镇，使明月山获得了"世界温泉健康名镇""中国温泉之乡""国家级旅游度假区"等殊荣，文旅产业快速发展，已形成较为完整的文旅产业链和规模化发展的以大健康为主题的文旅产业集群。① 立足新发展阶段，探索新发展路径，明月山要充分适应新变化和新形势，深度挖掘特色文化资源，发挥文化资源赋能作用，促进文旅产业深度融合发展，打造更富特色、更有规模、更具创新的明月山文旅产业集群。

一、明月山文化资源赋能文旅产业集群发展现状

自古以来，明月山温泉文化、月亮文化、禅宗文化等赋予明月山独特的文化魅力，也为文旅产业发展奠定了基础，赋能和推动文旅产业快速发展，形成明月山文旅产业集群。

（一）明月山丰富文化资源奠定产业发展基础

1. 温泉文化资源饮誉世界

明月山温泉使用历史已有近 2000 年，据汉代《郡国志》记载："宜春南乡三十五里，有温泉，冬夏常热，涌出，投生卵即熟，以冷水和之，可祛风疾。"明月山富硒温泉，富含以硒为主的 27 种人体不可或缺的微量元素，是全世界发现的唯一一处可饮可浴的富硒温泉，被誉为"华夏第一富硒温泉"。2016 年9 月，世界温泉及气候养生联合会专门授予温汤温泉"世界级多用途优质温泉"牌匾。2017 年 9 月，明月山温汤又被世界温泉及气候养生联合会授予"世界温泉健康名镇"牌匾（国内唯一，世界仅三），世界温泉健康名镇中国联络处成立并落点明月山。2017 年 12 月 29 日，依托富硒温泉打造的温汤旅游度假区，入选第二批"国家级旅游度假区"，成为江西首个获此殊荣的旅游目的地。

---

① 本文中的"文旅产业"指文化产业和旅游产业的合称或简称。经过 30 多年的发展，明月山文旅产业规模化发展，文旅产业链相对完整，已形成大健康和月亮文化为主题的文旅产业集群。

2. 月亮文化资源意蕴深厚

在中国传统文化中，因月亮衍生出来的月亮文化是打开中国文化的一把钥匙，中秋佳节、蟾宫折桂、月下老人等月亮文化在现代生活中也被赋予了重要的含义。明月山便是这份浓厚的月亮文化的发源地之一。明月山因月得名，也因月扬名，是传说中的嫦娥奔月地。明吴云《古月山考》载："武功之东有明月山，西有古月山，皆有石能为月之光。"古籍记载"山上有石，夜如月光，"唐代诗僧齐己曾写下"山称明月好，月照遍山明。欲上诸峰去，无妨夜半行"的诗篇。通过深度挖掘月亮文化，明月山打造了人与自然和谐相处"但愿人长久，千里共婵娟"的人文生态景观，演出了恢宏壮观历史情境和感天动地爱情故事交织的《明月千古情》大型歌舞剧。

3. 禅宗文化资源源远流长

禅宗是佛教中国化的产物，与中国传统文化紧密结合，为创造辉煌灿烂的中华文明做出了贡献。唐会昌元年（841），慧寂禅师在明月山仰山创建栖隐寺，创立我国佛教禅宗五派之一的沩仰宗。在中国佛教协会名誉会长、沩仰宗第十代传人一诚大师的发起和主持下，栖隐禅寺已于2010年恢复重建完工。作为沩仰宗祖庭的仰山栖隐禅寺，至今仍是人们瞻仰胜迹和休闲旅游的好去处。

（二）明月山文化资源赋能文旅产业集群快速发展

1. 文旅产业集群规模日益壮大

明月山注重温泉文化融入和多元化、整体化开发，形成了温泉酒店、温泉康养、温泉地产、月亮文化演艺、山地旅游等业态构成的文旅产业集群。随着各类温泉度假村、温泉新城的落成，围绕温泉资源开发形成了温泉休闲产业综合集聚区，涵盖温泉休闲、餐饮、运动游乐和养生地产等功能分区。这些功能区共同构成了一个功能完备的温泉产业生态，吸引了北京、上海、湖南及宜春城区等地居民前来入住，温汤镇也被誉为"上海小镇"。依托优良生态环境资源和禅宗文化资源，明月山先后开展了仰山（国际）温泉禅修中心、栖隐山庄樱花谷等项目建设，保利发展集团与济民可信集团联合开发的文康旅综合体项目——明月山禅意小镇也正在推进中。

2021 年，明月山管委会辖区文旅综合收入 75.33 亿元（恢复到 2019 年的93.1%，同比 2020 年增长 5.64%）。[①]2015—2021 年明月山管委会辖区文旅综合收入走势图显示（见图 1），2015—2019 年明月山文旅产业规模日益壮大。受疫情影响，2020 年和 2021 年，综合收入有所下降。

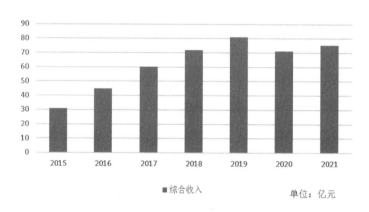

图 1　2015—2021 年明月山管委会辖区文旅综合收入情况

数据来源：宜春市明月山管委会。

2. 文旅产业链条不断延伸

明月山依托温泉资源优势，不断延伸产业链条，推动产业集群发展。一方面，面向中高端，注重挖掘温泉高端利用价值，充分开发疗养保健市场和适应职场白领、女性等人士消费，满足他们个性化、品质化的休闲康养需求。2021 年，完成中科院宜春院士科学家康养基地项目。与日本独协医科大学开展合作，建设同济明月山国际医学康养中心，开设现代康复治疗、精准健康管理、富硒温泉养生、特色中医、国际领先医疗技术应用等项目，该中心已于 2019 年 7 月正式开业。另一方面，为温泉产品赋予不同的主题风格，融合

①　鉴于明月山已将休闲娱乐、内容生产等文化和旅游产业发展数据纳入文旅综合收入，明月山管委会辖区文旅收入即文旅产业集群的综合收入。

月亮文化、禅修、农耕文化等背景，打造各具特色的主题化、差异化、新型化温泉产品，延伸温泉产品产业链，使明月山温泉具有更强的吸引力和市场竞争力。比如：温泉文化赋能旅居产业链，打造了以天沐温泉度假村、维景国际温泉度假酒店、洲际假日度假酒店、温汤大酒店、各类疗养院以及各类民宿客栈等为主的高品质、主题化、特色化的度假旅居体系。

3. 文旅产业生态体系逐步形成

围绕"文旅 +""+ 文旅"，明月山以市场为导向、以游客为中心，不断培育创新新产品、新业态，逐步形成富有特色的明月山文旅产业生态体系。明月山大力推行"旅居 + 养生 + 医美"大健康发展模式，引进自带流量的战略合作企业，招引吸纳一批自带人气、带动消费的国内知名企业和项目入驻，文旅产业生态体系逐步形成。引进宋城演艺集团打造的《明月千古情》大型文化旅游演艺项目，成为江西文化旅游打卡新地标。2019 年五一、国庆长假期间，《明月千古情》每日连演 5 场，日均接待量 1 万人次以上。2021 年，明月千古情景区克服疫情影响，共接待游客 23.46 万人次，《明月千古情》上演 278 场，观演人数 22.52 万人次。

随着体育旅游日益成为人们美好生活的新选择，明月山着力促进文旅与体育运动深度融合，利用山顶易于开发冰雪旅游的气候，打造江南第一高山户外滑雪场——明月山滑雪场，成为广大冰雪爱好者开展户外高山冰雪运动的好去处。明月山滑雪场于 2021 年 1 月 1 日正式运营，在 2022 年北京冬奥会期间，日接待量达 2000 余人次。中央广播电视总台联合宜春市广播电视台在明月山滑雪场共同举行《冬奥之约 48 小时特别节目》直播活动，多家中央级媒体网站报道、直播宜春明月山滑雪场。而其他体育旅游项目也在有序推进，如 2021 年明月山富硒温泉越野挑战赛有来自国内 1500 名越野跑爱好者参与。

4. 温泉和月亮文化助力产业集群拓展

自 2007 年开始，宜春市与央视合作，每年举办一届月亮文化旅游节，每届一个主题，常办常新，每年都向世界呈现了"一轮最美的月亮"。2021 年，举办了中秋时节"月感奇迹·寻光之旅"古井泉街光影秀、追月集市嘉年华、明月山房车季等精彩纷呈的活动。明月山将月亮文化和自然景观有机融合，形成了"山上有个月亮湖，山下一个月亮湾，沿途都是月亮景，处处体现月亮情"的情景交融格局。如今，月亮文化已经衍生出"月亮之都""月亮文化旅游节"等系列品牌，月亮文化节已被列为江西省十大节庆活动之一，成为中国重要节庆品牌。2020年12月15日，在2020全域旅游品牌影响力年度颁奖盛典上，明月山温泉风景名胜区、明小月IP形象分别荣获全域旅游人气目的地TOP10和优质人气IP形象TOP10奖项。

围绕温汤镇温汤古井历史，明月山打造了全省首个中式文化商业生态圈——古井泉街商业综合体。古井泉街区总面积2万平方米，融入书吧、酒吧、书画院、地方美食、非遗展示馆、旅游商品购物、主题文化客栈及古戏台戏曲展演等多种文旅业态，推动向文化休闲、非遗民俗、禅修康养等多文化业态升级，不断拓展和壮大文旅产业集群。2021年，在古井泉街区举办了泼水节、街头艺术节、公益荧光夜跑、"水幕电影""魔幻泡泡秀"等10多项文旅活动，极大激活了文旅市场，促进了产业集群发展。

二、明月山文旅产业集群发展面临的制约因素

明月山文化资源赋能文旅产业集群快速发展，但也面临产品同质化严重、产业链整合能力较弱、增长后劲不足、发展环境仍需优化等制约因素。

（一）开发程度不深，产品同质化现象比较严重

尽管明月山的富硒温泉资源品质一流，也有不少斥资超亿元打造的温泉酒店、温泉康养产品，但总体上仍缺乏高水准的整体战略布局，开发建设的业态重复，造成温泉资源浪费。在经营管理上，与全国其他市场相比，缺乏鲜明的特色和突出的品牌产品。一方面，现阶段明月山景区温泉旅游产品还主要集中在泡浴、疗养方面，产品种类单一，衍生产品相对缺乏，集观光休闲、娱乐购物、健身、科普等功能的综合性项目不足。另一方面，仍没有更加深

入地对医疗领域进行研究开发，忽视向专业领域延伸，缺乏市场上畅销的富硒温泉所衍生的保健、医疗、美妆产品，导致富硒温泉独特的核心竞争力弱化。在明月山山地旅游业态上，由于江西旅游以山岳旅游见长，明月山"山林＋索道＋栈道"的景观在江西其他山地旅游也较普遍，即使有月亮文化加持，明月山在山岳旅游上也没有充分体现特别优势。

（二）品牌效应不高，产业链整合能力相对较弱

明月山文旅产业发展的最大问题是淡旺季明显，夏季游玩明月山、看《明月千古情》演出，冬季泡温泉，形成了较明显的市场淡旺季效应。单一的开发模式难以提高温泉开发效能，亟须开发综合"温泉＋观光娱乐＋康体保健＋文化体验＋科普教育＋会议综合"等"1+N"发展模式，使明月山温泉文化旅游四季常青。在产业链的纵向融合上，温泉用品制造业、温泉护肤美容业、温泉医疗保健业甚至温泉养老等产业的发展，都还处于较低的层次甚至是空白状态。在产业链的横向融合上，温泉与明月山山地旅游、体育、影视、培训等产业的深度组合等，也都处于初级探索的阶段，有待进一步深化推进。

（三）收入增长乏力，增长动能后劲略显不足

2021年，全区实现接待游客1229.27万人次，同比2019年增长1.99%，同比2020年增长0.81%；全区实现综合门票收入7.33亿元，恢复到2019年的90.84%，同比2020年增长16.94%；实现旅游综合收入75.33亿元，恢复到2019年的93.1%，同比2020年增长5.64%（见图2）。

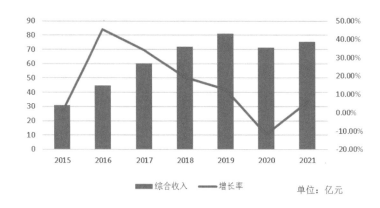

图 2　2015—2021 年明月山管委会辖区旅游综合收入及其增长率

数据来源：宜春市明月山管委会。

2021 年，明月山山上景区共接待游客 49.38 万人次，同比 2019 年下降 18.09%，同比 2020 年增长 0.54%；实现门票收入 2358.24 万元，同比 2019 年下降 22.50%，同比 2020 年增长 21.67%（见图 3）。

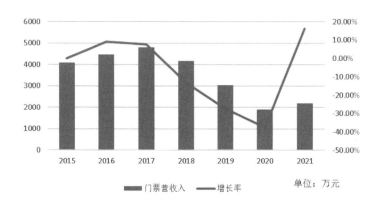

图 3　2015—2021 年明月山山上景区门票收入及其增长率

数据来源：宜春市明月山管委会。

图 2 和图 3 显示：明月山景区综合收入自 2015 年以来呈上涨趋势（受疫情影响，2020 年、2021 年略有下降），但增速下降明显。明月山山上景区更

是从 2017 年以来门票营业收入和增速均大幅下降，说明明月山山上景区在疫情发生 3 年前的 2017 年，其发展就已呈现疲态，发展整体动能后劲不足。

（四）综合排名下降，发展环境亟待优化提升

根据江西省旅游规划研究院对全省 5A 级景区游客满意度调查统计分析，游客对景区的负面评价前 3 位是景色一般、性价比低、门票略贵，其他不满意因素还包括索道贵、服务态度差、游玩项目少、管理混乱等。这些因素在明月山景区或多或少都客观存在，尤其近年来表现比较明显。一方面是基于游客对旅游产品和服务品质要求大幅提升；另一方面，明月山景区街区景观单一、文化氛围不浓、夜间经济不旺等现状说明硬件设施、消费场景、管理及服务水平等确实有较大的提升空间。

表 1　2016—2020 年全省 13 家 5A 级景区的平均满意度

景区名称	2016 年	2017 年	2018 年	2019 年	2020 年	平均值
三清山	94.33	95.48	95.06	96.51	95.59	95.39
武功山	94.94	97.07	95.31	92.79	92.17	94.45
龟峰	95.71	95.25	92.03	90.88	92.86	93.35
庐山	96.44	93.57	92.30	91.95	91.26	93.10
滕王阁	89.40	93.73	92.74	93.19	94.55	92.72
瑞金共和国摇篮	95.57	93.16	91.30	90.91	92.00	92.59
龙虎山	92.40	92.47	91.57	92.92	93.38	92.55
古窑	91.75	95.09	92.84	91.65	90.50	92.36
明月山	93.20	94.31	92.65	91.85	89.75	92.35
井冈山	94.11	95.04	91.88	86.04	89.39	91.29
大觉山	93.15	91.84	86.97	92.13	91.06	91.03
庐山西海	87.45	90.22	86.79	79.41	91.42	87.06
婺源江湾	76.33	83.49	72.50	81.51	77.33	78.23

数据来源：《江西旅游蓝皮书 2020》。

从表 1 可以看出，2016—2020 年，全省 13 家 5A 级景区的平均游客满意度综合排名中，明月山排名第 9 位，处于较后位置。特别是自 2017 年以来，满意度得分逐年下降，满意度下滑趋势明显，景区发展环境亟待优化提升。

三、明月山文化资源赋能文旅产业集群发展的建议

新发展阶段，人们对美好生活的追求和产品服务品质的要求更加强烈，明月山需要进一步明确建设大健康主题的文旅融合产业集群目标，促进业态融合创新发展，推动文旅产业集群发展更上新台阶。

（一）深度挖掘"硒泉禅"资源，打造三大产业集群

1. 丰富高端硒泉产业链

借鉴法国、德国和日本温泉产业发展经验，注重温泉资源的综合开发，不断延伸和丰富温泉产业链（见表 2）。

表 2　有关国家温泉产业体系发展情况

所在地	发展途径	特色产业	特色产品
法 国	衍生产品创新研发	药妆产业	理肤泉、薇姿等药妆品牌产品
德 国	建立多元化健康医疗服务机构	医疗产业、温泉疗养	专科医院、疗养设备和温泉疗养产品
日 本	注重环境构建、管理和服务	温泉旅游带动传统产业	温泉民宿、疗养、运动等旅游产品

资料来源：课题组根据相关资料整理。

法国理肤泉温泉小镇在温泉产业开发上，注重研发富含理肤泉温泉水的皮肤科辅助性治疗产品。法国欧莱雅公司在小镇生产的"理肤泉"品牌美容化妆品，年产值超 10 亿欧元，畅销世界各地，极大地带动了理肤泉文旅产业发展。有关研究资料表明：我国有 70% 地区缺硒，因此从全民补硒的角度来

讲，考虑中高端补硒产品和含硒康养医疗药品的市场份额，预测我国每年的硒产品市场份额在 10 万亿元以上。温汤镇与法国理肤泉小镇相似，都有富含硒的温泉。建议在延伸硒泉产业链上，树立"把温泉带回家"理念，与国内外知名日化企业深度合作，共同研发和生产具有护肤美容功效的温泉日化产品，着力发展该类日化产品的产业链。同时，围绕硒产业生态进行园区规划，策划招商项目，建立硒产品矩阵，大力发展硒食品、硒饮品、硒养生产品等，推动明月山硒泉开发利用的高级化，产品研发的标准化，品牌传播的国际化。

2. 深耕康养产业

明月山康养产业已有较好的基础，疫情防控常态化会极大推动明月山康养产业增长。立足明月山温泉、山地、森林和禅宗文化资源，对标国际、国内一流以温泉养生为主题、融合其他养生产业的康养模式，如参照日本加贺屋温泉、南京汤山温泉养生模式，不断提升管理和服务水平，深度开发硒温泉康养、氡温泉康养、禅文化康养产品，丰富产业集群业态。针对消费者对温泉康养的主要诉求（见表 3），特别是针对青壮年亚健康和高净值人士设计康养产品，形成差异化、个性化经营特色，通过温泉康养产品梯度化和服务模式创新，不断壮大明月山温泉康养产业链。

表 3　消费者对温泉康养产品的主要诉求情况

主要诉求	主要内容	目的
延年益寿	生态环境、养生生活	长寿
强身健体	养生场所、适量运动	养精固元
禅修养性	简单的生活方式、生活节奏	舒缓身心
医疗康复	优质生态环境、理疗医治措施	康复治疗
休闲养生	结合生态养生、民俗与旅游要素	养生生活方式
文化养生	品味文化、涵养身心	品味养生文化

资料来源：课题组根据相关资料整理。

3.构建禅意产业生态

深度挖掘禅修文化资源，以洪江区为核心区域，结合禅意小镇业态布局，围绕"商禅"主题，构建禅意产业生态。一是瞄准中产阶层，满足亚健康人群需求，优化提升包括温泉康养、禅意文化主题商务接待、创意设计、小型团建、企业年会等所需服务设施水平，发展"商务＋康养"商务培训业务；二是引进国内外咨询业龙头公司，发展"商务＋禅修"商禅研修业务，在明月山设立商学院，吸引商界人士把明月山作为研修基地、各类私董会常设办事机构，通过商务人士高端会议、商禅研修活动等扩大明月山品牌知名度，促进和带动明月山文旅产业集群发展。

（二）丰富多功能业态，完善产业集群生态体系

1.创新发展影视文化业态

影视作品和旅游产品都是重要的文化载体。随着休闲旅游时代的到来，以影视创作、摄制过程及其他与影视关联的事物为核心吸引物的影视旅游呈现出良好的发展态势。明月山具有发展影视旅游的天然优势，建议明月山景区借鉴横店影视城、象山影视城等国内大型成熟的影视拍摄基地经验，建立温泉影视拍摄基地和明月山综艺节目外景基地。聘请专业运营团队，招引知名电视剧、电影前来拍摄，或联合出品前景看好的影视剧，通过影视剧扩大明月山"嫦娥奔月地"的影响力。同时，吸引团队和机构前来拍摄广告、微电影、宣传片等，不断扩大明月山知名度。

2.提升发展体育文化业态

2021年8月，国务院印发《全民健身计划（2021—2025年）》，明确将体育旅游作为全民健身融合发展的三大领域之一。建议争取体育主管部门支持，以温泉资源独特的训练环境以及有利于运动员体能恢复、运动疾病疗养的温泉优势，建立运动员集训基地，打造多项目职业运动员训练基地，同时通过举办一些健身类体育赛事来吸引运动员、广大运动爱好者和游客。伴随"3亿人上冰雪"目标和奥运周期形成的强大引擎，冰雪体育旅游市场需求日益旺盛。

提升明月山滑雪场运营水平，定期举办大众滑雪赛事，吸引更多游客前来明月山高山滑雪场体验冰雪运动，可以在滑雪场内开辟雪地摩托车、雪地冲浪等刺激类活动项目，为游客带来绝无仅有的感官体验。

3. 大力发展中医药文化业态

宜春是我国著名的"南国药都"，以其特有的药材生产、加工、炮制和经营闻名遐迩，樟树市素享"药不过樟树不灵，药不到樟树不齐"之美誉。根据明月山温泉含独特硒元素和疗效，结合当地丰富的中草药材和明月山道医传统，对于不同种类的疾病，开发系列针对性疗效的纯天然温泉养生浴场、温泉养生配方汤药，为客人带来与众不同的健康体验。打造具备高端康复中心、医疗联合体、健康评估中心等功能，可提供运动型伤病康复、健康咨询与体验等专业化健康管理服务的中医理疗康复保健中心，推动明月山温泉医养产品化、产品专业化，形成世界级中医理疗康复保健中心。

（三）提升文旅消费品质，激发产业集群发展潜能

1. 打造明月河夜间文旅消费集聚区

针对温汤镇夜间文化经济不旺的短板，实施温汤镇明月河滨水空间改造提升工程，突出滨水空间，保持对外开放性，建设河道两岸公共绿地，构建人们休憩、休闲、文化参观、与他人沟通的公共场所。通过明月河两岸夜间经济整体规划，增设包括书吧、健身馆、影院、剧院、书坊、茶社、画廊、乐坊、酒吧等业态，丰富夜间经济的生活方式和消费模式，打造"一河两岸游"。培育夜购、夜食、夜游、夜娱、夜学、夜健六大夜间消费业态，将明月河夜间经济带打造成为文旅消费新亮点。

2. 推动建设高标准自驾车旅居车基地

适应大众旅游、自驾游时代对自驾车营地的需求，通过融合温泉文化和自驾游文化，提升明月山"全国自驾游示范基地"服务水平。依托明月山全域的明月河、里布水库、南惹、塘佳山等湖泊、山地、古镇等资源，遵循自然生态原则，导入社会资本；针对自驾车客群，按照汽车露营地建设标准，

打造一批集休闲、娱乐、露营于一体的自驾车露营基地。可在田心体育小镇打造一个集自驾服务、汽车旅馆、帐篷露营、露天派对、滨水运动、休闲娱乐、生态养生等功能和服务为一体的自驾车旅居车精品基地，为自驾车游客提供汽车租赁、餐饮住宿、装备租售、信息发布、安全救援、车辆维修等一体化综合性服务。

3. 提升明月山月亮湖和观光小火车文化品质

提升明月山山顶月亮文化景区的品质，改善明月山山顶景区生机不足现状，依托现有月亮湖湖面，提升月亮湖观赏游憩功能，策划新增喷泉，营造如梦如幻的音乐喷泉美景。提升湖面景观，可设置多艘彩色木船或脚踏船，丰富白天湖面色彩和旅游项目；依托丰富的森林资源，通过不同颜色的灯光照射，在森林内形成五彩斑斓的视觉效果，呈现明月山山顶夜间最美色彩。在月亮湖周边规划建设月亮文化天文观测台，添置天文望远镜，策划月亮观测创意活动，形成新的月亮文化畅想和体验点。通过升级与优化铁道沿线景观、增设沿线摄影点和观景平台、营造隧道空间声光电场景等，提升观光小火车体验感。

（四）活跃品牌活动社群，做好产业集群精准营销

1. 做好新媒体营销策划

优化搜索服务项目建设工作，深度捆绑OTA平台，在搜索平台PC端、无线端以快搜等形式全方位展示明月山品牌信息，比如：运营好"宜春明月山"抖音号、对微博海量信息中明月山信息的重新组织及个性化呈现，不断提升明月山景区的知名度。通过立体化、矩阵式、全方位新媒体营销，塑造明月山品牌形象。

2. 打造明月山社群

在明月山文旅IP化发展的过程中，需要形成社群领袖为核心、社群粉丝为基础，可以产生持续的社群内容和社群交易的景区社群养成模式。明月山景区可以设有多个景区社群，不同时段可以有不同社群，不同的社群具有不

同的属性，这些社群依托不同的业态、产品、活动和个人爱好等形成交流互动，与景区产生交易关系。明月山社群要不断根据市场变化来调整、丰富和更新自己的社群运营策略，实行持续动态更新，并对景区的业态结构和社群话题进行有节奏的引导创新。

3. 精准开展社群营销活动

适应移动互联网时代人们交往交流社群化的趋势，明月山社群运营者要充分运用智慧旅游平台，收集分析客源地客源消费水平、消费频率、客群偏好，收集分析重复游率、季节分布、人均消费、团队与散客比例等数据，精心设计、设置各类活动和主题，组织引领游客主动参与，激发公众、自带流量的组织、游客参与创作和分享的欲望，构建不同主题类型的分享互动社群。通过多层次、多样化的景区社群，共同打造高黏性的明月山社群IP，实现对文旅产业个性化推广、精准化营销，带动明月山文旅产业集群整体高质量发展。

（五）做优温泉和月亮文化品牌，推动产业集群价值提升

1. 唱响"月亮之都，十泉十美"宜春文旅品牌

品牌建设重在内外兼修，景区景点的品牌与城市文旅品牌和谐融合或成为其内核，才会更容易、更深入地推广和传播。建议宜春市在多年深耕月亮文化、推广月亮品牌的基础上，重新确立打造以"月亮之都，中国宜春"为品牌内核的城市品牌。结合宜春各地温泉资源丰富，10个县（市、区）都有温泉特色资源，确立"月亮之都，十泉十美"的宜春文旅品牌。

2. 树立"明月山温泉"整体品牌形象

明月山温泉是世界顶级的富硒温泉资源，可饮可浴，可医可养，但却没有形成应有的顶级品牌形象。多年来，在品牌认知上没有形成与全国各地其他温泉在品牌上的本质或明显、独特的差异，在品牌知名度上还远远不及南京汤山温泉、贵州石阡温泉等温泉品牌。建议尽快制定明月山温泉品牌建设规划，建立"明月山温泉"统一形象和宣传口号，持续唱响"明月山温泉"品牌。

3. 推动月亮文化品牌活动创新

一是持续创新《明月千古情》文化演艺。明月山《明月千古情》大型演艺是传播月亮文化的重要载体，要充分学鉴杭州《宋城千古情》的创新模式，在演艺内容、节目编排和表现形式上，定期更新、持续创新。《明月千古情》不仅聚焦中国的月亮文化，还要聚焦世界的月亮文化，将其打造成具有国际范的大型月亮文化演艺项目。二是持续创新月亮文化旅游节举办模式。每年的月亮文化旅游节，要在融通古今中外月亮文化内涵的基础上，打造具有中国味、世界范的月亮文化旅游节。月亮文化旅游节要结合各类文化艺术节、经贸博览会同时举办，尽量吸引国家级和湘鄂赣区域、长江经济带等区域文化旅游、绿色生态、新能源汽车等各类主题经贸博览会在明月山举办，不断丰富和拓展月亮文化旅游节的文化内涵和经贸外延。

上饶市数字文化产业发展现状与对策研究

中共上饶市委宣传部课题组 *

摘要："互联网＋"时代背景下，加快培育和壮大数字文化产业已成为各地竞争新兴产业的重要措施，近年来上饶市依托江西数字经济示范区平台优势，深入实施数字经济"一号发展工程"。本文以"创新发展、集聚发展、开放发展、融合发展"为主线，从互联网游戏、互联网信息服务、网络文学、数字文化设备、数字内容审核、数字影视六大板块分析上饶数字文化产业发展的短板弱项，在此基础上结合上饶市产业特点和资源禀赋，从选准数字文化产业发展新赛道、推动数字文化产业集聚发展、拓宽数字文化产业区域合作通道、建设数字文化产业智力高地 4 个方面入手，构建数字文化产业发展的新格局。

关键词：数字文化　数字经济　产业融合

数字文化产业以文化创意内容为核心，依托数字技术进行创作、生产、传播和服务，呈现技术更迭快、生产数字化、传播网络化、消费个性化、市场覆盖面广、全产业链带动性强等特点，是文化产业发展的重点领域和数字

＊课题组成员：蒋丽华，中共上饶市委常委、宣传部部长；徐勇，中共上饶市委宣传部副部长；李德生，上饶市社联副主席；查盈玲，中共上饶市委宣传部文化产业发展科科长；黄怡潇，上饶市社联干部。

经济的重要组成部分。近年来，上饶市认真贯彻习近平总书记关于文化建设的重要论述和视察江西重要讲话精神，深入贯彻落实文化强省、文化强市战略，将数字文化产业作为文化强市建设的"一号发展工程"，创新发展思维、强化发展平台、优化发展环境，倾力建设全省数字文化产业发展示范区，形成了数字文化产业全链条、广覆盖、多业态的区域布局，构建了数字文化产业发展新高地，助力全省数字文化产业高质量发展。

一、上饶市数字文化产业发展基本情况

近年来，"数字"成为上饶市经济社会发展的闪亮标签，"江西省数字经济示范区""江西省数字经济特色小镇""江西省首批数字经济创新发展试验区"等相继花落上饶，为数字文化产业的发展提供了得天独厚的有利条件。着眼于打造更具创造力、创新力、竞争力、影响力的文化强市，促进文化产业转型升级，上饶市提前找准数字文化产业发展赛道，大力发展以互联网游戏、互联网信息服务、网络文学等为主要内容的数字文化产业，带动全市经济社会高质量发展。据统计，2021年全市规上文化企业实现营业收入363.59亿元，其中规上数字文化企业实现营业收入283.6亿元，占比78%。在赛迪顾问数字经济产业研究院中心发布的《2021中国数字经济百强城市白皮书》中，上饶市位列第87名。上饶高铁经济试验区获评第十批国家新型工业化产业示范基地，高铁经济试验区文娱创意中心获评省级文化产业园区、省级文化与科技融合示范基地。江西巨网科技荣获"2021年中国互联网综合实力前百家企业"，成为全省唯一一家中国互联网百强企业，江西贪玩、江西倬云等企业跻身全省重点文化企业20强；立景科技获省重点文化企业20强提名，江西渝网被列为2021—2022年度省"映山红"企业。

（一）坚持创新发展，优化数字文化产业生态

充分发挥"江西省数字经济示范区""江西省首批数字经济创新发展试验

区"等优势，布局数字文化产业，明确"1+6"数字文化产业发展战略，"1"即加快建设上饶数字文化产业基地，"6"即发力布局互联网游戏、互联网信息服务、网络文学、数字文化设备、数字内容审核、数字影视六大主导产业。结合上饶市实际，先后出台扶持数字文化、游戏产业、数字营销、网络文学产业等实施办法，落实了一址多照、电子集群注册、核定征收等措施，破解了数字文化产业发展瓶颈。组建上饶市数字和金融产业投资集团，搭建"饶企云"智能化综合服务平台，联合南昌大学、江西财经大学等高校与阿里巴巴合作共建江西阿里云大数据学院，与江西师范大学合作共建数字产业学院，建成 7698 个 5G 基站，从政策、金融、人才、基建等方面全方位赋能数字文化产业发展。

（二）坚持集聚发展，搭建数字文化产业平台

市县联动、整合资源，不断强化平台支撑，提升产业承载能力。上饶高铁经济试验区规划建设了占地 1000 亩的数字文化产业园区，已建成文娱创意中心、游戏产业双创中心、电竞总部基地、中科数创园、文博园、网易原画基地等一批平台型项目，共引进不同类型数字文化企业 483 家。信州区投资 7 亿元升级打造上饶信息服务业产业园，大力发展互联网信息服务产业，已集聚数字文化企业 223 家。广丰区、玉山县、经开区以高新产业园区为发展平台，大力发展数字文化设备产业。上饶市连续举办五届上饶文博会，每届展会专门设立数字文化展区，全力打造有较大影响力的数字文化产品及项目展示和交易平台。

（三）坚持开放发展，强化数字文化产业招商

坚持融入长三角，县区联动，以数字文化产业为主攻方向，建立百强企业走访信息库，实行班子领导带队招商、招商小分队精准招商、挂图作战、以商招商，逐渐形成数字文化产业六大板块业态圈，共引进各类数字文化企业 2000 余家。互联网游戏产业方面，引进贪玩游戏、盛趣游戏、阿里游戏、网易游戏、冰川游戏等国内行业头部企业；互联网信息服务产业方面，引进巨网科技、趣星文化、智创文化、谦佳网络、零界传媒等企业；网络文学产业方面，引进元聚网络、起度网络、据点科技、创见未来、红狐文化等企业；数字文化设备产业方面，引进立景创新科技、华丽丰科技、精元电脑等企业；数字内容审核产业方面，引进国内领先的软件与信息技术服务商软通动力等，积极打造"华东数字内容审核基地"；数字影视方面，引进东然影视、司艺文化等影视公司。为让企业安心驻扎，上饶市健全完善全程代办机制，开辟绿色通道，为数字文化企业注册、审批、办证提供全程无偿式代跑代办"一对一"服务，2021年共办理文网文证21本，占全省58.3%。同时，优化知识产权快速维权机制，发挥全省首个知识产权犯罪侦查大队的作用，加大数字文化领域盗版侵权行为打击力度，切实保护企业合法权益。围绕数字文化产业发展等内容举办"新经济新知识大讲堂"，邀请专家授课，提升干部素养，让政务服务更加贴近企业需求，助力数字文化产业发展成为"灯塔经济"。

（四）坚持融合发展，延长数字文化产业链条

上饶充分把握数字文化产业发展规律，寻找文化产业新兴业态之间的连接点、融合点，延伸产业链条，初步形成上饶高铁经济试验区文娱创意中心，游戏、网络文学、动漫、影视、电竞等数字文化产业生态圈。目前正在探索以元聚网络为原创文学作品的IP创作源头，引入创见未来延伸下游有声小说，通过贪玩游戏、盛趣游戏推进文学IP转化为游戏作品，引入腾讯公司的电竞代理商乾演资产管理和浙数文化旗下的战旗直播开展电竞业务，通过本地影视公司推动文学向影视转化，不断拓展和延伸数字文化产业链。

二、上饶市数字文化产业发展存在的短板弱项

文化与科技的融合带来了巨大发展空间，数字的技术应用普及促使文化新业态不断涌现、商业模式不断创新，使文化产业提质增效发展驶入快车道。就上饶数字文化产业发展而言，同样面临一些亟待破解的难题和瓶颈。

（一）数字文化产业发展缺乏创新动能

与发达地区的数字文化产业发展相比，上饶在关键技术创新和某些核心技术应用上仍有很大差距，在数字艺术和文字内容上创新性不足。落户企业中不论是数字游戏企业还是物联网、人工智能企业，都是以客服业务为主，企业的核心研发业态仍在一线城市，导致数字文化产业创新动能不足，缺乏核心竞争力和技术的迭代更新。尽管上饶高铁经济试验区引进了华为数字产业园、江西师大数字产业学院，但目前尚未形成数字文化创新生态环境，数字渠道、数字内容、数字业态等方面缺乏创新资源。现网络游戏、动漫、网络影视、内容审核等领域面临精品化转型需求，需摆脱风格同质化竞争局面。

（二）数字文化产业发展缺乏集群效应

虽然数字文化产业产值在逐年增加，但是产业总体规模仍然偏小，除贪玩、软通、巨网等代表性龙头企业，部分企业并未按照预期实现发展目标，产业集聚效应并未真正显现。上饶布局的数字文化产业主要业态是数字游戏、网络文学、影视动漫、内容审核等。文化企业的原创 IP 是游戏企业新产品的创意来源，但目前上饶市的互联网游戏和网络文学产业尚未形成协同发展的合力，仍是"各自为战"的发展状态。

（三）数字文化产业区域合作缺乏机制联动

数字文化产业发展与区块链、物联网、大数据、人工智能等高新技术和产业联系紧密。这些产业往往存在较高的市场进入门槛，不论是前期的厂房建设、产品设计，还是后期的市场推广、客户服务，都需要巨量的资金和人力支持。县域数字文化产业发展难以吸纳数字要素和数字技术，只能模仿学习，技术迁移存在路径梗阻。上饶市下辖 12 个县（市、区）和国家级上饶经济技术开发区、国家级三清山风景名胜区、上饶高铁经济试验区，中心城区与上饶信江河谷城镇群、上饶滨湖板块①数字平台共建共享机制还未建立，实现数字文化产品的区域协同存在短板，特别是与长三角地区数字文化的协同多停留在合作框架协议、倡议、备忘录等层面，缺乏可落地的有效行动指引。从区域分工的角度看，由于上饶东部板块与西部板块发展差异，各县市区数字文化产业发展极不平衡，上饶市作为区域性中心城市，数字文化的集聚性难以吸引到文化投资，尚未形成有效的梯度承接与保障。特别是数字文化产业发展的软环境建设存在滞后，需要从体制机制、基础设施等方面整体优化，不断构建与数字文化产业发展相适应的制度、市场和人文等环境。

（四）数字文化产业发展缺乏高端专业人才

人才问题是制约上饶市数字文化产业发展的瓶颈之一。在调研座谈中，多数企业反映"招工难，用工荒"问题已成为影响产业升级、企业发展的重要因素，产业发展首先需要集聚人气，特别需要年轻团队。而人才匮乏最主要的原因是高校布点少、产业吸附力弱。尽管上饶市是全省数字经济示范区、高铁经济试验区与江西师范大学合作共建了数字学院，但围绕数字游戏、互联网信息服务、网络文学、数字文化设备制造、数字影视产业、数字内容审核六大数字文化产业板块的专业人才严重匮乏，更缺乏职业化运营团队。数字文化产业属于高技术服务业和文化创意产业的范畴，需要大量综合数字专业、设计专业、文化专业、信息技术专业等领域的复合型人才。人才匮乏、人才激励机制不健全、人才培养渠道狭窄严重制约了上饶数字文化产业的发展。

---

① 12县（市、区）为信州区、广丰区、广信区、玉山县、铅山县、横峰县、弋阳县、德兴市、婺源县、鄱阳县、余干县、万年县。东部信江板块包括信州区、广丰区、广信区和玉山县、铅山县、横峰县、弋阳县、德兴市、婺源县；西部滨湖板块包括鄱阳县、余干县、万年县。

三、上饶市数字文化产业发展的对策和建议

打造数字文化产业的新高地，需要结合已形成的比较优势和产业优势，顺应数字产业化和产业数字化发展趋势，围绕产业链部署创新链，促进产业链和创新链精准对接，扩大优质数字文化产品供给，融入新发展格局。选准产业新赛道，厚植发展优势，实施开放融合发展，加大人才引育力度，推动上饶市在数字文化产业领域成为全省乃至赣浙闽皖四省交界区域重要集聚地和优势引领区。

（一）创新驱动，选准数字文化产业发展新赛道

数字文化产业发展要坚持创新驱动，寻找创新资源，激活创新动能，选准数字文化产业发展新赛道，推动传统文化产业数字化转型升级，向智能化、标准化、系统化方向发展，赋能旅游、非遗、文创、新零售等实体产业，引领新一轮数字文化产业创新。上饶数字文化产业发展，要拓宽数字创意、人工智能、软件与信息技术服务等优势赛道，要夯实专用芯片、电子新材料及器件、工业互联网等基础赛道，要抢占元宇宙、物联网、信息安全等前沿赛道，积极拥抱数字经济新蓝海。顶层设计方面，持续优化数字文化产业扶持政策，赋能产业全链条、全方位发展，激活产业发展动能。

选准数字文化产业发展新赛道，需要有金融资本的加持。上饶市要进一步健全数字文化产业"补、贷、投、保"联动机制，鼓励和引导更多的社会资本进入数字文化产业，进一步发挥省、市、区文化产业专项资金的引导作用，搭建数字文化产业项目融资平台，举办基金与文化企业专场对接活动。支持文化融资担保机构模式创新，鼓励开发适合数字文化企业特点的金融服务产品，发挥"文企贷"撬动作用，为数字文化企业提供更为精准有效的金融服务。抢占数字经济文化新赛道，关键是要推动引进数字文创头部企业，培育本土数字文化产业市场主体，形成以龙头企业为支撑，中小微市场主体协同创新、共享资源、融合发展的产业生态。要大力支持企业申报各级各类研究中心（基地），提升

企业在数字文创领域的创新能力，逐步建立健全数字文创企业10强发布机制和数字文创重点企业库、项目库。聚焦"专精特新"，加大对数字文化领域的隐形冠军企业、瞪羚企业、独角兽企业、品牌企业的招商引资力度。运用大数据分析、云计算等，引入前沿数字影视实战场景，打造沉浸式未来教室。

（二）扬优成势，推动数字文化产业集聚发展

坚持"以数字赋能，引领文化产业蝶变"的理念，不断拓展应用边界，厚植数字文化产业发展优势，形成数字游戏、互联网信息服务、网络文学、数字文化设备制造、数字影视产业、数字内容审核六大数字文化产业板块集聚发展。

数字游戏产业方面，借助上饶本土企业贪玩科技的品牌优势，面向全球引进数字游戏头部运营商，整合数字游戏产业链资源，打造中国游戏产业的数据引擎，进一步增强网页游戏、网络游戏、手机游戏的自主研发和运营推广能力，鼓励发展电子竞技游戏和电视游戏，不断拓展完善产业链条，培育一批行业领军企业，提升上饶游戏产业的综合竞争力和区域影响力，形成游戏产业集聚。

互联网信息服务产业方面，发挥巨网科技全球互联网广告投放的先发优势，推动数字文化产业全面对接腾讯、爱奇艺、字节跳动等大媒体、大网络公司。吸引集聚优质电商直播平台、直播机构、经纪公司，系统化培养塑造主播，让更多人成为主播、成为网红，推动电商直播、网红经济。引进数家网络直播、娱乐直播、视频剪辑等相关联企业，打造江西省网红基地。

网络文学产业方面，坚持以市场导向，坚持以内容为王，把打造优秀作品置于首位，鼓励原创，实施数字文化产业品牌载体和知名企业落户上饶的计划。立足网络文学，围绕政策、基金、产业、作家等要素，实现"线下与线上、引领与凝聚、作家与读者"结合。通过上饶网络作家协会吸纳国内外数字文创人才，吸引更多写手到上饶进行文学创作，引导一批优质网络文学上下游企业、知名网络文学平台和配套项目入驻。为这些写手提供一个政策最优、创意迸发、环境最好的创作环境，创作一批大众喜闻乐见的文学作品。

数字文化装备产业方面，把握支撑文化产业发展的连接点，借助华为上饶数字产业园平台，推动数字化展示、体验等相关智能装备的普及和发展应用。加大穿戴式运动设备、运动健身指导技术装备等智能硬件和沉浸式体验平台的推广，以大数据、互联网和物联网为依托，将数字文化装备制造贯穿于上饶演艺和游艺行业内容生产、传播、消费的各个环节之中，实现终端设备智能化发展。进一步提升家居生活类文化装备制造产品的智慧化程度，实现与生活紧密相关的各种平板电脑、相机、电器、灯光等音视频声光电子器件设备的数字化升级。

数字影视产业方面，实施数字影视精品创作计划，进一步扩大东然、光幕等影视企业的影响力，聚焦军事题材、爱国题材，增强内容生产力，对题材新颖、有创意的影视剧 IP 进行重点孵化。支持院线打造多维度场景化社交平台，优化消费体验，开展精品化差异化运营，满足"网生代"电影观众的社交观影需求。推进上饶影视城、上饶影视综合服务平台、"云上新视听"上饶融媒体视听内容产业孵化中心等基地建设，打造影视拍摄制作"一站式"服务平台。鼓励短视频优质内容生产，依托高铁经济试验区网络视听产业基地，培育壮大一批具有竞争力的短视频产业主体。

内容审核产业方面，充分依托上饶作为江西数字经济示范区优势，引入人工智能（AI）审核和人工审核的项目。针对图像、文本、语音、视频等多媒体内容，提供全方位的审核能力，覆盖违禁、恶意推广、低质灌水等识别维度，为业务健康发展保驾护航。内容审核产业聚焦图像内容安全、文本内容安全、短视频内容安全、直播内容安全等领域，形成内容审核产业发展优势。

（三）开放引领，拓宽数字文化产业区域合作通道

数字文化产业要接轨长三角一体化，立足于长三角地区文化资源富集、地缘人文相近等良好基础，全面加强与长三角区域各地的文化交流与融合，共筑数字文化发展平台，共享一体化发展成果。推动上饶数字文化产业融杭接沪，搭建数字文化产业"上上"（上饶、上海）合作平台，深化数字文化产品生产与推广的合作，丰富公共数字文化产品供给，提升数字文化硬件载体，着力实现资源共享。大力承接长三角数字文化创意和相关制造业资源的溢出，创设能够融通长三角、具有上饶特色的数字文化产业集群。积极参与长三角国际文化产业博览会、长三角中华老字号博览会等。推动美术馆、博物馆、图书馆、文化馆等文化设施区域数字平台联动共享。

在对接长三角的同时，更要积极推动上饶主城区与县市区数字文化产业融合发展、均衡发展，鼓励各县（市、区）打好历史牌、文化牌、生态牌，走"特色化、差异化、错位化、专业化"的发展路子，培育区域特色文创行业。鼓励各地挖掘地方元素，打捞历史资源，捕捉时代新潮，构建优秀制作团队，积极发展手机报纸、手机电视、手机书刊等适用于网络、移动便携终端的数字内容产品，全面开创上饶数字文化产业开放融合发展新局面。

（四）广纳英才，建设数字文化产业智力高地

不断加大数字人才孵化力度，面向文化产业的个性化、专业化、艺术化需求，依托现有孵化器和众创空间建设，继续探索与深化"外地孵化＋上饶转化"和"专业服务＋创业导师＋基金投资"的孵化发展模式，打造功能齐全、模式先进的创新创业孵化体系。举办数字文化产业培训班，扶持有潜力的数字文化产业人才。发挥数字文化产业专家顾问团的作用，拓展与上海、杭州等地数字文化产业研究机构和高校资源的联系对接，为数字文化产业政策制定、园区建设、项目招引、企业成长、人才培养等提供资源支撑和决策咨询。支持优秀人才承担、参与重大课题、重点项目、重要演出等，探索开展高层次高素质文化人才协议工资制和项目工资制等试点。建立健全数字文化人才"选管用育"全链式服务机制。

深入实施校企合作、产学对接，积极整合高校、企业和协会等各方资源，引进一批文创人才及团队，有效填补人才缺口。以数字文化产业和文化产业经营管理人才、现代传媒人才、网络新技术人才为重点，以签约、项目合作、

岗位聘任等形式，多渠道引进高层次文化人才到上饶创业创新。鼓励社会力量兴办文化产业人才培训机构。支持数字文化企业与专业院校合作建立人才实训基地。积极组织文化企业开展校园招聘、中高端人才洽谈会等多种形式的"助企聚才"招聘活动，积极为文化企业集聚优秀人才搭建平台。构建梯次合理、量质并举、人尽其才、才尽其用的数字文化人才发展格局。

不断完善数字人才激励政策，用好《上饶市场化引才激励办法》《上饶人才工作相关经费支出操作办法（试行）》等人才引进补助政策，落实文化人才激励举措，鼓励文化企业以知识产权、无形资产、技术要素等方式入股，加大对骨干数字文化产业人才的激励力度。加大对数字文化产业人才的宣传推介力度，宣传优秀文化产业经营者的突出业绩和积极贡献，建立市级文化荣誉制度，设立数字文创大奖，对有突出贡献的单位或个人予以表彰奖励。

特色文化街区建设抚州"黎川模式"的实践与探索

中共抚州市委宣传部课题组 *

摘要：抚州市历史悠久、文化底蕴深厚，古街和古村古镇众多。近年来，抚州市在城市化发展过程中，认真落实江西省《关于促进特色文化街区建设的指导意见》文件精神，大力推进特色文化街区建设，推动商、旅、文、体、会多元化融合发展。黎川明清古城古街（以下简称黎川古街）在没有区位优势、交通优势的条件下，整个街区人气不断升高、经营日渐"火爆"，形成了独具特色的"黎川模式"。本文以抚州市黎川历史文化街区为例，分析了黎川古街在轻资产投入背景下以文化价值创造为主体的新产业模式。黎川古街的文化产业多样化、多元化，对于维护街区原有风貌、传承文化精神、改善人居环境、发展当地经济等都具有积极的现实意义。通过分析黎川古街文化资源转化活化方式、管理与运营模式创新、多元化融合发展等实践探索，解密"黎川模式"，以期为其他特色文化街区保护、开发与活化提供有益的借鉴和启示。

关键词：特色文化街区　黎川古街　黎川模式

＊课题组成员：孙鑫，中共市委常委、宣传部部长；李锋，中共抚州市委宣传部副部长、抚州市社联主席；全安，中共黎川县委常委、宣传部部长；艾传贵，中共抚州市委宣传部文教科负责人；许迅，东华理工大学艺术学院科研秘书。

　　江西省《关于促进特色文化街区建设的指导意见》的出台，为各地文化街区和古村镇的保护开发利用指明了方向。特色文化街区既注重传承地方文脉，又体现地域特色，能有效促进城镇经济、文化、社会、环境有机互动，将生活与就业，文化与经济，历史与现代，传统与时尚，商贸与旅游高度融合，是城镇经济发展的"新载体"和促进文旅融合发展的"金名片"。同时，文化街区作为城市的有机组成部分，要成为富有活力的特色文化街区，其开发模式和方法，与对真实性、完整性、文化多样性、可持续发展等理论的本土深刻认识密切相关。

　　抚州市是国家历史文化名城，拥有如黎川明清古城老街、乐安流坑古村、金溪竹桥古村、南丰古街、宜黄棠阴古镇等众多古街、古村、古镇。近年来，抚州市在推进城市化发展过程中，重视历史文化名城、名镇、名村的保护与利用，打造出一批远近闻名的特色文化街区。黎川县立足古街特色，深挖文化资源，经过数年打造提升，作为黎川文化旅游的龙头引擎，如今的黎川古街已成为全县首个国家 4A 级旅游景区，也是全国第三批徐霞客游线标志地和首批江西省特色文化街区培育单位。黎川古街保护开发的成功经验，是黎川文旅产业从无到有、蓬勃发展的缩影。分析与解析黎川古街发展模式，映射抚州特色文化街区的整体发展进程，对繁荣抚州文旅产业，提高抚州传播临川文化的承载能力，持续推进文化强市建设具有重要意义。

一、黎川明清古城老街特色文化街区的发展背景与现状

　　黎川古街处于黎川县城中心，是江西省保存较为完好的古街之一。改造之前，古街曾经是最繁华的商业街区，集聚县城 1/4 的人口，但在现代化建设进程中发展滞后，成为黎川县最集中、最破旧的棚户区。因连年的内涝、恶劣的卫生条件、破败的危房、稀缺的教育医疗资源，居民外搬、商户外迁、商业凋零，不断耗尽古街生机。再加上排水、消防等设施缺失，导致安全隐患严重，众多有文物价值的古建破败，各种民生问题日益凸显，改造古街成

为当地人最为关心的现实问题。

2013 年，中共黎川县委、县政府启动了古街保护改造工程，将历史文化古街活化和老旧街区改造相结合，按照"恢复历史、激活文化、带动旅游、服务百姓"要求，秉承"以人为本、城市双修、传承创新、文商旅融合"的理念，坚持"古今相融、主客相融、商旅相融"的原则，制定了古街提升改造方案，确定了改造主题，采取"政府主导、市场运作、总体规划、分期建设"的方法。通过整体打造，20 余栋明代古屋、100 余栋清代古屋生机再现，古街改造总占地面积 650000 平方米，总建筑面积 388600 平方米。现有 600 余家骑楼式店铺，商户 248 家，古街焕发出新活力，民众幸福指数上升。自 2017 年以来，黎川古街被评为国家 4A 级景区，获得了江西省历史文化街区、江西省旅游风情小镇、中国传统文化建筑旅游目的地、江西特色商业街区、抚州市中小学生研学旅行实践教育基地、抚州市夜间特色示范街区、省级旅游休闲街区、省级夜间消费集聚区等荣誉称号。目前，正在全力创评国家级夜间文旅消费集聚区和省级特色文化街区。

二、黎川明清古城老街特色文化街区的运营成效

（一）外地游客占比提升，在地文化持续输出

近年来，黎川县在没有高铁、机场交通设施的情况下，努力提升在地文化吸引力，提高街区辐射力，黎川古街旅游人数逐年攀升。如图 1 所示，2017 年老街接待游客约 60 万人次，2018 年约 320 万人次，2019 年约 360 万人次，2020 年受疫情影响老街仍接待游客 286.4 万人次。2021 年接待游客约 410.6 万人次，其中抚州市内游客量为 154 万人次，占比约 37.5%；省内（不含抚州市）游客量 185 万人次，占比约 45.1%；省外游客量 71.6 万人次，占比约 17.4%。

古街市外游客主要来自南昌、赣州、九江、上饶、吉安和福建省光泽、邵武、

建宁、泰宁及上海、湖北、北京等地。外地游客消费占比提升趋势明显，体现出外地消费者在休闲项目选择上的不断融合。

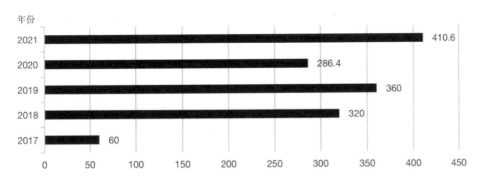

图1　2017—2021年黎川古街年客流量（单位：万人次）

数据来源：黎川县文化旅游投资有限公司。

1. 充分挖掘在地文化资源，突出"融、联、引"的营销方式

黎川县充分挖掘在地文化资源，擦亮"张恨水文化"这张名片。"张恨水文化"是整个黎川文化的一个重要部分，依托张恨水在地文化，黎川古街吸引了许多来自外地的文学爱好者和作家来到黎川寻迹张恨水先生少年时期的读书成长环境。黎川县不断加大硬件设施保护修缮和建设，对黎川古街内张恨水旧居进行修缮。在硬件设施建设的同时，黎川县通过成立研究会和开展活动的形式来提高知名度。如成立张恨水国际研究会，举办张恨水（黎川）国际文学周活动，活动吸引了中央电视台、新华社、中新社、中国文化报、人民网、中国网、网易、江西日报等20家媒体及主流门户网站到现场进行活动报道，进一步提高了黎川县知名度和影响力。

以古街为中心，黎川县充分整合黎川油画创意产业园、洲湖船屋、德胜农垦小镇、同胜度假村、聚龙湾等资源，借势资溪大觉山、鹰潭龙虎山等景区，实施资源互享，游客互送。着力打造古街核心吸引物，如"古城一夜，梦回千年""江南骑楼第一街"目的地品牌，打造黎川古街网红人物，如"八戒掸糖""悟空VR""唐僧米粉""仙女油画"等网红人物，设置灯笼墙、油纸伞、紫藤花长廊、表白墙、黎川方言墙等网红打卡点。

2. 丰富游客文化体验，培育"文化＋"夜间经济新业态

黎川古街结合元旦、春节、元宵、端午、中秋、国庆等节假日，开展相关主题活动。如举行中华传统服饰文化展、穿越古镇 COSPLAY 欢年华、诗韵旗袍秀等丰富多彩的特色民俗活动，做到周周有活动，月月有亮点，季季有惊喜。推出一批常态化的演出节目。如"绣楼招亲""京剧票社""八戒掸糖""西游篝火""机甲互动""旗袍秀""划龙船""踩高跷""舞龙舞狮""鼓上舞"、古街杂技、古街不倒翁等。同时，充分利用张恨水广场和古校场戏台，引进当地的艺术和培训机构，定期举办京剧演唱、歌唱比赛、舞蹈比赛等丰富的夜间文化活动（见表 1）。古街通过构造新的消费场景，进一步繁荣夜消费需求，精心打造"古街一夜、梦回千年"的夜游品牌。

表 1　黎川古街夜间文化活动情况（单位：场次）

年份	类型			
	戏曲表演	歌唱比赛	舞蹈比赛	民俗表演
2019	6	7	5	10
2020	6	4	5	3
2021	8	10	7	15

数据来源：黎川县文化旅游投资有限公司。

（二）文化丰富街区内涵，创意提升街区品质

黎川古街内文旅产品种类众多，涵盖了抱枕、T 恤、炭包、挂饰、保温杯、冰箱贴、鼠标垫、扇子等多种品类。同时，借助非物质文化遗产，老街打造了一批非遗文创与体验文创，涵盖修钟表、钉杆秤、弹棉花、打铁器、做圆木、黄烟加工、竹篾编制等传统工艺，黎川特产广获好评。如美食类有十月生水酒、芋糍、状元糖、黎川水粉、擂茶、胭脂柚、白茶、香菇、香米等产品；特产类有晶瓷、陶瓷、油画、香榧等特产；民宿类包括竺居、竹隐、仪庐等品牌；

此外，老街还有 VR 体验馆、陶瓷油画手工体验馆、星空馆、大型游乐场等。

（三）文化赋能业态完善，品牌影响日益广泛

黎川古街中的古建筑文化独具特色，红色文化、民俗文化、美食文化、名人文化等别具一格。黎川坚持从实际出发，找准定位、文化赋能，打造了非遗文化馆、油画体验馆、精品民宿、养生堂、陶艺体验馆、汉服体验馆、酒吧、剧本杀、VR 体验馆、全国各地特色小吃等文化业态，形成了非遗、文创、民宿、康养、娱乐、餐饮六大特色文化产业，入驻了各类商户 248 家，均可夜间营业，入驻率达 95% 以上。如表 2 所示，在古街 248 家商户中，外地商户占比 30%，本地商户占比 70%。为带动本地群众致富和便于管理，古街还在张恨水广场和贤士街设立 40 多个专门摊位，供青年创业者和本地流动商贩使用。古街经营业态引入了文旅投资商及专业人才 100 余人，吸纳就业约 1700 人，极大地带动了黎川人民灵活就业。

表 2　黎川古街产业发展及 2021 年各产业经营情况

序号	业态类型	店铺数量（个）	经营面积占比 %	2021 年营业额（万元）
1	文化创意类	102	37.9	15600
2	观光景点类	12	21.6	3000
3	餐饮类	40	11.8	5200
4	购物类	76	18.5	5600
5	文化体育类	3	1.5	300
6	休闲娱乐类	30	8.7	1500
	合计	263	100	31200

数据来源：黎川县文化旅游投资有限公司。

2021 年，黎川古街曝光量达到 2.45 亿次，"走遍中国""乡村大世界""文明密码"等中央节目组媒体到古街拍摄专题片。江西电视台、江西旅游频道、江西少儿频道等省级媒体也进行了多次报道。古街积极投入新媒体上线运营，创建抖音账号 2 个、微信公众号 1 个，2021 年直播场次近百次，直播销售额

高达 300 万元，文化传播效果显著。

（四）轻资产投入优势凸显，发展后劲持续增强

黎川古街秉承"政府主导，市场运作，总体规划，分期建设"的方针，成立专业的运营管理机构，安排专项建设运营资金 5 亿元，对古街的古建筑进行保护修缮、房屋征收、景观提升、业态运营等。实施过程中，遵循原有的脉络肌理，进行修缮维护，坚持修旧如旧，留存古街文脉，彰显古街特色，留住其风韵和岁月；采取市场化运作模式，收储、整合古街范围内的土地、公房等各类资源，对具有较高历史文化价值的古厅堂征收为国有，作为文化旅游资源开发经营，古街至今还保留有上千余户原住居民，既减少资金投入，又保持古街活力；借助古街丰富的文化资源，先后引进中青旅、古韵文化旅游有限公司、上海慕禅文化发展有限公司等专业公司进驻，不断丰富古街业态和提升市场化运营水平。

得益于运营机制日趋完善，黎川古街经营状况持续向好，从赚取资产升值收益走向赚取增值服务收益。如表 3 所示，2019 年、2020 年古街综合收入分别为 1.8 亿元、2.3 亿元，2021 年，古街实现综合收入约 3.12 亿元，同比增长 21.2%。文化类商户总营业收入 1.56 亿元，占总营业收入的 50%。

表 3　2019—2021 年黎川古街营收情况

年份	总营业收入（亿元）	同比增幅（%）	文化类商户年营业收入（亿元）	占总营业收入（%）
2019	1.80	18.00	0.80	44.40
2020	2.30	27.00	1.10	47.80
2021	3.12	21.20	1.56	50.00

数据来源：黎川县文化旅游投资有限公司。

三、黎川明清古城老街特色文化街区的综合效益及"火爆"成因

（一）古街文化展新姿，改造效益惠民生

1. 文化文物得到有效传承保护

黎川古街在快速城镇化进程中历史文化与传统风貌文化传承至今，文化积淀深厚，分别以建筑、景观、街巷、自然环境等显性方式和文化习俗、文化内容、非遗等隐性方式向人们呈现。黎川在古街改造中着意重现历史街区"骑楼毗连、长廊不断"的原有建筑风貌，对重点厅堂进行维修保护，保留了街区的历史文脉和乡愁记忆。今天，街区"八戒掸糖""西游篝火""情歌对唱""舞龙舞狮"等民俗文化活跃，传统工艺如修钟表、钉杆秤、弹棉花、打铁器、做圆木、黄烟加工、竹篾编制等魅力四射，各种博物馆如油画博物馆、古床博物馆、名人故居、非遗体验馆等让人流连忘返。古街不仅传承了文脉，保护了文物，更凸显了文化张力，提升了城市影响力和吸引力。

2. 社会效益得到有力彰显

沿街居民是古街改道的最大受益群体。古街改道改善了沿线居民的生活质量，也带来多个民生群体利益的享受，提高了生活品质，取得了极大的民生效益。古街改造提升工作既促进社会稳定、保障改善民生，也推进文明乡镇建设，市民获得感、幸福感极大提高，提升了政府在百姓心目中的形象，特别是项目成功地推进，为整个城市建设水平提升起到了极大的推动作用，为招商引资创造了良好的环境，整体提升了政府公信力。

3. 经济效益得到充分发挥

通过街区的更新和改造，旧房换成居住配套设施齐全的新房，拉动了城市消费，带动了当地饮食、农特产品、商铺租赁等各方面的经济收益。街区改造后成为功能齐全的综合区域，蕴含着巨大商机，给该区域内的居民提供大量的就业岗位，同时为居民从事第三产业提供良好的创业环境，促进产业结构的调整，创造更好的经济效益。

4. 环境效益有了质的改观

通过集中整治，整个街区的形象更加规范化，增添古街的一分古典风情美，古街改造完善了基础设施建设，拆除了违法建筑，还街区一个整洁宽敞的空间，彻底改变了之前脏、乱、差的形象，让居民共享"洁、绿、亮、美、畅"的生活环境，提升了城市品位。

（二）"四百主题"打造，"六类产业"互联

1. 做好顶层设计，确定"四百主题"保护打造方针

2013 年，中共黎川县委、县政府启动了古街保护改造工程，改造循旧肌理，修旧如旧，延续"骑楼毗连、长廊不断"的建筑风格，将沿街建筑统一修缮为"骑楼双排坐地，长廊五里遮天"的格局。确定了"四百"的主题改造，即复建"百店"（酒肆茶楼、南北杂货、风味小吃、当铺银楼）、修复"百堂"（特色民居、传统祠堂、名人故居、红色遗迹）、挖掘"百业"（木篾铁艺、钉秤修表、棉织染工、灌糖制糍）、纪念"百人"（古时先贤、文理大家、革命先辈、历代名人）。古街老街因循原有的脉络肌理，留住其风韵和岁月。

2. 做好产业培育，"六类产业"互联融合

黎川古街以"古街一夜，梦回千年"为核心，在规划布局、氛围营造、业态谋划上精益求精，深刻复原明清时期古街的风貌，营造古街的古风、古韵、古建和民风、民俗、民艺及红色旧址等特色文化景观。为丰富古街业态，由黎川古街老街投资开发有限公司对街区进行整体运营管理和业态招商，留住传统业态，引进新业态，使各类业态相互关联、融为一体。按区域划分为六大板块——餐饮、美食、非遗、民宿、康养、酒吧，呈现非遗文化、民俗文化、戏曲文化、商贾文化、古建文化等鲜活场景，让游客自然感受古街文化。

（三）激活传统文化活力，促进文化转化融合

1. 推动优秀传统文化活化转化应用

黎川大力弘扬美食文化、民俗文化、红色文化、中医药文化以及名人先贤

等文化，黎川古街引进了张恨水旧居、黎川孔庙、黎川试院、古床文化博物馆、代山油画艺术馆、油画艺术交流体验馆、团村战斗纪念馆、鲁易生平事迹展、李氏家庙、鲁之俊纪念馆、九如雅学馆、黎川非遗体验馆这 12 家展馆类文旅业态。其中，古床博物馆是老街一大特色，博物馆展示的古床涵盖了明清时期不同区域、不同年代、不同文化背景，有描金透雕拔步床、千金小姐架子床、罗汉床等，极具美学欣赏与学术研究价值。2021 年，该博物馆客流量达 205 万人次。

作为文化遗产丰富的集聚地，黎川县坚持历史与现代并融、经济与文化并举的发展思路，古街集聚了多家非遗手工类业态，打造了黎川县非遗文化体验馆，汇集了国家级、市级、县级的非物质文化遗产项目，如舞白狮、舞黄狮、圆木制作技艺、朱氏清汤制作技艺、木杆秤制作技艺、钟表修复工艺、灌芯糖等。如表 4 所示，黎川古街通过"非遗＋演艺""非遗＋研学""非遗＋文创"等形式，活态化展示传承非遗文化。

表 4　黎川古街非遗、手工类业态一览表

序号	项目名称	项目级别	活化传承形式
1	舞白狮	国家级	非遗＋演艺
2	舞黄狮	市级	非遗＋演艺
3	木杆秤制作技艺	市级	非遗＋文创
4	钟表修复工艺	市级	非遗＋文创
5	朱氏清汤制作技艺	市级	非遗＋文创
6	灌芯糖	市级	非遗＋演艺
7	圆木制作技艺	市级	非遗＋文创
8	黎川陶瓷制作技艺	县级	非遗＋研学
9	芋糍制作工艺	县级	非遗＋文创
10	黎川十月生水酒制作工艺	县级	非遗＋文创
11	黎川水粉	县级	非遗＋文创
12	黎川手工弹棉花技艺	县级	非遗＋文创
13	黎川客家擂茶制作技艺	县级	非遗＋研学

数据来源：黎川县文化旅游投资有限公司。

2. 推动潮流文化本地化融合创新应用

黎川县是"中国日用耐热陶瓷产业基地""中国陶瓷煲都""中国民间文化艺术之乡（油画）"。黎川古街依托产业优势，对潮流文化进行本地化吸收与创新应用，在古街内打造了代山油画艺术馆、油画艺术交流体验馆、小镇青年书吧、乐淘淘、瓷上传说、聚瓷阁等融合黎川特色产业陶瓷和油画要素的文化类业态实体80余家。

黎川古街将传统文化、非遗文化、潮流文化等多种文化融入古街特色活动中。开展中华传统服饰文化展、穿越古镇COSPLAY欢年华、诗韵旗袍秀、千人长街宴等丰富多彩的特色民俗活动，"梦回千年，万名长者游黎川"、"上山下乡，万名学生下黎川"、"童心看世界，一起去黎川"、重阳节"千叟宴"等文化旅游专题活动，"张恨水（黎川）国际文学周"、江山多娇"画不尽的黎川"等文化活动，"五一吃货劳动节"、万水千山"粽"是情端午节、暑期湖坊西瓜节、中秋国庆双节、"情定古街"双十一集体中式婚礼、"情满古街"感恩月等系列主题特色活动。2020年中秋、国庆双节古街人流量创新高，重阳节千叟宴多达118桌，点击量突破400万，双节单日人流量创历史新高。

（四）"三权分离"管理，"品牌活动"运营

1. 提升管理水平，实行"三权分离"管理方式

企业的所有权、管理权、经营权三权不分是当前我国文旅产业普遍面临的窘境，在国有文旅企业的经营管理上，政府既当裁判员又当运动员，企业自主发展被束缚住手脚。黎川古街是由黎川县文化旅游投资有限公司运营管理，直属县政府，公司按照"产权清晰、权责明确、政企分开、管理科学"的现代企业制度实行公司化运营和市场化操作。在运营管理上，古街打破传统模式，试行所有权、管理权、经营权"三权分离"模式，彻底解决了政企不分的问题。古街通过招商引资，进行市场化运作，古街所有权仍归属原单位，但管理权和经营权则由企业享有，企业作为黎川古街老街主体进行运营，受文化旅游主管部门的监管。

在"三权分离"经营管理模式的支持下，古街建立严格的业态考核机制，重点考核商铺特色体验、游客反响、管理服务等指标，确保业态实体质量。自 2018 年以来，古街组织财政、审计、文化旅游等部门对委托运营公司进行考核，并对拟引进业态实行准入制度，先后引进体验业态实体数十家，退出 10 余家。在"三权分离"特色运营管理模式下，古街不断提升运营与管理水平。

2. 文化品牌引领，做到"周周有活动，月月有亮点"

黎川古街每年举办各类重点节事文化庆典近 20 场，实现文化活动常态化，做到周周有活动，月月有亮点，季季有惊喜，街区人气持续升高。如表 5 所示，2021 年，老街共举办 16 场大型活动。古街结合元旦、春节、元宵、端午、中秋、国庆等节假日，开展相关主题活动。古街与政府单位、院线媒体、学校社区、培训机构等合作，积极引入具有一定市场影响力的活动。

表 5　2021 年黎川古街主题活动一览表

序号	活动名称	活动时间	活动简介
1	电音跨年趴	1 月 1 日	元旦电音节表演
2	非遗庙会	2 月 11—18 日	特色非遗体验、互动
3	女神踏青节	3 月 8—15 日	最美网红评选
4	野菜节	4 月 10—18 日	农家野菜盛宴
5	第三届吃货劳动节	5 月 1—7 日	吃货的幸福
6	泡泡趴	6 月 1 日	儿童节亲子互动活动
7	端午节	6 月 14—16 日	端午节包粽子比赛
8	美食啤酒节	7 月 20—31 日	乐队演艺助阵啤酒节，畅饮啤酒比赛
9	暑期电音节	8 月 1—31 日	乐队狂欢
10	汉服文化节	9 月 6—27 日	穿越 COSPLAY，汉服、旗袍等传统服饰文化展
11	中秋节	9 月 21 日	中秋拜月仪式
12	寻迹非遗乐在国庆	10 月 1—8 日	非遗打铁花
13	第四届重阳千叟宴	10 月 14 日	在主街举办长街宴，席开 159 桌
14	传统文化感恩月	11 月 1—30 日	感恩月回馈

续表

序号	活动名称	活动时间	活动简介
15	第二届集体婚礼	11 月 11 日	邀请 10 对新人举行婚礼仪式
16	网红音乐节	12 月 10—20 日	嗨爆音乐

资料来源：黎川县文化旅游投资有限公司。

（五）拓展古街成长空间，培育"江西凤凰城"夜间经济业态

黎川古街因其独特的名胜风景、古邑风情和众多的骑楼古建，有了"江西凤凰城"的美誉。抚州市高度重视夜间文化旅游市场经营，出台多项举措提升文化旅游消费。以此为契机，黎川古街以打造"古街一夜，梦回千年"品牌为引领，开展了特色民俗、研学、传统节庆相关的主题活动，发展了光影展演、路演、非遗展示等文旅消费业态。古街支持和引导商家店铺规范开展夜间经营和促销活动，推出美食购物、体验娱乐、文化旅游等多元化的夜间消费业态，满足游客"夜购、夜食、夜娱、夜学"的多样化需求，"八戒掸糖""绣楼招亲""鼓城民谣""汉服快闪""川剧变脸""旗袍走秀"等文娱节目让人目不暇接。如图 2 所示，古街 2021 年全年接待游客约 410.6 万人次，其中 2018—2021 年，文化类场所夜间人流量平均数为 289 万人次，占总接待游客量的 70%。

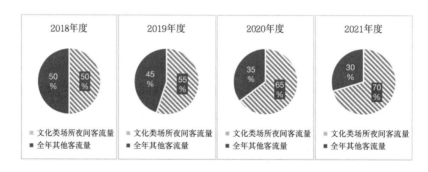

图 2　2018—2021 年黎川古街夜间客流量情况

数据来源：黎川县文化旅游投资有限公司。

四、黎川明清古城老街特色文化街区发展存在的问题及对策分析

（一）"黎川模式"存在的问题与不足

1. 城市品牌塑造不足，行业头部企业缺失

黎川古街在发展文化产业面临诸多机遇与有利条件的同时，也存在着一些严峻的挑战，突出表现为省内各区（市）县之间品牌的激烈竞争，文化"软实力"竞争日趋激烈，如具有产业优势的景德镇陶溪川文创街区、地处南昌市城市核心商圈的南昌万寿宫特色文化街区、中华十大名山之一九江庐山风景名胜区的牯岭街等，与黎川古街之间都存在同行竞争。黎川县承载文化旅游产业的网点比较分散，规模相对不大，较难吸引国内外游客深度参与，且未能形成规模聚集效应。

"黎川模式"的城市品牌形象理念内涵不够凝练，缺少专业化、针对性的城市品牌形象设计。目前，黎川古街产业层次与成都、杭州等相比有较大差距，在地文化虽有典型特色，但植入面有限。整体而言，黎川古街的文化产业集约化程度不高，缺乏头部企业带动。

2. 配套措施不够完善，产业辐射力亟待加强

黎川县地缘优势明显，地处武夷山、龙虎山、大金湖、大觉山旅游圈，是中国旅游集团和江西省政协对口支援县。但是，文化产业的发展既牵涉市政、交通等硬件支撑，也有赖于文旅、管理等软件配套，配套交通设施的缺位是制约黎川文化经济发展的重要因素之一。抚州各景区、交通枢纽、文化旅游服务设施之间缺乏旅游交通服务体系的串联支撑，需要换乘或租车前往。黎川虽拥有较为丰富的自然资源、人文资源，但缺乏例如飞机、高铁等快捷的交通设施，导致黎川古街的客流量增量受限，古街文化生产力及产业辐射力未能有效激发。

（二）"黎川模式"可持续发展的对策建议

1.借鉴成功经验，培育产业头部企业

借鉴成都宽窄巷子突出历史文脉格局与市井生活文化并行的发展模式，积极探索黎川古街发展新模式，为江西省文化与旅游产业融合发展提供黎川经验，贡献抚州智慧。黎川古街是抚州文化设施集聚、文化产业发达、文化特色鲜明，代表城市文化竞争力、影响力的典型地区。对于黎川县而言，未来可以考虑把有条件走市场的部分推上市场，成立经营公司和经营媒体，大力推进集团化建设和企业化建设，为黎川县文化产业发展培育一批头部企业。

2.实现街区文化延续，赋能乡村振兴战略建设

首先，利用古街的历史文化资源营造文化旅游产业的生存环境。加大历史文化资源的利用度，拓展文化创意的类型，丰富街区文化资源，为文化旅游产业创造生存的温床，实现街区民俗文化遗产及文化景观的创新。

其次，利用政府引导下的经济因素为文化旅游产业的发展创造条件。文化产业的典型特征是文化与经济一体化，黎川文化旅游产业的发展是多重经济作用的结果。黎川古街可采取产业找准品牌定位、产业推进文化创新、加强产业群集合作等策略，促进文化旅游产业可持续发展。同时，政府采用扶持政策对历史街区文化旅游产业进行引导，比如减低租金、减免税收等，为街区文化旅游产业的发展提供支持。

五、"黎川模式"对特色文化街区建设的启示

（一）坚持从"小切口"着手，"轻资产"投入

江西的古村古镇众多，其中抚州以65个古村落数量位列全省第1名，黎川古街作为其中之一，在打造特色文化街区的实践中，没有先天优势的惠顾却能后来居上，做出自己的特色。黎川县认真贯彻落实省市关于特色文化街区建设的文件精神，不简单复制、机械模仿，探索研究制定符合黎川古街及

文化产业发展路径。不"大拆大迁"，而以"小规模""逐院式"的"小切口"方式渐进改造，不用疏散外迁街道里的居民，留住了古街的烟火气息。黎川鼓励社会多元资金投资和参股，充分调动民间力量，释放街区活力，用尽可能少的资金去整合最多的资源，最大限度地降低经营风险，获得更高的运营效率与更持续的增长力。

（二）挖掘古街文化 IP，提高文化辨识度

挖掘文化资源，打造古街文化 IP，提高文化辨识度、创新文化的传播方式是历史文化街区文化传播发展的重要方法。街区的文化符号是古街文化内涵的最重要载体和形式，在文化传播中发挥着极其重要的作用。黎川精心挖掘街区文化组成元素，组合成立体的街区文化形象 IP，打造无法克隆的"街区生活方式"，如张恨水文化、"古城一夜，梦回千年"、"江南骑楼第一街"、"江西凤凰城"等文化 IP。历史街区改造需要挖掘古街文化资源，组建由标识、视觉识别系统、口号、地标建筑、年度文化活动等组成的文化图腾，并将其扩展至多个不同维度，如与成都、杭州等城市对标，让文化图腾成为街区的文化"大使"。通过组织开展设计竞赛来广泛征集意见，或请知名设计师背书，在提升历史文化街区文旅品牌知名度的同时，带来更多的关注度，营造沉浸式文化氛围。

（三）坚持差异化融合，文化特色做到极致

黎川古街建在风景优美的山水之间，街区周边自然环境与街区建筑资源、人文资源融为一体，格局独成体系，与自然生态相互渗透，具有很强的协调性与观赏性。古街的门楼、祠堂、书院、民居、桥梁、小巷、场院、围墙等建造形态丰富，形成独特的地形环境和布局结构，承载了街区深厚的人文气息，商贸、儒释道、耕读、红色等不同文化类型汇聚，历史名人文化资源与非物质文化遗产留存丰富。黎川古街立足丰富的文化资源，将人、街、水、景等元素融为整体，加强街区的娱、购、游等环节体验业态的布置，力争跨界融合，引领"潮"文化与在地文化相映成辉，主动引导图书馆、文化馆、博物馆、

油画体验馆、电影院进街区，增强街区吸引力，从而使业态不断丰富，文化焕发新姿。

（四）善借"他山之石"，树立品牌标杆

黎川古街吸收南京熙南里、上海新天地、成都宽窄巷、景德镇陶溪川等街区的成功经验，在管理、运营、活动举办、特色打造等方面形成自己的管理运营模式。借鉴故宫的"玩转故宫"、成都的"5G+宽窄巷子"等智慧产品，打造全环节智慧服务，开展由街区导览、文化讲解、美食推介、卫生医疗、公共服务等组成的全场景智慧服务，帮助游客快速了解街区与其服务功能。以数字科技探索历史文化街区，延伸古街产业链，带动各行业推进古街文化、艺术、生产消费与互联网、大数据、5G等技术的全面融合。

古街制定了宣传的短期和长期计划，加强品牌宣传推广，树立品牌标杆。在传统媒介平台上，依托省、市电视台积极开展与移动互联网的跨行业、跨领域合作。在中央电视台及国家级著名报纸、杂志等主流媒体进行长时间、高频率旅游宣传，提升品牌知名度。利用微信、抖音、快手、小红书、哔哩哔哩、知乎等社会化媒介平台打造街区文化IP，街区商家运用自媒体等形式，营造全渠道视角下的文旅宣传生态，增强与消费者互动。

鹰潭雕刻产业创新发展对策研究

中共鹰潭市委宣传部课题组 *

摘要：雕刻产业是一个历久弥新的产业，也是鹰潭标志性的传统文化产业。当地依托传统工艺发展木雕、根雕产业，依托铜产业发展铜雕产业，依托本土信江黄蜡石材发展石雕和玉雕产业，一度呈现出木雕、根雕、铜雕、玉雕、石雕"五雕荟萃"的繁荣景象。但是在发展过程中，体制机制创新不足、政策体系不完善、产业竞争优势不强、产业链配套不足等问题日益凸显，严重制约了鹰潭雕刻产业的发展，导致与浙江东阳、河南南阳等传统"雕刻之乡"的差距进一步拉大。本文通过分析鹰潭雕刻产业发展现状以及存在的问题，借鉴浙江东阳等地的先进经验与做法，提出产品创新、品牌创新、渠道创新、体制机制创新等对策建议，以期推动鹰潭雕刻产业高质量发展。

关键词：鹰潭雕刻   产业集群   创新发展

鹰潭雕刻，特别是木雕历史悠久，距今有上千年的历史。近年来，鹰潭市大力推动雕刻产业发展，逐步形成了余江木雕（根雕）、贵溪铜雕、月湖区玉雕（石雕）三大产业集群，成为鹰潭标志性的传统文化产业。如何进一步

* 课题组成员：黄忠，中共鹰潭市委常委、宣传部部长；彭新华，中共鹰潭市委宣传部副部长；揭昌亮，江西省社会科学院副研究员；项志成，鹰潭社联党组书记、主席；李清，鹰潭社联副主席；万禹，中共鹰潭市委宣传部文教科科长。

提升产业竞争力，塑造"鹰潭雕刻"品牌影响力，推进雕刻产业高质量发展，是当前亟待破解的难题。

一、鹰潭雕刻产业集群发展基础

雕刻产业是鹰潭的传统文化产业。2021 年，鹰潭雕刻产业总营收 19.65 亿元，规上企业营收 2.76 亿元；其中，作为余江特色民间文化艺术的木雕产业仍居主导地位，全年营收 16.31 亿元，规上企业营收 2.41 亿元；以贵溪为主要产地的铜雕产业全年营收 2.79 亿元，规上企业营收 0.35 亿元；依托信江黄蜡石石材的玉雕（石雕）产业全年营收 0.55 亿元（见图 1）。

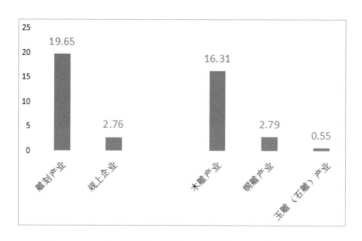

图 1　2021 年鹰潭市雕刻产业营收情况（单位：亿元）

数据来源：鹰潭市统计局、鹰潭市各文化产业园区。

从近 3 年的发展情况看：余江木雕产业、贵溪铜雕产业从佛龛、铜錾刻等传统手工艺品逐步向木雕家居、园林铜工艺延伸和拓展，实现了稳定增长；玉雕（石雕）产业受市场因素和企业外迁影响，产业规模出现了明显下滑。总体而言，近年来鹰潭雕刻产业发展较为缓慢，未体现出"中国根艺之乡""江西省雕刻产业基地"应有的发展态势，但仍具备较为坚实的发展基础（见表 1）。

表 1　2019—2021 年鹰潭雕刻产业主要指标统计表

类别	指标名称	年份		
		2019 年	2020 年	2021 年
木雕（根雕）	总营收（亿元）	12.72	14.66	16.31
	规上企业数（个）	3	4	4
	规上企业营收（亿元）	1.42	1.92	2.41
铜雕	总营收（亿元）	1.97	2.11	2.79
	规上企业数（个）	3	3	3
	规上企业营收（亿元）	0.19	0.29	0.35
玉雕（石雕）	总营收（亿元）	7.20	5.50	0.55
	规上企业数（个）	1	1	0
	规上企业营收（亿元）	6.81	5.02	0

数据来源：鹰潭市统计局、各文化产业园区。

一是产业集群相对稳定。经过多年发展，鹰潭已经形成余江木雕（根雕）、贵溪铜雕、月湖区玉雕（石雕）三大产业集群。2021 年，余江区有木（根）雕生产和相关文化企业（作坊）1000 余家，其中注册文化企业 181 家，规上文化企业 4 家，从业人员达 3 万余人；贵溪市现有铜雕及相关企业 54 家，其中规上文化企业 3 家，从业人员 1800 余人；月湖区有玉（石）雕相关文化企业（作坊）100 余家。目前，鹰潭正围绕雕刻产业，不断延伸产业链条。例如：余江区打造雕刻家居产业，2021 年引进上海特铭家具有限公司智能家居生产基地项目，总投资 10 亿元，项目投产后预计年产值 5 亿元。

二是企业平台持续优化。鹰潭围绕木雕、根雕、铜雕、玉雕、石雕发展，大力推进文化产业创意园、文化艺术中心、美术馆、古玩街、奇石街、雕刻创业示范街、雕刻创业基地、雕刻博览城、雕刻产业孵化器这九大雕刻产业发展平台建设，初步形成了"生产、贸易、展销一体化"发展格局。继余江区打造余江雕刻（家居）文化产业园之后，占地 80 亩、总投资 5 亿元的贵溪市铜文化创意产业园项目也于 2021 年 10 月开工建设。政府相关职能部门为雕刻企业提供技能培训、融资担保、产品展示检测、企业文化策划、产品研发设计、新技术推广应用等"一站式"平台服务，并出台贴息资助、以奖代补、私办公助等多项扶持措施，搭建各类会展平台，鼓励引导雕刻企业走出去。

三是品牌影响日益提升。余江木雕通过继承创新，融合现代艺术元素，不断丰富雕刻产业的创作题材和构思背景，产品涵盖五大类3000多个品种，远销东南亚、欧美等50多个国家和地区，其中木雕漆器出口占国内同类产品的70%以上。鹰潭市余江区先后获得"中国雕刻之乡""中国根艺之乡"等殊荣，"余江木雕"成功申报国家地理标志商标，第一批进入江西省传统工艺振兴目录，入选江西省非物质文化遗产传承项目。

四是人才队伍不断壮大。鹰潭各级政府出台相应的人才引进奖励办法，大力引进雕刻产业链上的各类技能人才，一大批鹰潭籍雕刻企业和技术骨干、员工"回流"家乡，产业人才基础不断夯实。2021年，余江雕刻从业人员达5万余人，其中，各类行业学（协）会评定的国家级大师10人、省（市）级大师50人、各类工（根）艺美术师600余人，入选赣鄱英才"555"工程、"四个一批""能工巧匠""铜都工匠""金牌工人""文化名人""工艺美术家"人员不断增加，产生相关产业劳动模范共10余人。贵溪市铜雕企业共有工艺美术师70余人，其中，鹰潭工艺美术大师6名，省"能工巧匠"2名，国家注册城雕设计艺术家6人，铜雕技术员工200多人。月湖黄蜡石产业有国家级雕刻大师1名、省级雕刻大师4名、市级雕刻大师5名。

二、鹰潭雕刻产业发展存在的问题

同为久负盛名的雕刻之乡，鹰潭的雕刻产业无论是从规模、影响力还是从贡献度，与东阳木雕、南阳玉雕相比，都存在数量级上的差距。在鹰潭雕刻产业始终徘徊于20亿元之下时，东阳全产业链总产值已突破630亿元，南阳玉雕产值已超过300亿元。相较于东阳、南阳等地，鹰潭雕刻产业在发展过程中存在的若干问题严重制约了其发展，主要表现在以下四个方面：

（一）产业竞争优势不强，处于价值链中低端

相较于东阳木雕、南阳玉雕，鹰潭雕刻产业目前"小、散、弱"的问题比较突出，缺乏龙头企业引领，影响了产业的快速发展。

一是产品市场比较单一。以余江木雕为例，2021 年，虽然余江区有木（根）雕生产和相关企业（作坊）1000 余家，但是多数仍以生产宗教造像、佛龛装饰、雕花樟木箱为主，产品技术含量低，产品设计题材老旧，款式雷同，雕刻产业的市场比较狭窄，设计、研发能力严重滞后。随着日本、东南亚佛龛市场和国内雕花樟木箱市场的逐渐饱和，企业生存压力不断增大。而东阳市 2018 年就设立了专门的东阳家具研究院，并着眼新市场，大力推动红木家具与建筑业跨界融合，拓展了红木家具整屋定制业务，目前当地已有 26 家企业建立整屋定制体验馆。

二是龙头企业数量较少。鹰潭雕刻龙头企业相对较少，"专精特新"企业培育不够，细分行业和细分市场的领军企业、单项冠军和"小巨人"企业不多。大多数为年产值百万元左右的家庭作坊式小工厂，规模偏小、实力弱，产品附加值不高。例如：余江拥有 1000 余家木雕企业（作坊），但规上企业仅 4 家；贵溪铜雕及相关企业 54 家，规上企业仅 3 家；玉（石）雕产业现有 100 多家企业（作坊），随着 2021 年喜昌玉业主营业务外迁之后，目前鹰潭玉（石）雕行业无 1 家规上企业，产业营收出现断崖式下跌。而在东阳 1300 多家木雕红木家具企业中，规上企业就达 47 家，龙头骨干企业 15 家，初步形成了"数量精减、主体升级、产业规范"的新格局。

三是同质化竞争严重。鹰潭雕刻产业链多以低成本为基础，创新水平不高，专业化层次低，技术水平薄弱，企业短期行为普遍，同质化竞争始终是企业发展的通病。一些雕刻企业没有紧跟市场需求，大力满足消费者新的审美需求，在产品的创意开发上下功夫，而是通过价格战互挖墙脚来争客户，非理性竞争导致余江雕刻产品价格低廉，由此又带来粗制滥造的弊端，这种恶性循环正损害着余江雕刻产业的健康发展。

四是未实现标准化生产。目前，鹰潭雕刻多分散于小型企业和作坊中，制作工艺还停留在靠人工和经验的层面上，木雕、铜雕、玉（石）雕均未实现对标生产，产品品质参差不齐，影响了鹰潭雕刻行业的整体质量和工艺水平。反观东阳市，2010 年就牵头制定了《东阳市木雕红木家具企业联盟标准》等团体标准，相关技术指标比国家标准要求更为严格，并通过开展"对标达标"工作，引导企业实现标准化生产。

（二）产业链配套不足，产业协同效应较小

与雕刻产业领先地区相比，鹰潭雕刻产业在产业链带动能力、产业生态培育和营销方式上均存在明显短板。

一是产业链带动能力不强。鹰潭雕刻产业链上企业本地配套多处于较低水平，产业链上各企业之间关系松散，大量"小而全"的企业在同一链中，行业内部缺乏细致的分工，各企业在设计、投料、配料、烘干、雕刻、油漆、包装等生产流程各环节基本上都是独立完成，产业发展的协同性不足。

二是行业协同创新能力较弱。就鹰潭区域整体发展情况而言，虽然木雕、根雕、铜雕、玉雕、石雕都形成了各自的发展特色，但存在用力不均衡、横向交流较少的弊端，各地区、各行业单打独斗、各自为战，缺乏行业发展的统筹协调机制。雕刻企业技术创新活动由线性模式向交互型、链环型或网络型转变不足，距离形成一个雕刻与贸易并存、雕刻与物流同进、雕刻与文化产业共荣的新型产业格局尚有较大差距。

三是产业生态培育不足。雕刻产业缺乏协同性，技能培训、融资担保、产品展示检测、企业文化策划、产品研发设计、新技术推广应用等第三方服务平台的入驻企业数量有限，与生产、商贸、会展、研发、文化创意、媒体广告、电商物流、原材料配送等产业链上紧密关联的企业入驻较少。产业生态的配套不足导致雕刻产业布局不合理，尤其是雕刻衍生产品和项目的开发缺乏动力激励，这就造成了市场需求和雕刻产品供给之间的不均衡性，市场需求得不到充分满足，行业整体纳税水平较低，雕刻产业投资者对产业发展

信心不足。与鹰潭不同，"玉雕之乡"南阳在产业发展领导小组的推动下，形成了原料采购、文化研究、教学培训和产品设计、生产、品牌创建等各个环节齐备的产业链条，极大地推动了当地玉雕产业高质量发展。

四是数字营销发力不够。目前，鹰潭雕刻在销售上仍以门店销售和客户介绍等传统模式为主，在数字经济赋能传统雕刻文化产业的营销、传播上力度不够，对"直播带货"等线上营销方式接触不多，未建立专业线上营销平台，仅有一些企业通过淘宝网店等方式进行销售，规模和影响力一直难以得到提升。而东阳木雕主动接轨互联网经济，早在2019年就全面启动线上营销模式，先后开启了东阳抖音电商直播基地和"花园购"等线上平台，年交易额达300多亿元。

（三）政策体系构建不完善，产业发展环境有待优化

从目前来看，鹰潭市对雕刻产业的政策支持力度仍需进一步加大，产业发展要素支撑和专业人才培养也亟待加强。

一是产业政策支持不足。当前，仅有余江、贵溪、月湖等地区出台了支持雕刻产业发展的政策，但市级层面尚未出台相关的支持政策，并且各地区已经出台的政策支持力度也不大。相较而言，福建省莆田市出台了《关于加快工艺美术行业发展的意见》，对发展莆田木雕产业和重点企业提供系列的优惠政策；东阳市于2017、2020年先后出台了《东阳市木雕竹编红木产业管理专项扶持资金管理办法》《关于扶持木雕红木产业发展的若干意见》，设立了关于销售额增长、企业技改补助等12个方面的奖励。截至2021年，累计发放奖励和扶持资金7200余万元。

二是发展要素支撑不够。鹰潭在规划引领、土地供应、对外推介、招商引资等方面及时跟进完善雕刻产业相关政策，但仍出现了一定程度的人才、企业外流现象。以余江木雕为例，因土地供应问题，雕刻产业园区承载不足，一些大型木材、家具、根艺等厂商无法入驻产业园区，一定程度影响了雕刻企业的集聚。而石雕、玉雕又因产业布局问题，导致资源分散，未能形成较

好的产业集群发展局面，最终影响了产销发展。中介机构缺乏，如金融机构、民间风险投资机构缺失，使企业融资发生困难；中间商缺乏，使产业链中企业的生产和销售受到制约；产权交易市场跟不上需求，造成资源配置效率低下。而东阳市为整合产业发展要素，专门设立了东阳木雕红木家居产业发展局，建设了木材交易中心和木雕小镇。目前，木材交易中心已成为全国重要木材进口贸易平台，木雕小镇也成为当地木雕产业的主要集聚区。

三是产业人才培养滞后。目前余江木雕高级技艺人才普遍年龄偏大，全部为果喜集团（原余江雕刻厂）20 世纪 80 年代开办时留下的雕刻培训班学徒。拥有高级职称。国家级雕刻大师、省级以上技能大师工作室头衔的年轻雕刻技师少，在雕刻大赛中崭露头角的年轻人也很少。截至 2021 年，余江区 35 岁以下从业人员中只有 10 名中级工（见表 2），雕刻人才早已出现青黄不接的局面。技艺后继乏人，传承断层现象同样存在于雕刻产业的其他分支。贵溪铜雕技艺人才大部分由自己培养，高端管理人才和技艺人才从外面引进，造成人力成本较高，周期较长，跟不上铜雕产业发展的需求。

表 2　余江雕刻人才年龄结构统计表

职称	余江雕刻人才专业技术职务（人社部门认定）							余江雕刻人才荣誉称号（工艺美术学会、根艺美术学会授予）		
年龄	高级工艺美术师	工艺美术师	贴膜工艺美术师	高级技师	技师	高级工	中级工	中国木雕（根艺大师）	江西省工艺美术师	江西省首席技师
35 岁以下							10			
35—45 岁			10				55			
45 岁以上	5	120	130	2	22	260		9	22	2
合计	5	120	140	2	22	260	65	9	22	2

数据来源：余江区雕刻产业指挥部。

（四）体制机制创新不够，市场主体活力不足

目前，鹰潭雕刻产业在统筹推进、产学研联动和质量管理等方面的体制机制较为滞后，已成为制约产业发展的瓶颈之一。

一是质量管理体制欠缺。针对鹰潭雕刻产业产品质量的市场、政府相关管理部门、社会监督体系不够完善，特别是针对五大雕刻产业专项监管管理机制不足。相较而言，东阳成立了国家级木雕质量监督检验中心，由政府和企业共同设立了诚信基金，制定了先行赔付制度，并对红木产品实行溯源保真，将产品材质保真、品质保证、产品生产全过程可追溯的企业纳入溯源保真平台，让消费者买得放心。

二是产学研联动机制不健全。虽然江西师范高等专科学校、鹰潭职业技术学院等院校已设立文化产业管理、文化创意设计、雕刻工艺等文化产业类专业，但招生困难，规模较小。校企合作互动不够，订单式培养不足，人才培养的针对性和有效性不高，特别是在鼓励学生参与国家级雕刻技能竞赛、地方政府与企业建立战略合作协议、建立学生实习基地等方面还存在不足。东阳从20世纪60年代开始，就将传统技艺纳入现代教育体系，先后在2所职业学校和1所大学开办木雕专业职高班和大专班。

三是产业管理体制较为落后。当前，鹰潭雕刻产业缺乏市级层面统筹协调，产业管理机构匮乏、产业发展规划缺失、产业扶持政策薄弱，对五大雕刻的统筹发展难以发挥有效手段。木（根）雕、铜雕、玉（石）雕均以区县级别政府管理为主，仅余江区成立了雕刻产业建设指挥部，而各地、各雕刻产业门类往往各自为战，没有形成整体推进合力。行业协会参与较弱，鹰潭对市工艺美术协会、鹰潭雕刻协会的支持和指导不足。

三、推动鹰潭雕刻产业发展的对策建议

作为文化艺术行业的重要内容，雕刻产业将随着人民对物质文化需求的不断增长而蓬勃发展，特别是随着我国进入高质量发展阶段，社会大众对雕

刻艺术品的消费将持续提升。推进雕刻产业发展，是鹰潭壮大文化产业规模，打造地区文化品牌的重要抓手，必须对标先进地区，坚持以满足国内大市场为主，更加注重补短板和强长项，在产品创新、品牌创新、渠道创新、体制机制创新上下功夫，推动产业集聚发展。

（一）强规制，聚焦雕刻产业集群政策支撑引领

以建立健全产业发展体制机制为出发点，激发雕刻产业发展活力，全面提升雕刻产业发展水平。

一是编制产业发展规划。市、县两级联动，成立雕刻产业发展领导小组，编制"十四五"雕刻产业发展规划，统一领导协调雕刻产业建设与发展。

二是组建专业促进机构。借鉴东阳地区的经验做法，按照专业指导、专业管理的思路，成立雕刻发展的专业管理部门，负责全市雕刻产业的发展规划、综合管理、政策研究、引导促进等工作。更好发挥相关商协会、研究会的作用，优化组织结构，进一步规范从业行为，防止恶性竞争，促进企业自律发展。

三是出台产业支持政策。制定出台《关于支持鹰潭雕刻产业发展的实施办法》，通过加大科技、财政和金融等方面的支持，实施推动促进雕刻产业集聚、加快雕刻小镇建设、畅通投融资渠道、细化用地保障等方面扶持措施，为雕刻产业发展提供有力保障。

（二）补链条，畅通雕刻产业发展循环体系

立足新发展格局，鹰潭雕刻产业必须以畅通产业链各个环节为主要抓手，深入推进市级领导链长负责制，进一步提升产业链供应链稳定性和竞争力，不断推动雕刻产业基础高级化、产业链现代化，深度融入国内大循环。

一是招引培育龙头企业。突出雕刻产业招大引强，更好形成"龙头企业带动、重点企业跟进、一般企业协作、加工作坊配套"的产业发展格局。加大力度支持江西龙宇、江西铜印象、江西中鼎金属工艺等企业发展，扩大行业发展规模。加快引进一批东阳木雕、曲阳石雕等知名雕刻企业到鹰潭投资设厂（办事处），推动区域产业合作。

二是全面完善配套项目。着力打通雕刻产业链堵点、缓解痛点、补上断点，着力帮助产业企业解决物流运输、资金周转等问题。在疫情防控常态化阶段，要落实好小微企业增值税优惠政策，减轻企业负担，保障雕刻企业及相关配套服务企业稳定发展。拓宽相关企业的融资渠道，完善行业融资担保体系，推动"财源信贷通"等融资方式向雕刻企业倾斜。进一步抓好雕刻技能培训、融资担保、产品展示检测、企业文化策划、产品研发设计、新技术推广应用、校企协同育人等方面的配套服务项目。

三是大力提升服务质量。围绕提升服务质量，完善服务功能，延伸雕刻产业链条。大力推动标准化生产，从原材料、生产流程、产品销售等方面进行严格把控，出台相应的用料标准、生产标准、质量溯源体系标准等，加快全链条标准化生产进程。针对雕刻产业存在的资源材料、市场销售"两头在外"的局面，积极开展雕刻产业上下游、企业间、企地间等合作，形成产业聚合优势。引进生产、商贸、会展、研发、文化创意、媒体广告，推动企业及产品的品牌化建设，提升雕刻产业附加值。

（三）强创新，推动产品"飞入寻常百姓家"

作为传统文化产业，雕刻产业必须在实现艺术价值的同时，致力于满足人们现代生活的需求，创造出适合新时代、新形势，符合市场审美潮流的艺术产品。

一是促进雕刻产品设计创新性发展。各级政府加强引导，通过高峰论坛、展览、产业对接会等专业领域活动，吸收先进设计理念，提升鹰潭雕刻设计水平。利用鹰潭深厚的特色文化资源优势，在雕刻创意中弘扬具有地区特色的民间文化、古越文化、生态文化，不断丰富和拓展雕刻产品的构思背景和创作题材。针对当前受众、环境、审美的需要，设计具有现代特征、现代气息，能够引领社会潮流的雕刻产品。加快推动传统艺术的现代性转化，推动雕刻产业创新性发展。相关雕刻产业指挥部、园区要提供政策支持和资金扶持，为优秀设计人才提供优质服务。通过培育和命名雕刻大师的文化企业，发展"大师经济"，引导雕艺企业走个性化、差异化、品牌化发展之路，重塑传统手工工艺的竞争优势，在专业、精细环节突出传统手工工艺的独特价值，彰显雕刻艺术品的品质和艺术内涵。

二是推动雕刻产业采用现代化工艺。市县两级政府出台补贴政策，设立技改奖励，引导企业引入机械化生产新工艺，特别是加大对高智能雕刻机的普及，推动雕刻产业降低成本、提升效率，实现规模化、批量化生产，增强鹰潭雕刻产业的市场竞争力。推动产品"飞入寻常百姓家"，不仅要满足饭店、宾馆以及企事业单位的需求，还要渗透家庭装潢市场，构建覆盖中高低端的产品体系，降低木雕、石雕、玉雕等产品单品均价，让雕刻产品成为能够供社会大众日常消费的文化艺术品。赋予雕刻产品包装文化气息和精美品质，提升雕刻产品包装、外观的艺术感、设计感，增强雕刻产品整体的文化品位，提升产品的附加值。

三是加强雕刻产业创新性人才培养。吸引鹰潭在东阳、莆田、乐清、潮州等地区从事雕刻产业的人员回乡创业。采取特邀、合作、创意成果转让、技术入股等方式，吸引一批雕刻人才和优秀文化经营人才参与余江雕刻产业建设。在市内院校设立文化产业管理、文化创意设计、雕刻工艺等文化产业类专业，让在校学生参与雕刻企业的产品研发、制造、营销，及时储备具有一定基础的技术工人。加强雕刻技能培训，定期举办雕刻技能实训班，为重点雕刻文化企业、雕刻大师和相关职业院校搭建桥梁，努力培养一批懂经营、会管理、善谋划、能创新的雕刻人才队伍。

（四）促集聚，提升雕刻产业规模化水平

坚持以发展工业的思路推进雕刻文化产业发展，着力改善产业企业"散、弱、小"的加工生产状况，推进雕刻产业集聚化、园区化发展，形成产业规模效应。

一是推进雕刻生产园区化。重点推进鹰潭木雕、根雕、铜雕、玉雕、石雕园区化生产，并在用地、租金、配套设施等方面给予支持，引进大型机械设备，推动相关服务企业向园区集聚。扶持培育龙头企业，鼓励手工作坊企业联合改制，组建产业集团。针对规模较小的石雕、玉雕、铜雕等行业，可以考虑将不同的行业整合到一个园区，提升物流、设计、印刷等服务配套效率，这也有利于集中解决扬尘、废料等环境污染问题。

二是推进雕刻交易市场集聚。目前，余江雕刻创业示范街有100家左右雕刻店铺，已经形成了相对较好的市场规模效应，并在全国具有一定的影响。当前要着力解决好交易市场极度分散的问题，可以考虑下大力气整合月湖区铜锣湾、古玩街、金森世界、眼镜城等黄蜡石交易市场，壮大市场规模，提高市场集聚度。

三是打造雕刻产业文化园区。谋划推进鹰潭雕刻文化产业园项目，打造集创意、培训、展销、旅游观光为一体的省市级乃至国家级雕刻文化产业园，形成上下联动、配套齐全、运行高效的会展产业生态圈。建议参考东阳等地的做法，建设余江"雕刻小镇"，积极规划铜雕产业园和石雕产业园。

（五）树品牌，扩大雕刻产业影响力辐射力

加快鹰潭木雕、根雕、铜雕、玉雕、石雕品牌建设，讲好雕刻历史文化的"鹰潭故事"，提升"雕刻之乡"的知名度、美誉度，进一步提升雕刻产业的社会影响力。

一是推动雕刻品牌和商标建设。树立品牌意识，积极引导现有企业申请设立商标品牌。加强雕刻品牌知识产权保护，有效利用法律法规加强对本土品牌的保护。加大包装力度，加快"鹰潭雕刻""余江木雕""贵溪铜雕"区域体商标塑形象的步伐，扩大品牌影响力。学习鹰潭龙虎山"道教祖庭，人间仙境"品牌宣传方法，确立雕刻产业宣传推广标语。可以考虑从"五雕荟萃""五龙戏珠""中国雕刻之乡"等标语中选择一个具有代表性的广告词，开展集中统一宣传。

二是精心组织策划品牌宣传。加大在车站、酒店、景区周边等地区的宣传，推动雕刻展示进机场、高铁站，在人流量客流量集中地展示鹰潭雕刻工艺美

术品，积极营造江西雕刻产业的氛围。加大力度推进新媒体宣传推广，充分发挥微信公众号、抖音等媒体平台，宣传推广鹰潭雕刻文化。推动雕刻产业与鹰潭旅游相结合，以文促旅，以旅彰文，推出"龙虎山＋雕刻小镇＋雕刻创业示范街"旅游线路。推动雕刻文化和产品"走出去"，广泛利用国际国内市场，利用各种媒体全方位立体式宣传包装雕刻产业形象。

三是支持举办雕刻文化研究活动。用好江西文化产业博览交易会等文化产业推广平台，提升鹰潭雕刻产业在省内外的知名度。谋划面向国内外视野的雕刻产业高峰论坛和省级以上博览会，让"鹰潭雕刻"的品牌效应深入人心并产生持久魅力。积极争取与全国性雕刻行业组织共同举办大型文化研究交流会，推动雕刻产业地区交流。谋划建设鹰潭雕刻博物馆（主题公园），重点展示鹰潭深厚的雕刻历史文化底蕴和丰富的雕刻历史实物，让社会大众深入了解鹰潭雕刻的传统及其跨时代的发展和传承。

（六）拓市场，促进雕刻产业需求扩容提质

始终把帮助雕刻企业扩大市场，提升产品的市场占有率作为根本出发点和落脚点，积极在市场产品开发、扩大销售渠道等方面下功夫，激发雕刻消费市场活力。

一是积极拓展雕刻行业市场领域。引导企业关注市场动态和细分市场，在旅游市场、装饰市场、礼品市场和收藏投资市场寻找产品卖点和销售途径。引导石雕企业向建筑等领域拓展，帮助企业获取园林古建、建筑幕墙、装饰工程等施工专业系列资质，扩展产业链，提升产值。培育原石交易市场，通过招商引资等方式，引进有实力的原石交易企业落户，采取有力措施，加大原石交易市场培育力度，吸引和鼓励各类原石在本地展示和交易。

二是构建完善雕刻贸易平台。建立雕刻行业商会，发挥行业商会作用，通过"商会搭台、企业唱戏"等形式，组织企业参加国际、国内各类雕刻艺术节、雕刻产品展销会，拓宽国内国际市场。商协会、展会可以重点考虑加强与深圳、北京、上海等地区文博会的合作，打造鹰潭常态化的雕刻产业展览。鼓励和支持本地企业到国外或省外拓展市场、参展办展，设立分公司或产品连锁店。

三是搭建网上传播销售平台。精心办好鹰潭雕刻网站，并与各企业网站进行链接，组织软文推介雕刻企业和产品，通过微信、微博、抖音等平台进行网络推广。依托数字产业园电商平台开展横向对接，组织在知名网购平台开办鹰潭雕刻精品店，拓宽产品销售渠道。实施社群营销，通过网红直播、非遗大师直播等形式，帮助雕刻大师建立"网上大师工作室"和形成私域流量，开启私人定制网络平台，让雕刻大师成为带货达人。

V 附录

附录 1

江西文化产业园区（基地）、街区名单

国家级

一、国家文化产业示范园区

景德镇陶溪川文创街区

二、国家文化和科技融合示范基地

南昌市

三、国家数字出版基地

南昌市

四、国家印刷包装产业基地

赣州市、吉安市

五、国家文化出口基地

景德镇市

省级

一、省级文化产业园区

699 文化创意园

黎川油画创意产业园

赣坊 1969 文化创意产业园

景德镇陶溪川文创街区

慧谷产业园

上饶高铁经济试验区文娱创意中心

余江雕刻文化产业园

二、省级文化和科技融合示范基地

上饶高铁经济试验区文化和科技融合示范基地（集聚类）

景德镇陶溪川文创街区（集聚类）

吉安螃蟹王国文化和科技融合示范基地（单体类）

中至数据集团文化和科技融合示范基地（单体类）

小蓝泰豪 VR 产业基地（单体类）

江西省旅游集团文旅科技有限公司（单体类）

三、省级文化出口基地

分宜工业园区文化出口基地

景德镇昌南新区文化出口基地

余江工业园区文化出口基地

四、首批省级特色文化街区名单

景德镇三宝国际瓷谷街区

南昌万寿宫历史文化街区

赣州江南宋城·郁孤台历史文化街区

宜春万载古城·田下街区

抚州黎川明清古城老街

上饶望仙谷岩铺老街区

附录 2

2021 年度江西省文化产业重点县（市、区）名单

赣州市章贡区

南昌市青山湖区

吉安市吉安县

南昌市红谷滩区

鹰潭市贵溪市

上饶市广信区

新余市分宜县

景德镇市昌江区

萍乡市上栗县

九江市瑞昌市

附录 3

江西重点文化企业名单

一、全国文化企业 30 强及提名企业

江西省出版传媒集团有限公司

江西文化演艺发展集团有限责任公司（提名企业）

景德镇陶瓷文化旅游发展有限责任公司（提名企业）

二、2021—2022 年度国家文化出口重点企业

二十一世纪出版社集团有限公司

江西教育出版社有限责任公司

江西美术出版社有限责任公司

景德镇市望龙陶瓷有限公司

三、2021 年度江西省文化企业 20 强

江西新华发行集团有限公司

江西立讯智造有限公司

江西文化演艺发展集团有限责任公司

江西巨网科技有限公司

江西报业传媒集团有限责任公司

江西金太阳教育研究有限公司

中至数据集团股份有限公司

婺源篁岭文旅股份有限公司

赣州立德电子有限公司

江西倬云数字产业集团有限公司

江西渝网科技股份有限公司

江西盛泰精密光学有限公司

天键电声股份有限公司

吉安螃蟹王国科技有限公司

安福县海能实业股份有限公司

江西沃格光电股份有限公司

江西水晶光电有限公司

景德镇陶溪川文创运营有限公司

江西台德智慧科技有限公司

泰豪创意科技集团股份有限公司

四、2021 年度江西省文化企业 20 强提名企业

江西恩达麻世纪科技股份有限公司

勤业工业（龙南）有限公司

优幕广告有限公司

江西时刻互动科技股份有限公司

江西凤凰光学科技有限公司

江西仟得文化传播有限公司

江西福山众品鑫包装有限公司

萍乡市华雅印务有限公司

江西网络电视股份有限公司

江西中鼎金属工艺有限公司